利率市场化、互联网技术冲击与农村金融发展

许月丽　王　飞　应诚炜　著

科学出版社
北　京

内 容 简 介

本书围绕我国农村金融市场发展这一重要实践问题，从利率市场化改革和互联网金融发展两个切入点，考察制度与技术因素对我国农村金融市场发展产生的影响，并在此基础上探讨内生于我国经济发展过程并影响农村金融市场发展的重要因素。全书分为上下两篇，上篇重点探讨利率市场化改革及其对我国农村金融市场发展的影响，下篇重点探讨互联网金融及其对我国农村金融市场发展的影响。本书是笔者近几年在农村金融领域的主要学术研究成果，全书以理论分析与实证研究相结合的形式，展现笔者对我国农村金融发展的一些思考，具有较强的专业性、理论性特点。

本书适合经济学、金融学领域学者、专家及研究生研读，也可作为本科生了解农村金融相关知识的参考资料。

图书在版编目（CIP）数据

利率市场化、互联网技术冲击与农村金融发展 / 许月丽，王飞，应诚炜著. —北京：科学出版社，2022.2

ISBN 978-7-03-070379-8

Ⅰ. ①利…　Ⅱ. ①许…　②王…　③应…　Ⅲ. ①农村金融-经济发展-研究-中国　Ⅳ. ①F832.35

中国版本图书馆 CIP 数据核字（2021）第 222357 号

责任编辑：陶　璇 / 责任校对：张亚丹
责任印制：张　伟 / 封面设计：无极书装

科学出版社 出版
北京东黄城根北街 16 号
邮政编码：100717
http://www.sciencep.com
北京建宏印刷有限公司 印刷
科学出版社发行　各地新华书店经销
*
2022 年 2 月第　一　版　开本：720 × 1000　B5
2022 年 2 月第一次印刷　印张：14 3/4
字数：295 000

定价：148.00 元

（如有印装质量问题，我社负责调换）

作 者 介 绍

许月丽，女，浙江诸暨人，管理学博士，广东外语外贸大学教授，博士生导师，主要从事农村金融方向的研究。目前主持国家社会科学基金重点项目 1 项；已主持完成国家社会科学基金项目 1 项，教育部人文社会科学基金项目 2 项，其他省部级项目 3 项；主持完成浙江省人民政府与杭州市人民政府等部门咨询类项目多项。在《世界经济》《金融研究》《中国农村经济》《南开经济研究》《财经研究》等期刊发表论文多篇；出版专著 1 部。研究成果荣获浙江省哲学社会科学优秀成果三等奖 1 项、浙江省高校优秀成果二等奖 1 项、中国农村发展研究奖提名奖 1 项等。

王飞，男，山东临沂人，经济学硕士，河北北方学院经济管理学院讲师，主要研究方向为宏观金融、发展金融学。近年来在《财经研究》《金融论坛》等期刊发表学术论文 5 篇。

应诚炜，男，浙江金华人，经济学硕士，浙江金融职业学院讲师，主要研究方向为货币政策与金融市场。主持厅级课题 2 项；已在《经济研究》《经济学季刊》等期刊上发表论文；研究成果荣获浙江省哲学社会科学优秀成果三等奖。

目　　录

上篇　利率市场化篇

下篇　互联网金融篇

上篇　利率市场化篇

第一章　相关理论与研究综述

制度与技术是经济新常态和转轨过程中我国农村金融市场面临的两大冲击，考察两类冲击在农村金融体系中的扩散过程与持续时间，对于动态理解农村金融市场的运行机理与均衡状态，以及对于当前中央大力推行的普惠金融、数字金融等一系列农村金融改革与发展可持续政策的制定具有重要的理论与现实意义。20世纪90年代以来，我国的利率定价机制在市场化改革的过程中从严格管制到逐步放松，成为影响农村金融市场最关键的制度冲击因素。与此同时，随着互联网技术的日新月异而诞生的互联网金融，在讨论和探索中不断发展，成为影响农村金融市场的重要技术冲击。为了更好地理解制度冲击与技术冲击对我国农村金融市场的影响，必须将金融市场的理论机制与我国农村的实际情况紧密联系，因地制宜、因时制宜，清晰而充分地认识我国农村金融市场的事实特征与发展趋势。本章将对与农村金融有关的利率市场化、互联网金融的相关理论与已有研究进行梳理，为全书深入分析我国农村金融市场的发展奠定基础。

第一节　农村利率市场化改革：认识与思考

在我国，利率市场化改革从20世纪70年代末的酝酿，到20世纪90年代中期迈出实质性的步伐，再到如今基本已经形成市场化的局面，经历了一个漫长的过程。整体上，我国利率市场化遵循着“先外币、再本币；先贷款、再存款；先农村、再城市；先大额、再小额；先划定浮动范围、再完全放开”的改革思路一步步推进，一步步深化。虽然我国的利率市场化改革可以追溯到20世纪70年代末，但由于当时金融控制政策的影响，利率市场化改革迟迟没能真正得到实施，利率市场化的进程一直处于停滞状态。直到1992年党的十四大召开后，才明确提出了《国务院关于金融体制改革的决定》，并指明利率改革的长远目标是，建立以市场资金供求为基础，以中国人民银行（简称央行）基准利率为调控核心，由市场资金供求决定各种利率水平的市场利率体系。党的十四届三中全会《中共中央关于建立社会主义市场经济体制若干问题的决定》,初步提出了利率市场化改革的基本设想,并强调要尽快加紧金融体制的改革。至此,我国开始了利率市场化改革的正式探索。作为近些年农村金融市场最重要的制度冲击,中国的农村利率市场化改革始于 1996 年,并于 2015 年完全放开商业银行与农村合作金融存款利率浮动上限而最终完成。农村利率市场化作为农村金融市场改革十分重要的一环,越来越受到人们的关注。

从国外来看,国外对于农村利率市场化改革的研究始于 20 世纪 80 年代,且研究的对象主要集中于农村利率市场化改革的成效。大多数的研究均认为,欠发达国家应当对农村正规金融市场的利率实行控制以限制高利贷行为,从而为农户提供更为廉价的信贷(McKinnon,1973;Goetzmann,1996;Deininger,2003)。而另一些研究则认为,政府对利率的干预会使得农村信贷有效供给减少,从而造成农村金融市场更大的供需缺口(von Pischke et al.,1983),并且可能损害农户,尤其是弱势农户的利益,使得农村信贷供给的减少所带来的损失可能远远大于农户从较低的贷款利率处获得的好处(Burgess and Pande,2005)。此外,还有一些研究表明,由于农村金融市场的分割性,农村利率市场化机制对农村金融市场的推动作用十分有限(Aleem,1990;Udry,1990;Ngugi,2001);农村利率市场化会提高农村的贷款利率并增加农户的融资成本,从而对农村金融市场产生不利的影响(Gormley,2010)。

相对于国外,虽然国内学者对农村利率市场化的研究起步比较晚,但是研究内容十分丰富。纵观现有研究,很大一部分的学者对于农村利率市场化改革的成效是肯定的。许奇挺(2001)、董积生(2003)、易金平和杨涛(2003)、骆家奇(2003)认为,利率市场化将积极影响农村信贷市场供求主体,使得农村信贷市场得到良好发展;徐忠(2006)、钱水土(2009)、陈时兴(2009)、马九杰和吴本健(2012)认为,农村利率市场化能够使农村正规金融的贷款成本通过收益抵补,从而有利于农村金融资源供给的增加;周孟亮和文春晖(2010)认为农村利率市场化能够推动农村金融服务合理定价,促进农村金融活动活跃化,还能够使得我国农村金融机构设计特定的利率结构和还款安排等,拓宽金融服务的范围;张龙耀和江春(2011)提到利率市场化能够满足农户有效信贷需求,并使得农户融资状况得到改善,最终促进农村经济的发展;许月丽等(2013)提出利率市场化能够使得正规金融获得更多的金融市场信息,增强应对金融市场信息不对称的能力,从而使得正规金融的经济绩效得到提高,促进农村经济的发展。

同时,也有一部分学者对于农村利率市场化改革的成效提出了不同的见解。中国人民银行福州中心支行课题组(2002)研究表明,利率市场化并不能无限增强信用社的筹资能力,农村资金短缺并不能从根本上得到解决;吕士伟(2003)

认为，利率的市场化可能会引起农村金融市场失序，贷款人特别是农户的负担加重等现象，不利于农村金融市场的发展；骆家奇（2003）认为，农村信用合作社（简称农信社）筹资成本的增加是利率市场化的结果，最终会导致优良客户流失，农业生产贷款需求受到抑制等；康继军等（2010）、易小兰和钟甫宁（2011）认为，农村利率市场化改革的成效具有区域的不平衡性，农村利率市场化的改革成效在东部地区会比西部地区更加地明显；陈鹏和刘锡良（2009）、张龙耀等（2011）提出，应当将打破金融机构在农村金融市场的垄断作为农村金融市场改革的重心，而不是改革效果并不是很明显的利率市场化；刘广明（2010）提出，金融的市场化不但不能推动农村金融市场的发展，反而会成为一个发展障碍。许月丽等（2014）的研究提到，相比利率市场化，进一步放宽农村金融机构准入限制更能够优化农村金融机构结构，促进农村金融市场的发展。

第二节　农村互联网金融：发展与展望

国外关于互联网金融的研究起源比较早，经过对 Kickstarter 为代表的众筹行业和以 Lending Club 为代表的点对点借贷（peer to peer lending，P2P）行业的研究，可以总结出比较系统的理论体系。虽然我国自 20 世纪 90 年代中期以来，互联网技术得到了普及，但是我国的互联网金融在 21 世纪才得到象征性的发展，尤其是在 2013 年互联网金融元年之后才得到了大家的广泛认可，所以国内对于互联网金融的影响研究较少，大多从宏观层面，研究互联网金融对商业银行营利能力、对企业融资约束等。关于农村互联网金融的文献，主要集中于发展农村互联网金融的重要性及可能存在的问题方面。自 20 世纪 90 年代互联网技术逐渐成熟以来，互联网金融应运而生，对互联网金融的研究也是层出不穷，但由于农村基础设备差，互联网覆盖面窄，农村互联网金融起步晚，故对农村互联网金融的研究较少，以下是近几年来关于农村互联网金融的国内研究。

钱水土和陈鑫云（2015）在研究我国新形势下农信社风险控制策略时认为，农村互联网金融的出现对传统金融机构特别是创新能力较弱的农信社带来了巨大的冲击，并且增加了农信社流动性风险管理的难度。张军（2015）指出，农村互联网金融的发展能够解决小规模生产者个人信息不透明和缺少担保抵押、不容易从正规金融部门得到贷款的难题。陈东和刘全东（2013）认为农村互联网金融可以有效提高金融服务的覆盖范围，依托电子商务上农户的交易数据、线上加线下熟人模式、农业产业链等多种风险控制方式，减轻传统正规金融信息不对称等原因对抵押品、担保物等硬性要求的融资约束。就缓解信息不对称问题，李继尊（2015）也有相同的看法，他认为互联网金融的发展是缓解信息不对称的一把钥匙，各种新兴互联网金融模式的兴起本质上是运用云计算、大数据等信息通信技术为缓解信息不对称问题提供新的渠道。苏行（2016）在比较农村互联网金融与传统正规金融机构过程中，发现互联网金融较传统正规金融而言，具有贷款门槛低、借贷成本低、办理业务效率高等优势，为农户融资提供新的融资途径，在一定程度上缓解贷款难、融资贵等问题。

但也有学者认为，农村互联网金融市场是不被看好的市场，胡海涛（2016）从供给主体和覆盖面的角度研究发现，近年来互联网金融发展迅速，但实际开展农村互联网金融业务的机构并不多，供给主体有限，研究还表明农村网民规模稳步增加，但大多分布在中青年中，相对落后地区互联网的覆盖程度有限，互联网金融的普及受到严重制约。因此，他认为农村互联网金融对传统正规金融的影响有限。朱新蓉（2016）也认为农村互联网普及率低、互联网基础设施建设滞后、物流配送体系落后、农村信用体系建设落后等因素，严重制约了互联网金融在农村的发展。也有不少学者认为农村互联网金融的兴起为农村闲置资金流出农村提供了更为便捷的渠道，不仅不能促进农村经济的发展，反而进一步加剧农户的融资约束。即在某种意义上，外部互联网金融向农村的延展成为城市部门向农村部门插入的一个新的“吸血鬼”，将农村大量的资金转入城市，加剧农村资金外流。2014 年，仅支付宝（中国）网络技术有限公司就从农村净转移资金 350 亿元（吴金龙，2015），农村资金的大量外逃将严重制约农村经济的增长。

农村互联网金融监管有其突出的重要性和必要性。互联网金融作为一个新兴金融产业，尤其在农村地区，对互联网金融的监管必不可少，应该强化对互联网金融的监管，保障互联网金融规范发展，防范互联网金融带来风险（曹凤岐，2015）。吴金龙（2015）认为互联网金融存在良莠不齐的问题，且与传统金融机构监管标准不统一，需完善监管制度，引导农村金融市场适度竞争与相互合作。胡海涛（2016）认为农村互联网金融与普通互联网金融应该区别对待，对吸收农村资金的理财业务应加强监督管理，对不吸收资金的农村互联网金融机构应该放松监督管理，放低农村金融的准入门槛，利用财税政策的引导，加速社会资本流向农村，为农民投资提供资金，为农户创收提供支持，为发展农村经济提供保障。苏行（2016）也认为虽然互联网有支付便捷、资金到账快等优势，但与此同时，也存在一定的不稳定性，面临着信用风险、资金流动风险、互联网的安全技术风险等，应加强对农村互联网金融监管力度，完善监管体系，做到有法可依、依法管理，确保资金的安全性和有序性。

国内外关于互联网金融的影响研究，囿于数据的可得性，相关实证研究，尤其是对农村互联网金融的实证研究可谓是凤毛麟角，关于新兴互联网金融对农村正规金融经济绩效的影响研究较少，实证分析更是罕见。另外，已有文献的研究角度主要从新兴互联网金融对金融市场、货币政策和金融稳定等较为宽泛角度展开，或是就如何开展互联网金融的风险控制及监管等方面进行阐述，所以从解决农村严重融资约束视角，研究农村新兴互联网金融对农村正规金融经济绩效的影响是本书第十章和第十一章的一大视角创新。

第三节　农村正规金融与非正规金融：替代与互补

与大多数发展中国家类似，中国的农村金融市场表现出典型的正规与非正规金融并存的二元性（Myint，1964；Mckinnon，1973；Shaw，1973）。农村正规与非正规金融二元共存的现象源自如下原因：向非正规金融借贷的农户，既可能是因道德风险与逆向选择而被正规金融机构信贷数量配给排斥者，也可能是因交易成本与合约风险非状态依赖性而难以从正规金融机构获得信贷支持者，或者是正规与非正规金融利用各自的优势而形成了一种垂直的互补关系。

正规与非正规金融共存的二元性是发展中国家农村金融市场结构的基本特征，这种特征是如此稳固，以至大多数农村金融改革都难以对其产生实质性的冲击（Boucher et al.，2008）。有四种理论来解释农村正规与非正规金融的共存：第一种观点认为，农户向非正规金融借款是被正规金融信贷数量配给排斥所致，非正规金融是农户借款的最终诉求者（Hoff and Stiglitz，1990）。按照这一观点，农村金融市场的严重信息不对称，会内生出逆向选择与道德风险问题，正规金融在价格与风险两个维度的权衡中，达到的稳态是一个非供需均衡状态，不能被正规金融满足的那部分农户因而被迫转向非正规金融寻求借贷支持。第二种观点认为，农户向非正规金融借款是借款交易成本优化决策的结果，正规金融市场因高交易成本而存在成本配给均衡现象（Chung，1995；Barham et al.，1996；Kochar，1997；Mushinski，1999）。这种观点认为，由于在社区信息收集与处理方面更具优势，农户向非正规金融借款的交易成本更低，因此部分不能接受正规金融高借款交易成本的农户，就会在成本优化决策的基础上转向非正规金融。第三种观点认为，非正规金融的借贷合约更具有状态依赖性，农户向非正规金融借款是对风险定价理性决策的结果（Boucher and Guirkinger，2007）。这种观点认为，由于对借款农户的生产与消费的信息有着更多的了解，相对于正规金融机构，非正规金融机构与农户间的借贷合约对于生产与消费的风险更具有现实针对性，合约更真实地反映了农户风险定价信息。不能接受正规金融机构风险定价扭曲而被风险配给的农户，将转向非正规金融借款。第四种观点认为，正规与非正规金融是垂直的互补关系，农户同时向正规与非正规金融借款是利用了正规与非正规金融彼此的优势（Jain，1999；Burkart and Ellingsen，2004）。这一观点认为，正规与非正规金融有着各自的优势，其中正规金融因其自身广泛的储蓄网络而在资金成本方面更为便宜，而非正规金融则在信息搜寻与监督方面有着更大的优势。由此，为了在监督与信息获取方面搭便车，正规金融会仅向农户提供部分贷款，而迫使农户向非正规金融借贷以满足剩余的借款需求。

关于农村正规与非正规金融共存的研究大多是将正规与非正规金融看作两个独立的市场，因而无法揭示二者的互动机理。关于正规金融影响非正规金融机理的经典研究来自 Bose（1998），他提出了借款人类型结构效应的理论框架。根据这一理论，由于农村金融市场由一些违约概率异质性的不同类型农户组成，故无论是正规还是非正规金融的贷款群体，均由一定比例的高风险农户与低风险农户混合构成，对正规金融机构而言，农户的这种结构类型比例是利率的函数。如果农村正规金融机构实行低的利率水平，那么其贷款群体中低风险农户比例可能会增加，这相应会提高非正规金融中高风险农户的比例，因而在正规金融降低利率水平的同时，会伴随着非正规金融利率水平提高的这一违背直觉的现象的发生。另一种理论认为，农村正规与非正规金融的联系，是通过在农户面临流动性约束条件下的信贷需求溢出效应实现的（Disney et al.，2002）。但是，这一理论仅是从农户融资决策行为出发进行的分析，而将正规与非正规金融的决策看作外生的。另外，这一理论对溢出效应的解释也缺乏微观基础。

由于农村金融市场的严重不完全性，故政府可以在农村金融市场有效运作中发挥重要作用。政府对农村金融的干预有各种各样的形式，诸多的研究表明，政府在完善法律、加强监管、构建统一征信体系及强化竞争等方面的举措，有助于解决借贷合约的不完备性并且更有效地动员与配置农村金融资源（Goetzmann，1996；Dyckman，2001；褚保金和张龙耀，2007）。但是，出于政治竞选或经济内生的原因，很多情形下政府对农村金融的干预进一步扭曲和降低了农村金融的配置，政府对农村金融的优惠补贴或政治周期性的增加供给，对农业产出的贡献甚微且补贴的优惠往往被富裕农户获得，弱势农户从中受益颇少，因而所需资金仍主要来自非正规金融（Warning and Sadoulet，1998；Deininger，2003；Cole，2009；Ibrahim and Aliero，2012）。特别的，政府对利率的控制会普遍导致不同类型农户受益不均，以至这一现象被称作“利率限制铁律”（Gonzalez-Vega，1984；Burgess and Pande，2005）。虽然上述研究意味着政府干预对农村非正规金融市场的影响有限，但对农村金融市场来说，这些干预更多的是一种非市场化的金融抑制，那么农村金融的市场化改革是否改变了这一结果呢？不幸的是，始于 20 世纪 80 年代的市场化导向的拉美农村金融改革的实践表明，改革并没有显著地改变农村非正规金融在农村的地位，非正规金融仍是农村金融的重要供给者。研究显示，市场化改革对农村非正规金融冲击远弱于预期的原因在于，市场化改革并未实质性地改变农村金融信息不对称问题（Boucher et al.，2008），这一结果也被关于非洲部分国家的研究验证（Ibrahim and Aliero，2012）。

国内关于利率市场化对农村金融市场的影响有三种观点：第一种观点认为利率市场化可以有效推动农村正规金融的发展。持这种观点的学者认为，利率市场化有助于借贷合约结构更具有状态依赖性、提高正规金融机构对农户类型的识别能力、更有效地进行风险定价及增加对正规金融机构放贷的激励，从而有效推进农村正规金融机构的发展（周梦亮和文春晖，2010；马九杰和吴本健，2012；许月丽等，2013）。第二种观点认为利率市场化对农村正规金融发展影响有限。这些观点从缺少风险定价的技术会增加风险、市场过度垄断对利率变动不敏感、过度竞争会降低贷款质量与降低资本充足率等角度，认为不宜对利率市场化影响正规金融的效果估计过高（中国人民银行赣州市中心支行课题组，2006；Gormley，2010；张龙耀等，2011）。第三种观点认为，利率市场化对农村正规金融的影响方向不确定。这些观点认为，利率市场化的效果因区域经济发展水平、农村正规金融机构的类型和农业经营组织形式的不同而不同，利率市场化对农村正规金融的冲击效果不宜一概而论（易小兰和钟甫宁，2011；黄惠春和李静，2015）。

相比于已有研究主要关注利率市场化对农村正规金融的影响，本书的第三章和第四章将从农村金融市场结构的二元性出发，研究利率市场化对农村正规与非正规金融关系的冲击效果与冲击的机理，第七章、第八章和第九章则着重分析利率市场化对农村非正规金融影响的机理。

第四节　突破“利率限制铁律”：农村金融走向完善的重要标志

长期以来，限制正规金融市场的利率是许多发展中国家政府干预农村金融市场的常用手段。发展中国家采取这一金融抑制政策有着多种理由：一是高度市场分割与金融摩擦所导致的农村金融市场的严重不完全，似乎为政府干预农村金融市场提供了天然的理由；二是抵押品的缺乏使得农村弱势农户往往背负高利贷的沉重压力，因而低利率政策往往具有明显的政治意图——帮助弱势的中小农户获得低成本的资金以用于扩大资本积累（McKinnon，1973；Gonzalez-Vega，1984；Goetzmann，1996；Deininger，2003）。虽然这些理由背后均有着一套强有力的逻辑体系，但是政策却似乎并未达到预期的目的。在实践中，许多国家的研究都发现了类似的结果——利率约束政策下的机构贷款往往流向富裕农民而非弱势农民，这意味着利率限制政策强化了农村金融机构对富裕农民的偏好（von Pischke et al.，1983；Burgess and Pande，2005）。这种现象非常普遍，被称为"利率限制铁律"（Gonzalez-Vega，1984）。

与我国其他领域一样，改革开放以来，农村金融改革也坚持了市场化的方向，以利率管制为代表的金融抑制政策也走上了逐步放松的改革轨道。自 1996 年利率市场化改革启动开始，农村金融贷款利率浮动区间不断放大，一直到 2013 年 7 月贷款利率全面放开。那么，我国利率市场化改革对不同类型的农户产生了怎样的影响？改革的推进又是否削弱了"利率限制铁律"的作用强度，提高了中小农户的信贷可得性？

对此，近年来国内的一些相关研究可能提供了有用的启示。一个角度是关于利率市场化对农村金融市场信贷配给的影响。许承明和张建军（2012）所构建的分析框架认为利率市场化改善了农业信贷配给效率和农户信贷配给程度。而张龙耀等（2011）基于二元 Logit 模型的分析结果认为，农村金融机构并没有将调整利率作为弥补贷款潜在风险的手段，在简单地将利率上浮至一定比例之后，仍然以较严格的信贷条件来甄别贷款人。此外，马九杰和吴本健（2012）基于不完全契约理论视角，利用多元 Logit 模型得出利率变动和农户受配给程度呈非线性关系——利率的上升先减弱后增强农户的信贷配给。另一个角度是关于农村金融改革对不同阶层农户的福利影响。朱喜和李子奈（2006）基于 VEC（vector error correction model，向量误差修正模型）的协整分析发现，在政府主导的指令性信贷模式下，金融机构的农村贷款投入在长期与短期均未能有效地促进农户收入的增长和农村投资的增加。李锐和朱喜（2007）利用 Biprobit 和 Match 模型进一步测定了农户受到金融抑制的强度，并基于此测算了农户所遭到的经济损失。褚保金等（2009）采用内生转换模型发现，农户所受大多数信贷配给来自正规金融机构，信贷配给通过限制农户投资影响了农户收入的增加。刘西川等（2014）通过意愿调查和 Tobit III模型发现，利率显著影响农户正规信贷需求，低收入群体信贷需求对利率也是敏感的，而富裕农户有更多的机会获得正规贷款。

除基于 Stiglitz 等（Stiglitz and Weiss，1981；Hoff et al.，1993；Stiglitz，2002）的信息经济学理论对信息不对称条件下农户信贷配给的系列研究外，国外比较经典的相关研究是 Adams 等（Adams and Nehman，1979；Pablo，1979；Adams and Douglas，1981）基于贷款交易成本变化角度，从需求与供给两个方面对贷款利率市场化影响农户信贷配给的分析。首先，从需求角度看，由于利率市场化过程中贷款利率上升，很多贷款申请的障碍和抵押物要求会逐渐消除，从而降低贷款的交易成本，而且中小农户贷款支付的交易成本比利息多，所以利率市场化过程既有利于降低正规金融机构对中小农户的信贷配给程度，也可能会根据农户贷款需求减少的情况来降低对其贷款规模。

其次，从供给角度看，利率市场化改革将增加正规金融机构的贷款总量，因为其吸收储蓄和吸引权益资本能力的不断增强，总资产规模可以对应增加。同时，贷款利率的上升提高了相对收益率，正规金融机构将增加用于贷款的总资产份额。利率市场化改革逐步改变了正规金融机构主要依靠抵押物来降低贷款风险的做法[①]，这使得缺乏抵押物的小农户更有可能获得贷款。同时，随着贷款利率管制的逐步放宽，正规金融机构可以逐步负担原来受配给借款者从借款者总体中分离出来的信息成本，进而缓解中小农户受到的非价格配给。

总结已有文献，国内学者对农户所受信贷配给的福利效果问题已进行了比较深入的研究，但是仍鲜有关于利率市场化改革对不同阶层农户信贷配给影响的相关研究，而对二者相互关系的机制，尤其是与主流经济逻辑相一致的相关机制的揭示更是付之阙如。国外的直接相关研究也较少见，已有的相关研究虽然从信息不对称或成本收益角度对相关机制进行了比较深入的分析，但是基于交易成本的成本收益分析因交易成本的含糊性而缺乏微观基础，而即便是基于信息经济学范式的研究，也仅是将贷款供给看作一个正规金融机构在利率增加所诱致的借款人类型结构变化所产生的风险与利率增加所引发的补偿效应之间进行权衡的结果，却忽略了利率市场化改革所可能产生的一个重要内生效应：正规金融机构的信息不对称处理技术会随着利率市场化的改变而改变，而这一效应显然会影响正规金融机构的信贷决策。据此，本书的第五章与第六章将以 Stiglitz 和 Weiss（1981）的信贷配给理论分析框架为基准，创新性地引入正规金融机构信息处理技术内生于利率市场化这一新的理念，从名义收益效应、借款人类型结构效应和技术内生效应权衡决策的角度，分析利率市场化改革对中国不同阶层农户的信贷配给福利效果的影响，以尝试回答如下问题：弱势农户受到正规金融机构信贷配给的现象在渐进利率市场化改革中有无得到逐步改善？在利率渐进市场化改革过程中，“利率限制铁律”是否被逐渐打破？

---

① 依据 Gonzalez-Vega（1984），正规金融机构常常区分不同类型的借款者并评估给定类型借款者的违约概率及违约导致的预期损失。因此，正规金融机构将借款者类型区分得越多对其越有利。然而，这需要大量信息，在不完全的农村金融市场，信息的获取和处理十分昂贵，所以，评估抵押品资产一般是正规金融机构唯一能负担的降低风险的活动。

本章小结

本章共分为四节。首先，简述了我国农村利率市场化的总体过程，并介绍了现有的国内外关于农村利率市场化改革的研究情况。目前来看，这一领域的研究主要集中于农村利率市场化改革的成效，分析农村利率市场化对农户融资状况的改善程度及其对农村金融市场的实际推动作用。其次，概述了学界关于农村互联网金融的已有文献。伴随着互联网金融的蓬勃发展，农村互联网金融也登上了历史的舞台，对以农信社为主传统的农村金融机构造成了冲击。学者们对农村互联网金融的看法尚存在一些分歧，但完善农村互联网金融监管的重要性和必要性基本已成为共识。再次，总结了有关农村正规金融与非正规金融之间关系的研究观点。由于正规金融与非正规金融的二元结构是发展中国家农村金融市场的重要特征，围绕两者共存原因及其相互关系的研究受到了较高的关注，另一个主要的研究方向是利率市场化对农村正规金融与非正规金融的影响。最后，针对“利率限制铁律”在我国农村金融市场中的表现进行阐述，目前已有的研究主要关注“利率限制铁律”下农户受信贷配给影响后的福利变化问题，但忽略了由利率市场化改革和信息不对称程度变化引起的金融机构决策变化这一因素。

参考文献

曹凤岐. 2015. 互联网金融需要综合监管[J]. 北大商业评论，5：52-57.

陈东，刘全东. 2013. 农村信贷对农村居民消费的影响——基于状态空间模型和中介效应检验的长期动态分析[J]. 金融研究，6：160-172.

陈鹏，刘锡良. 2009. 当前农村金融利率机制是有效的吗？[J]. 中国农村经济，11：39-49，59.

陈时兴. 2009. 农村地方金融结构、地方政府行为与支农绩效[J]. 数量经济技术经济研究，3：81-90，105.

褚保金，卢亚娟，张龙耀. 2009. 信贷配给下农户借贷的福利效果分析[J]. 中国农村经济，6：51-61.

褚保金，张龙耀. 2007. 农信社扶贫小额贷款的有益尝试[J]. 中国农村信用合作，12：26-27.

董积生. 2003. “乡村银行”利率行为对我国农村信用社利率构建的启示[J]. 决策探索，4：59.

胡海涛. 2016. 农村互联网金融的现状、问题及法律应对[J]. 知识经济，5：56-57，59.
黄惠春，李静. 2015. 利率市场化、市场势力与农村金融市场效率损失——以江苏为例[J]. 南京农业大学学报（社会科学版），1：32-40，124.
康继军，陈喆男，王翠. 2010. 各地区金融市场化对农民收入影响空间分析[J]. 会计之友（上旬刊），8：35-38.
李继尊. 2015. 关于互联网金融的思考[J]. 管理世界，7：1-7，16.
李锐，朱喜. 2007. 农户金融抑制及其福利损失的计量分析[J]. 经济研究，2：146-155.
刘广明. 2010. 农村金融市场化改革的理论检讨[J]. 中国城市经济，9：62-64.
刘西川，陈立辉，杨奇明. 2014. 农户正规信贷需求与利率：基于 Tobit Ⅲ模型的经验考察[J]. 管理世界，3：75-91.
骆家奇. 2003. 农村信用社利率市场化的可行性研究[J]. 新疆金融，4：28-31.
吕士伟. 2003. 农村利率市场化改革可行性个案研究：兼对 HMS 模型的实证检验[J]. 金融研究，1：104-108.
马九杰，吴本健. 2012. 利率浮动政策、差别定价策略与金融机构对农户的信贷配给[J]. 金融研究，4：155-168.
钱水土. 2009. 中国农村金融体制三十年改革的回顾与评价[J]. 浙江工商大学学报，2：5-13.
钱水土，陈鑫云. 2015. 新形势下农村信用社风险控制策略研究[J]. 农业经济问题，2：47-52，111.
苏行. 2016. 农村互联网金融发展研究[J]. 农村经济与科技，11：125-127.
吴金龙. 2015. 互联网金融对农村金融市场的影响分析与对策研究[J]. 浙江金融，12：20-23.
徐忠. 2006. 小额信贷：国际经验及其对我国启示[J]. 上海金融，8：50-53.
许承明，张建军. 2012. 利率市场化影响农业信贷配置效率研究——基于信贷配给视角[J]. 金融研究，10：111-124.
许奇挺. 2001. 农业银行内部利率市场化运作探讨[J]. 农村金融研究，2：30-32.
许月丽，伍凤华，张晓倩. 2014. 二元转型、信息流动变异与农村借贷合约的激励设计[J]. 财经研究，3：85-93.
许月丽，张忠根，战明华. 2013. 社会资本视角下的利率市场化与农村正规金融的经济绩效[J]. 世界经济，5：112-134.
易金平，杨涛. 2003. 利率市场化与农村信用社改革的对策[J]. 统计与决策，5：66-67.
易小兰，钟甫宁. 2011. 农户贷款利率改革的福利分析——以江苏、河南与甘肃农村信用社为例[J]. 农业经济问题，4：42-48，111.
张军. 2015. 农业发展的第三次浪潮[J]. 中国农村经济，5：4-9.
张龙耀，江春. 2011. 中国农村金融市场中非价格信贷配给的理论和实证分析[J]. 金融研究，7：98-113.
张龙耀，杨军，陈畅. 2011. 信贷需求、信贷交易成本与农村利率市场化——基于农户调查数据的经验分析[J]. 财贸经济，11：98-104.
中国人民银行福州中心支行课题组. 2002. 关于农村信用社利率改革试点的调查与思考[J]. 中国金融，12：23-24，26.
中国人民银行赣州市中心支行课题组. 2006. 市场分割与信贷配给：利率市场化的体制及经济效应[J]. 金融研究，1：127-138.

周孟亮，文春晖. 2010. 我国农村金融适应性成长模式研究[J]. 经济学家，5：102-104.
朱喜，李子奈. 2006. 改革以来我国农村信贷的效率分析[J]. 管理世界，7：68-76.
朱新蓉. 2016. 农村互联网金融发展困境[J]. 经济研究参考，71：20.
Adams D W，Douglas H G. 1981. A critique of traditional agricultural credit projects and policies[J]. Journal of Development Economics，8（3）：347-366.
Adams D W，Nehman G I. 1979. Borrowing costs and the demand for rural credit[J]. The Journal of Development Studies，15（2）：165-176.
Aleem I. 1990. Imperfect information，screening，and the costs of informal lending：a study of a rural credit market in Pakistan[J]. World Bank Economic Review，4（3）：329-349.
Barham B，Boucher S，Carter M. 1996. Credit constraints，credit unions，and small-scale producers in Guatemala[J]. World Development，24（5）：793-806.
Boucher S，Carter M，Guirkinger C. 2008. Risk rationing and wealth effects in credit markets：theory and implications for agricultural development[J]. American Journal of Agricultural Economics，90（2）：409-423.
Boucher S，Guirkinger C. 2007. Risk，wealth and sectoral choice in rural credit markets[J]. American Journal of Agricultural Economics，89（4）：991-1004.
Burgess R，Pande R. 2005. Do rural banks matter? Evidence from the Indian social banking experiment[J]. The American Economic Review，95（3）：780-795.
Burkart M，Ellingsen T. 2004. In-kind finance：a theory of trade credit[J]. The American Economic Review，94（3）：569-590.
Bose P. 1998. Formal-informal sector in teraction in rural credit markets[J]. Journal of Development Economics，56（2）：265-280.
Chung I. 1995. Market choice and effective demand for credit：the roles of borrower transaction costs and rationing constraints[J]. Journal of Economic Development，20（2）：23-44.
Cole S. 2009. Fixing market failures or fixing elections? Agricultural credit in India[J]. American Economic Journal：Appied Economics，1：219-250.
Deininger K. 2003. Land Policies for Growth and Poverty Reduction[M]. Washington D.C.：World Bank and Oxford University Press.
Disney R，Fichera E，Owens T. 2002. Credit constraints and credit spillovers in formal and informal markets：evidence from Malawi[R]. Working Paper，School of Economics，University of Nottingham.
Dyckman L J. 2001. Farm loan programs：improvements in the loan portfolio but continued monitoring needed：GAO-01-732T[J]. GAO Reports，2：11.
Goetzmann W N. 1996. Financing Civilization[M]. New Haven：Yale School of Management.
Gonzalez-Vega C. 1984. Credit-rationing behavior of agricultural lenders：the iron law of interest rate restrictions[J]. Undermining Rural Development with Cheap Credit，10：78-113.
Gormley T A. 2010. The impact of foreign bank entry in emerging markets：evidence from India[J]. Journal of Financial Intermediation，19（1）：26-51.
Hoff K，Braverman A，Stiglitz J E. 1993. The Economics of Rural Organization：Theory，Practice，

and Policy[M]. New York：Oxford University Press for the World Bank.

Hoff K，Stiglitz J E. 1990. Imperfect information and rural credit markets：puzzles and policy perspectives[J]. World Bank Economic Review，4（3）：235-250.

Ibrahim S，Aliero H M. 2012. An analysis of farmers' access to formal credit in the rural areas of Nigeria[J]. African Journal of Agricultural Research，7（47）：6249-6253.

Jain S. 1999. Symbiosis vs crowding-out：the interaction of formal and informal credit markets in developing countries[J]. Journal of Development Economics，59：419-444.

Kochar A. 1997. An empirical investigation of rationing constraints in rural credit markets in India[J]. Journal of Development Economics，53（2）：339-371.

McKinnon R. 1973. Money and Capital in Economic Development[M]. Washington D.C.：Brookings Institution.

Mushinski D. 1999. An analysis of loan offer functions of banks and credit unions in Guatemala[J]. The Journal of Development Studies，36（2）：88-112.

Myint H. 1964. The Economics of the Developing Countries[M]. London：Hutchinson.

Ngugi R W. 2001. An empirical analysis of interest rate spread in Kenya[R]. AERC Research Paper.

Pablo A. 1979. Lending activities among groups of small farmers in the Bonao Area on the Dominican Republic[R]. Department of Agricultural Economics and Rural Sociology，The Ohio State University.

Pinaki B. 1998. Formal-informal sector interaction in rural credit markets[J]. Journal of Development Economics，56：265-280.

Shaw E S. 1973. Financial Deeping in Economic Development[M]. New York：Oxford University Press.

Stiglitz J E. 2002. Information and the change in the paradigm in economics[J]. The American Economic Review，92（3）：460-501.

Stiglitz J E，Weiss A. 1981. Credit rationing in markets with imperfect information[J]. The American Economic Review，71（3）：393-410.

Udry C. 1990. Rural credit in northern Nigeria：credit as insurance in a rural economy[J]. World Bank Economic Review，3：251-269.

von Pischke J D，Donald G，Adams D W. 1983. Rural Financial Markets in Developing Countries：Their Use & Abuse[M]. Baltimore：Johns Hopkins University Press.

Warning M，Sadoulet E. 1998. The performance of village intermediaries in rural credit delivery under changing penalty regimes：evidence from Senegal[J]. The Journal of Development Studies，35（1）：115-138.

第二章　农村利率市场化改革与互联网金融发展基本情况

利率市场化改革是我国经济改革的重要一环，利率的市场化定价机制更是我国社会主义市场经济体系的重要组成部分。在 20 世纪 90 年代我国经济实现软着陆的同时，我国的利率市场化改革也进入了实质性的阶段，并以分层次、分节点的渐进式改革的形式不断深化，大致可分为银行间同业拆借利率放开、债券市场利率和银行间市场国债利率及政策性金融债利率放开、境内外币贷款和大额外币存款利率放开、人民币贷款利率浮动区间逐步放开四个方面。农村利率市场化作为农村金融体系改革的重要内容，就在上述的经济背景之下展开，并与农村金融机构改革一同进行。到目前为止，我国的农村金融已经基本形成了农村商业银行、农村合作银行、村镇银行、小额贷款公司、农村资金互助社等多种机构共同发展的市场体系。与此同时，在互联网技术日新月异的发展中，我国的互联网金融蓬勃发展，并产生了一批农村互联网金融机构，为我国的农村金融增加了新的变量。本章主要介绍农村利率市场改革和农村互联网金融发展的基本情况，考察我国农村利率市场化改革的历程及其所带来的影响。

第一节　农村利率市场化改革：历程回顾与阶段总结

一、中国利率市场化改革进程回顾

（一）农村利率市场化改革的背景

1. 改革前我国经济的整体背景

20 世纪 90 年代初期，中国经济从 80 年代末的低谷中逐渐恢复，国内生产总值（gross domestic product，GDP）增长率从 4%左右重新回到 10%以上。1992 年，邓小平同志南方谈话以后全国经济增长加速，又在中共十四大决定建立社会主义市场经济体制的政策推动下掀起了新的发展热潮，全国范围内掀起了开发区热、集资热、房地产热和证券热。过热的经济状态及经济体制从“计划”到“市场”的转换过程中也带来了一些问题，孙学文（1999）将其总结为“四高两乱”，即“高投资、高货币投放、高物价、高进口”及“金融秩序混乱、生产资料市场混乱”。

1993 年开始，政府开始整顿金融秩序并控制总需求，紧缩银根、严格控制信用总量、压缩固定资产投资规模，抑制通货膨胀。到 1996 年，我国经济成功地从高通胀局面实现软着陆，在居民消费价格指数（consumer price index，CPI）同比增速从 1994 年的 24.1%下降至 1996 年的 8.3%，生产价格指数（producer price Index，PPI）同比增速从 1994 年的 19.5%下降至 1996 年的 2.9%的同时，GDP 仍保持了 9.9%的高速增长。全社会固定资产投资总额同比增长 14.8%，社会消费品零售总额同比增长 20.1%，虽有不同程度的回落但仍增长迅速，经济运行出现了“高增长、低通胀”的良好局面。鲁利玲和马克（1998）将这个阶段的调控成果总结为国民经济稳定、快速增长，通货膨胀有效抑制，失业率整体可控，国际收支状况良好。

虽然经济软着陆，但是 20 世纪 90 年代国内经济运行的问题依旧不少，如国有企业效率低下问题依然十分突出，李朴民（1996）提出可以通过资产重组提高国有资产营利能力及扩大企业规模来提高效率，另外加快计划经济向市场经济的转变，加快行政与企业脱钩，给企业更多的自主权来解决国企效率低下的问题。

他本质上认为还是国企不够市场化，以及历史遗留的资产质量问题导致国企效率低下。除了国企效率低下，20 世纪 90 年代还爆发了严重的三角债危机，也反映出了国民经济的一些问题。首先，产业结构失衡。在企业资金自给能力很弱的情况下，一旦银根紧缩，资金周转不灵就会发生相互拖欠。其次，固定资产投资膨胀，信贷资金结构不合理，资金使用效益低。最后，市场疲软、库存积压，也是导致企业拖欠债务的重要原因（李守荣，1990）。

2. 改革前中国农村经济发展背景

20 世纪 90 年代中期，从农业上来看，农产品的供求基本均衡。年粮食产量波动不大，棉花生产丰收，油料、糖料、畜牧、水产呈现全面增长，生产结构趋于合理，消费需求旺盛。因为物价的上涨，农产品也大幅提价，农村剩余劳动力加快转移，农民纯收入与上年相比，增长较快。根据《1995 年农村经济发展年度报告》的数据，农村非农产业发展迅速，从业人数达到 12 200 万人，比上年增长 3.8%。银行、信用社对乡镇企业的贷款年底余额 2 500 亿元，比上年增加近 300 亿元，增长 13%。非农产业总产值约 54 600 亿元，按可比价计算比 1994 年增长 30%。乡镇企业经营质量与规模不断扩大，当年有 3 000 多家乡镇企业产值过亿，其创造的产值、利税占全国乡镇企业总量的 10%以上，部分乡镇企业不满足于国内市场，开始进军国际市场。在政策的鼓励下，不少乡镇企业也开始实施东西合作的战略，推进全国经济协调发展。虽然农村工业发展速度不断放缓，但农村工业总产值占全国工业总产值的比重已达 47.5%，同比增长 4 个百分点，农民纯收入中来自非农产业的比重持续上升。

20 世纪 90 年代中期，中国农村虽然得到了一定的发展，但是还有很多问题亟待解决。贾书明（1998）的调查认为落后的农业生产力水平不适应国民经济发展的需要，这种生产力水平低下的原因是多方面的：第一，农业劳动力素质较低，改革开放以来，尤其是 90 年代改革开放进入新时期，在市场经济的推动下，大量农村人才外流，许多有知识、有文化的农民都通过各种途径脱离了传统农业，进入其他非农产业。这种人才的流失，不仅危及农村经济和社会的协调发展，也会影响下一代的素质提高，使农业劳动力素质有进一步恶化的趋势。第二，中央政府的农业投入到位情况不理想，不少地方政府对农业投资的比重仍在下降，农业基础条件脆弱，农业物质技术装备差，农业科技水平低也造成了生产力水平低。

韩俊和余贤（1995）在回顾中国农村经济形势时认为，20 世纪 90 年代初农村经济还面临农产品购销体制改革出现反复、市场体系仍不健全、乡镇企业税赋陡增、亏损面扩大的问题。迟福林（1995）则关注到农村剩余劳动力的转移问题，他担心农村剩余劳动力的转移导致的非农就业的快速增长会带来农业生产边际成本的提高从而引起农产品价格上涨，还有国民经济结构中的产业结构、城镇结构要如何变化才能吸纳如此多的剩余劳动力。

3. 改革前中国农村金融市场背景

20 世纪 90 年代中期，农村金融机构体系发生了调整，农信社脱离了农业银行自立门户，这一时期农业发展银行也脱离中国农业银行自成一体。彼时，我国的正规农村金融机构当中，政策性的有中国农业发展银行，商业性的有中国农业银行和中国邮政储蓄银行，以及合作性金融性质的农信社。

根据刘艳华和王家传（2009）依照统计年鉴整理的数据的估计，20 世纪 90 年代中期农村贷款占社会总贷款的 8%左右。当时农村金融机构放贷程序没有如今严格规范的流程，针对企业的贷款申请，农村金融机构极有可能不是通过对财务状况、经济效益等环节独立自主的调查分析来决定是否放贷，而是凭借企业自身的陈述和申请及政府的态度意愿来决定是否发放贷款（张康民和徐大元，1994）。而对农户个人的贷款申请，农村金融机构也是大多基于信贷员自身的偏好与判断决定是否放贷。《中国农村信用合作》1998 年就刊登文章指出很多信贷员只认印章不认人的现象，轻信贷款人的一面之词，而不对担保人的家庭、经济状况、担保能力做尽职调查。还有只见印章不见人的情况，贷款人拿着担保人印章进行贷款担保，信贷部门也不考虑担保人是否同意、是否自愿，见到印章就办理担保贷款、进行放贷，更甚者还有一家人全部相互担保进行贷款，实际上没有真正的担保人。

在贷款的定价上，柯愈灿和吴风鑫（1994）根据中国人民银行瑞昌市支行对下属农信社的检查结果发现，农信社发放贷款会根据贷款的用途进行区别定价，对农业生产贷款的定价大部分还在中国人民银行规定的最高上浮之内，在区间内按担保、历史信用等其他因素给予多档不同利率；对乡镇企业的贷款会略高于农业生产贷款，而且不加区分其他因素进行“一口价”定价；对个体工商户、运输业贷款与高档消费、买房贷款，给出远高于上浮上限的贷款利率。除此之外，还有以短期限放贷却按年利率收息、预收利息等变相提价的情况。黄贤刚（1990）就曾指出农信社利率管理较混乱，部分信用社搞“人情利率”，擅自提高或擅自降低贷款利率，或不分贷款用途和对象普遍上浮，且上浮幅度较大。这些农村金融机构信贷管理制度不完善，经营自主权较低，贷款人违规套取贷款，造成大量的坏账呆账，也造成了农村贷款利率的居高不下。

总结起来，当时的这些问题源于农村金融市场严重的信息不对称，由此衍生的道德风险加大了银行风险，银行提高利率又容易产生逆向选择问题。另外，农村金融市场还有缺乏可抵押物、金融机构管理技术水平低等特点。因为农村金融市场这些基本特点的存在，农村金融市场的开发深度较为有限，基本以农信社为主，中国农业银行及中国农业发展银行下沉不足。大多数农信社受到资产质量低下的困扰，为了规避风险，也因为中国人民银行对其资产负债比例的限制，经常采取惜贷、提高贷款对象质量要求、片面强调贷款抵押和担保等举措。何广文（1999）认为，农村金融市场开发程度不够，保险市场不发达，储蓄利用率低等都是导致金融抑制的原因，使得信贷配给无法满足农村融资的需求。

（二）农村利率市场化改革进程总结

1978年，我国利率市场化改革启动，但由于长期的金融控制政策，直到1996年利率市场化改革才进入实质性阶段。我国的利率市场化改革是一个逐步放开管制的过程，大致可分为银行间同业拆借利率放开、债券市场利率和银行间市场国债利率及政策性金融债利率放开、境内外币贷款和大额外币存款利率放开、人民币贷款利率浮动区间逐步放开等几个方面，具体改革历程见表2.1。

表2.1　中国利率市场化改革进程

年份	利率市场化改革进程
1996	以放开银行间同业拆借市场利率为突破口，正式启动了利率市场化改革；债券开始利率市场化；流动资金贷款利率上浮降低，下浮不变
1997	放开银行间债券回购利率和现券交易利率
1998	国家开发银行首次通过央行债券发行系统以公开招标方式发行金融债券；小企业贷款利率浮动由10%扩大到20%，农信社贷款利率最高上浮幅度由40%扩大到50%；放开贴现利率和转贴现利率，在再贴现利率的基础上由商业银行自定，但不超过同期贷款利率（含浮动）
1999	财政部首次以利率招标的方式在银行间债券市场发行国债；央行批准中资商业银行法人与中资保险公司法人试办自定利率的大额定期存款；连续三次扩大金融机构的贷款浮动区间；允许县以下金融机构贷款利率最高可上浮30%
2000	放开外币贷款利率和大额外币存款利率
2002	对中、外资金融机构的外币利率管理政策进行了统一化处理
2003	对美元、日元、港币、欧元小额存款利率的上限实行管理，下限实行开放；允许农信社试点的贷款利率上浮不超过贷款基准利率2倍
2004	基本取消金融机构人民币贷款利率上限，仅对城乡信用社贷款利率实行上限管理；不再根据企业所有者性质和企业规模区别制定利率的浮动区间；放开1年期以上小额外币存款利率；外币小额存款中2年期的存款利率上限保留原状，下限完全放开
2005	完全放开同业间金融机构存款利率；开始实行银行间债券市场的远期交易
2006	计划建立报价式的中国货币市场基准利率Shibor；确定人民币利率互换交易试点开展的有关事项；正式开始人民币利率互换交易；个人房贷利率可下浮至基准利率的0.85倍
2007	中国货币市场基准利率Shibor正式投入使用
2012	金融机构存款利率浮动区间的上限调整为基准利率的1.1倍，下限调整为基准利率的0.7倍
2013	全面放开金融机构贷款利率下限管制
2014	存款利率浮动区间的上限调整至基准利率的1.2倍
2015	全面放开存款利率上限，基本形成完全市场化的局面

资料来源：中国人民银行

二、中国农村利率市场化改革的阶段划分

农村利率市场化改革是中国整个利率市场化改革的重要组成部分，也是中国农村金融体制改革的重要组成部分。纵观整个利率市场化改革在农村不断深化的过程，我们大致可以将中国农村利率市场化改革的过程分为三个阶段。

（一）第一阶段：1996～2003年

这一阶段主要以农信社改革为抓手，通过明确产权关系、改革管理体制、增强自主定价能力等手段，巩固强化了农信社在农村金融体系中的地位。

1996年，随着中国银行间同业拆借市场利率的放开，中国利率市场化实质性的改革正式起步，同时中国农村金融体制改革也正式拉开序幕。1996年8月，《国务院关于农村金融体制改革的决定》中提出，农村金融体制改革的重中之重是农信社管理体制的改革，要逐步消除农信社和中国农业银行之间的行政隶属关系，并由农信社县联社和央行负责对农信社的业务管理和金融监管，然后按合作制原则重新规范农信社；同时在城乡一体化程度比较高的地区，要整顿合并已经商业化经营的农信社组建成农村合作银行。此后的2003年6月，国务院颁布了《深化农信社改革试点方案》，提出深化信用社改革，要重点解决好两个问题：一是以法人为单位，改革信用社产权制度，明晰产权关系，完善法人治理结构，区别各类情况，确定不同的产权形式；二是改革信用社管理体制，将信用社的管理交由地方政府负责。

随着中国对农信社改革的不断深化，农信社的产权关系越来越明晰，从而奠定了农信社越来越强的贷款自主定价能力，其在中国农村金融体系当中的地位也越来越重要。1998年10月《中国人民银行关于扩大对小企业贷款利率浮动幅度的通知》中规定，农信社贷款利率最高上浮幅度由现行的40%扩大为50%。2001年12月，吉林省通榆县等八个县（市）被央行选择开展农信社利率改革的试点工作，并规定这些试点区的存款利率可以在基准利率的基础之上上浮20%，个别地区甚至可高达50%；同时，这些地区贷款利率的上浮幅度为70%，个别地区甚至可高达100%。在这之后，中国农信社改革试点的范围也不断扩大，农村金融体制改革不断深化。

（二）第二阶段：2004～2006年

继续深化农信社改革，开辟多元化农村金融机构新格局，支持村镇银行、贷

款公司、农村资金互助社等新型农村金融机构发展。这一阶段农村出现了更多样的金融供给主体，并且农信社的贷款利率上限也实现了完全的放开。

从农信社改革试点首次推出开始，改革试点的范围不断地扩大。到 2004 年，试点已经扩大到了 29 个省（自治区、直辖市）。在整个改革过程中，农信社在产权制度、管理体制、经营机制等方面均有着显著的完善，同时也带来了农村金融市场的巨大变化。2005 年，在陕西等五个省出现了一种“只贷不存”的小额贷款公司来专门解决小型企业和农户的资金问题，这种公司的贷款利率上限高达基准利率的 4 倍，贷款利率市场化的程度比较高。2006 年，农村邮储银行的出现又对农村金融体制的改革产生了很大的影响。在这之后，村镇银行、贷款公司、农村资金互助社等新型农村金融机构也为农村金融体制注入了新的活力。

在多元化农村金融机构不断出现的同时，农信社也有着更进一步的发展，并最终实现了上限管理。根据 2003 年 12 月《中国人民银行关于扩大金融机构贷款利率浮动区间有关问题的通知》，自 2004 年 1 月起，农信社贷款利率浮动区间扩大到[0.9，2]，即农信社贷款利率下限为基准利率乘以下限系数 0.9，上限为基准利率乘以上限系数 2。同时，2004 年 10 月颁布的《中国人民银行关于调整金融机构存、贷款利率的通知》规定，金融机构（城乡信用社除外）贷款利率不再设定上限。城市信用社和农信社贷款利率仍实行上限管制，最大上浮系数为贷款基准利率的 2.3 倍，贷款利率下浮幅度不变。此外，关于农信社利率的科学定价也产生了很多方法，农信社又有了更进一步的发展。

（三）第三阶段：2007 年至今

在前一阶段的利率改革过程中，农村利率市场定价机制的形成明显滞后于利率管制的放松，很多金融机构并没有制定合理的定价机制，而是将利率市场化改革视作获取高额收益的一种手段，导致利率市场化改革的效果出现了一定的偏差（冯邦彦和陈彬瑞，2003）。因此，除 2008 年一些办理吸收存款业务的新型农村金融机构获批实行贷款利率下限管理及存款利率上限管理外，整个利率市场化改革进程并没有其他实质性的变化。

尽管如此，农村金融体制改革在很多领域还是有一定的发展的。首先，随着农信社产权改革的不断深入，农村商业银行和农村合作银行如雨后春笋般出现在中国各地的农村；其次，农村金融市场结构不断地完善，各类新型金融机构组织也不断孕育而生，并且规模不断壮大，业务范围也不断延伸，很好地促进了农村经济的发展；最后，农村金融市场朝着多层次的方向不断发展，涉农企业债券、农业保险、农村金融产品等也发展得越来越好，在农村金融体系当中的地位也日趋重要。

纵观中国整个利率市场化改革过程和中国农村利率市场化的进程，我们不难发现，中国农村利率市场化改革是中国整个利率市场化改革之中的浓重一笔，农村利率市场化改革也随着整个利率市场化改革的深入而不断向前推进。单独从农村利率市场化改革的进程来看，2005年以前，中国农村的利率市场化改革所走的路主要由政府牵动，是一条强制性制度变迁的路。在这之后，中国农村的利率市场化改革进程的发展有所停滞，农村的金融工作主要集中在了农村金融体制多领域发展的层面上，而此时的农村利率市场化改革实质上也是在服务于农村金融体制改革的发展。

第二节　农村利率市场化的影响

一、农村利率市场化对农村金融的影响

纵观改革几十年，利率市场化改革究竟对农村金融产生了怎样的影响这一问题长期以来一直为学界所广泛关注和讨论。虽然有诸多研究显示利率市场化改革对农村金融发展的效应没有预期中有效，但普遍的研究均认为利率市场化能够促进农村金融的发展。此外，部分学者从区域差异及市场结构等角度出发，研究发现利率市场化改革对农村金融的影响不宜一概而论，而是受区域差异等经济特征影响的。

第一类观点认为，农村利率市场化的改革能促进农村金融的发展，代表性的研究有：吕士伟（2003）研究认为利率市场化所带来的利率浮动有利于金融服务的扩张；张孝岩和梁琪（2010）研究认为利率的市场化可以使农村地区的金融抑制得到缓解，金融约束得到弱化；周孟亮和文春晖（2010）认为，农村利率市场化改革的不断发展可以使农村金融活动更为活跃化，金融服务的覆盖面也会不断扩大，更多的金融服务需求者的需求也能得到更有效的满足；马九杰和吴本健（2012）从不完全契约理论视角研究认为，随着农村利率的不断市场化，利率浮动范围得到不断放宽，进而促进农村信贷配给得到有效的缓解，农户贷款难的问题也得到有效解决；许月丽等（2013）研究发现，随着利率市场化的不断发展，农村正规金融能够通过利率的调节来减少社会资本的利用成本并降低因借款人质量结构低而产生的损失风险，从而使得农村获得更多来自正规金融的资金，最终促进农村金融市场的发展；许月丽等（2017）以信息不对称条件下的信贷配给模

型为基础，发现农村利率市场化改革的发展使农村正规金融处理信息不对称的能力大大提高。

第二类观点认为，农村利率市场化改革对农村金融发展的促进作用并没有预期中有效。代表性的研究有：徐忠和程恩江（2004）研究认为农村利率市场化的改革和发展加剧了农村金融市场的扭曲，还使得农村金融市场扭曲的纠正更加的困难；周立和林荣华（2005）研究发现，在农村金融市场垄断的背景下，新一轮农村利率市场化不仅没有扩大农村信贷，反而加大了农村的融资成本；中国人民银行赣州市中心支行课题组（2006）研究发现，在垄断和寡头竞争的存贷款市场中，利率的市场化无疑会提高农户的融资成本；任常青（2007）研究发现，农村利率市场化会导致农户负担的增加，农户的信贷需求和信贷可得性会降低，从而不利于农村经济的发展；陈鹏和刘锡良（2009）研究认为农村金融市场利率的放宽和农信社的市场化之间并不存在必然的促进关系，农村利率的市场化反而可能会造成农村金融市场的资金配置的低效率；张龙耀等（2011）基于农户信贷需求的视角研究认为，只有在推进农村利率市场化改革的同时进一步放松市场管制和降低市场准入门槛，农村金融才能得到更好的发展；杨军和罗琳（2012）提出，农村利率的市场化会对农村金融造成高道德风险，利率风险管理制度滞后等，不利于农村金融市场的发展。

第三类观点认为，农村利率市场化改革对农村金融的影响不宜一概而论，而是受区域差异及市场结构等因素影响。易小兰和钟甫宁（2011）研究发现，我国不同经济发展水平的地区对于农村利率市场化的反应会有所不同，其中经济发展水平较落后的地区更能从农村利率市场化中获得好处，而张朝洋（2015）却研究得出了农村利率市场化更能促进发达地区的农村金融发展的结论；Balmaceda 等（2014）研究发现，在信贷市场资本约束的前提下，利率市场化的成效取决于金融市场结构，在完全竞争的金融市场中贷款利率会下降，并会使得信贷渗透率增加；而不完全竞争的金融市场上则会出现相反的结果；黄惠春和李静（2015）研究提出，利率市场化改革和开放农村金融市场具有相辅相成的作用，仅靠利率市场化无法完全解决农村金融市场的问题，并且农村利率市场化实现的一个很重要的前提是建立多元化、竞争性的农村金融市场。

二、农村利率市场化对农户行为及其福利的影响

利率市场化改革不仅在宏观层面上影响农村金融市场的发展，还会从微观层面影响农户的经济行为及其福利。一方面，农户的储蓄、消费及投资行为可能受利率市场化改革影响；另一方面，农户所面临的信贷可得性及农户收入也受到利

率市场化改革的影响。

（一）农村利率市场化影响农户储蓄

大多数国内学者认为农户储蓄的增加得益于利率市场化改革所带来的利率上升。徐燕（1992）、李焰（1999）研究表明，1978～1987 年我国实际利率与居民储蓄之间存在着正相关性；不过，也有少量研究得出了截然不同的观点，如李焰（1999）研究发现 1952～1978 年利率与储蓄之间存在不是很明显的负相关关系；谢平和袁沁敔（2003）认为，提高利率可以增加居民的储蓄，并且主要是对储蓄的增长率而非绝对量产生影响，时间上在利率调整后的第二至三个季度内影响最为明显；杨菁（2005）进一步提出，随着利率市场化改革后利率的提高，农户的储蓄行为也会由于农户盈利意识和金融意识的增强而发生变化，一方面，农户的储蓄种类由活期储蓄逐步转向定期储蓄，另一方面，农户对金融机构的选择也将受到影响，可能会将存款在不同的金融机构间进行转移；李秉龙和刘丽敏（2006）运用时间序列数据和面板数据研究表明，利率对农村居民储蓄的影响并不显著，因此利率市场化改革对农户的储蓄影响也不大；张孝岩和梁琪（2010）提出，利率的提高能够促进农户储蓄的增长，并且该影响是直接的。

（二）农村利率市场化影响农户消费

对于利率市场化与我国农户消费相关性的研究，学术界存在一定分歧。李崇岩和张海鹏（2001）研究发现，实际利率与消费增长率之间存在着负相关关系，并且城镇居民消费变动对利率的敏感性比农村居民高；杨菁（2005）通过研究发现，随着利率市场化过程中存款利率的上调，农户生活消费支出将会有所增加；张孝岩和梁琪（2010）研究表明，利率市场化通过提高居民的投资和风险意识，改善金融机构的经营效率，最终促进农村居民的消费；而曹龙骐和郑建明（2000）进一步指出，在我国，消费信贷市场并不是很发达，并且缺乏贷款利率影响居民消费的基础，因此基本上只存在存款利率对消费的影响，而作为反映居民消费需求总体状况指标的社会消费品零售总额与利率之间的相关关系不为负，从而即使人口因素被剔除，消费需求变动对于存款利率变动的弹性也呈不规则频繁波动的特征。此外，杨刚等（2014）提到，从跨期消费方面来看，实际利率的上升能够促进农户消费的增加。

（三）农村利率市场化影响农户投资

针对利率市场化对农户投资的影响，国内学者基于不同的角度进行了广泛研究。胡维雄（2001）认为，贷款利率作为资金的价格，是投资的成本约束，只有投资的预期收益率大于贷款利率时农户投资才会发生，因此随着利率市场化改革贷款利率的上升，农户的投资愿望将会受到抑制；杨菁（2005）研究发现，利率市场化对农户投资的影响存在区域的差异性，具体的，利率市场化改革对西部地区农户投资的影响比东部、中部地区更大；李锐和项海容（2006）研究表明，利率的变动对农户住房建设投资的影响并不显著，即利率市场化不会明显影响农户的住房建设投资行为；而张孝岩和梁琪（2010）研究表明，利率市场化能够显著提高农户的投资，但农村金融市场的金融约束仍然存在，降低了农村金融市场的效率；钱文荣和安海燕（2017）利用有序 Logistic 回归模型分析表明，利率显著影响农户对投资的参与意愿，并且农户的收入越高，对于利率的敏感性越强。

（四）农村利率市场化影响农户信贷可得性

对于利率市场化能否改善农户贷款可获得性，学术界尚未形成统一共识。徐忠和程恩江（2004）、任常青（2007）认为，利率市场化可能会使一部分农村金融机构低效率的经营通过高利率转嫁给农户，减少农户信贷需求的同时还会降低农户信贷的可获得性；杨菁（2005）提出利率市场化过程中存款利率的提高更利于农户从正规金融机构获得信贷支持，能有效缓解农户贷款难的问题；张龙耀等（2011）基于农户信贷需求的角度，发现仅 8%的农户的信贷需求无法因为利率市场化之后的高利率得以实现，当前农村金融机构仍使用较严格的信贷条件来识别可靠的贷款人；许承明和张建军（2012）以利率市场化影响信贷配给效率的分析框架为基础研究发现，利率市场化使得农业信贷配给效率总体得到了改善；马九杰和吴本健（2012）基于不完全契约理论的视角发现，在我国农村地区，利率和农户从金融机构所获得的信贷供给、农户所面临的信贷配给之间存在的是一种非线性关系，并且对于高利率的农村地区，利率的提高会加大农户面临的信贷约束；刘西川等（2014）运用意愿调查和 Tobit III模型等方法研究发现，包括低收入群体在内的农户正规金融信贷需求受利率的负向影响比较显著，并且，对利率的敏感程度会随农户信贷需求水平的不同而不同；许月丽等（2017）提出，农村利率市场化能够在一定程度上使得“利率限制铁律”被有效打破，增强小农户的贷款获取能力。

（五）农村利率市场化影响农户收入

针对农村利率市场化如何影响农户收入的问题，学术界普遍认为利率市场化能提高农民收入。杨菁（2005）认为，利率市场化改革的推行在提高金融机构盈利水平的同时，会增加农户的筹资成本，从而减少了农户的利润空间，使得农户的自身利益受到影响；朱喜和李子奈（2006）基于 VEC 模型研究认为，通过利率市场化，构建多元化、竞争性的市场化农村金融体系，改变政府指令性农村信贷分配，最终可以实现农户收入的增加和农村经济的发展；褚保金等（2009）采用内生转换模型研究发现，利率的调整能够使受到信贷配给约束的农户显著提升收入水平；张孝岩和梁琪（2010）提出，利率市场化水平的提高能通过农户投资、储蓄等带动农户收入的增长；孔哲礼和李兴中（2014）研究提到，利率定价方式的不合理会带来农户利益的受损；钱文荣和安海燕（2017）研究认为，农村金融市场的逐步放开，引入更多的金融竞争，可以有效提高农户的贷款福利。

第三节　农村互联网金融发展基本情况

一、农村互联网金融发展的历程

互联网金融近年来凭借移动互联网、大数据、云计算等互联网技术在我国迅速兴起，作为一种创新融资模式，它对传统金融产生了巨大影响。根据中国互联网金融协会的界定，互联网金融是指传统金融机构与互联网企业利用互联网技术和信息通信技术实现资金融通、支付、投资和信息中介服务的新型金融业务模式。不同于传统金融模式，互联网金融模式是基于大数据、云计算等互联网技术迅速发展背景下产生的新模式，在这种模式下进行交易，降低了信息不对称程度、节约了交易成本。

农村互联网金融并不是简单地将互联网和传统的农村金融相加，而是以《中国农村互联网金融发展报告 2017》为依据，将农村互联网金融模式归纳为以下三类：其一，以涉农电商平台为基础的农村互联网金融模式，主要依靠农村线下电商的布局获客并据此开展接待业务、拓展综合金融服务；其二，以农业产业链为基础的农村互联网金融模式，通过依托传统农业产业龙头企业的客户、数据资源积累，与互联网技术结合，建立农村互联网金融生态圈，为农户提供各类金融服务；其三，以涉农网络平台为中介的农村互联网金融模式，通过涉农网贷平台、众筹平台、助贷平台等形式，通过各类方式提供农村金融服务，如有实业背景的P2P平台与实体农业企业联合等。

农村互联网金融兴起的背景主要有三个方面。第一，移动互联网不断普及成为农村互联网金融发展的基础条件。随着智能手机的高速普及，以及手机操作的便捷性，很多从未上过网的农村居民跳过 PC 端，直接成为移动互联网用户，高度依赖移动互联设备。第二，城镇化进程加快，农业产业化、规模化发展成趋势，剩余劳动力的转移，使得农村从事农业生产的人口减少，规模化种植成为必然趋势，客观上需要更多的资金，这对金融服务提出了需求。第三，以网络支付、P2P、互联网理财为代表的互联网金融发展迅速，他们的服务不断向外拓展，农村地区逐渐被纳入服务范围。同时，传统农村产业服务商开始涉足互联网金融领域，整个农村金融市场开始逐渐触碰互联网。

2013 年开始，互联网金融呈现出井喷式的发展，但进军农村金融市场的机构尚较少，因此农村互联网金融起步的时间略晚于互联网金融。第一类农村互联网金融机构是以阿里巴巴、京东为代表的电商平台，京东于 2015 年 9 月推出农村信贷品牌京农贷，阿里巴巴在 2015 年 11 月推出了旺农贷。第二类农村互联网金融机构以传统农村产业服务商为基础，如村村乐，也是在同时期推出自己面向农村的融资服务村村贷。第三类是以翼龙贷、宜农贷为代表的 P2P 平台，最早可追溯至 2009 年零星的农户或农村小微企业通过红岭创投等网贷平台获得过短期流动资金。2011 年，国内面向“三农”的 P2P 网贷平台翼龙贷上线，标志着网贷平台开始有意识地投身农村金融领域。作为农村地区的融资新模式，农村互联网金融具有以下特点。

第一，服务便捷高效。基于互联网技术的优势，农信社、村镇银行等传统农村金融机构相继推出手机银行 APP、网上银行，P2P 网贷平台等互联网金融机构可以在线为农户提供金融服务，服务高效且便捷。在时间上，互联网金融平台全天 24 小时为农户提供金融服务；在空间上，传统金融模式下，农村金融机构办理金融业务可能需要跑几十千米甚至上百千米，但互联网金融在农村的应用，改善了这一缺陷，农户只需登录互联网金融平台就可以办理各种金融业务。

第二，风险控制成本较低。传统农村金融机构为降低信息不对称引发的高信贷风险，通常建立依靠人工收集信息、人工审核的风险管理监控体系，虽然这种风险控制体系能够较为完善地了解借款人资信状况，较为有效地降低信贷风险，但高昂的控制成本间接性地提高借款人的借贷成本，增加借款人和金融机构的负担。而互联网金融机构在提供信贷资金前，基于互联网技术能够在短时间内收集借款方的资产状况、信用评分等相关信息，在提供信贷资金后，又能够对借款人的资产状况、违约风险进行动态追踪，并及时更新，相比于传统金融模式，这种风险控制模式较为有效地降低了信息不对称带来的信贷风险。

第三，推进普惠金融进程。由于农村地区信息不对称、业务成本高等制约因素的存在，我国传统农村金融机构的服务对象主要是那些信用度高、有抵押担保的大型农户，导致传统农村金融机构的服务对象过于集中，服务面过于狭窄，我国的普惠金融进程受阻。而农村互联网金融以互联网技术为依托，借助互联网在农村普及的优势，大大降低了运营成本和服务门槛，能够为低收入小农户提供金融服务，且有效解决偏远地区农户的金融需求，提升了农村金融服务的覆盖程度，推进了我国普惠金融进程。

二、农村互联网金融的发展现状

改革开放以来，国家政策逐渐聚焦“三农”领域，农村经济得以迅速发展，农民收入屡创新高，互联网基础设施也在不断更新完善。中国互联网络信息中心（China Internet Network Information Center，CNNIC）历年发布的《中国互联网络发展状况统计报告》显示，2014～2018 年中国农村网民规模和互联网普及率逐年攀升，中国农村网民数量从 2014 年的 1.78 亿人增长至 2018 年的 2.22 亿人，农村互联网普及率从 2014 年的 28.8%增长至 2018 年的 38.4%。我国农村网民规模和互联网普及率逐年增长的原因主要是：一方面，随着国家逐步出台农村改革政策，农村互联网基础设施逐渐趋于完善；另一方面，随着农民收入水平的提高，农民有更多的闲暇时间通过手机、电脑等工具进行学习娱乐。

随着农村互联网普及率不断上升，农村地区居民可以通过手机等工具在线了解互联网金融产品，这为互联网金融机构拓展农村金融市场打下了基础。互联网金融机构基于大数据、云计算等互联网技术分析农村金融市场与当地农村居民消费、借贷的特点，制定拓展农村金融业务的战略规划。此外，光纤、信号塔等互联网基础设施在农村的不断完善，为农村互联网普及率的提升打下了基础。随着智能手机、电脑等移动互联网终端在农村不断普及，农户可以通过传统农村金融机构手机银行、网上银行或者互联网金融平台，在线选择可获得的金融产品、服务，为农户贷款的获得提供了必要条件。

虽然我国农村互联网金融发展到现在才短短五六年时间，但是凭借众多市场主体包括互联网企业、各大电商平台、涉农企业、传统金融机构等的参与，加上国家的政策支持，我国农村互联网金融不断发展壮大，规模与日俱增。在种类上，除了上文提到的三种类型，目前还出现了一批较为市场化的新兴（类）金融机构，如融资租赁公司、信托公司、保理公司、担保公司及小额贷款公司等，尤其是具有产业背景的大企业，开始利用自身庞大的资源优势，利用互联网形成自己的业务生态。例如，大北农集团与农业担保、农村金融租赁、小额贷款等配合，形成农业互联网金融平台生态圈闭环，为农户等提供综合性金融服务。

根据零壹智库发布的《中国农村互联网金融发展报告 2017》，截至 2016 年末，曾涉足农村金融的 P2P 网贷平台至少有 664 家，其中 393 家仍正常运营，其中专注农村金融的平台约 43 家。但是随着后面几年 P2P 行业的收缩，P2P 平台数量大幅下降，涉农网贷平台数量也同步下降。根据网贷之家的统计，截至 2019 年 9 月底，我国 P2P 网贷行业“三农”业务历史累计成交量达 1 759.84 亿元。其中 2019 年第三季度“三农”业务总成交量为 53.96 亿元，占 P2P 网贷行业第三季度总成交量的 2.27%；截至 2019 年 9 月底，P2P 网贷行业涉及“三农”业务的正常运营平台数量有 28 家，占正常运营 P2P 网贷平台总数量的 4%。综合而言，随着 P2P 网贷行业平台的逐渐清退，涉及“三农”业务的正常运营平台数量已经降至 30 家以内。

截至 2016 年末，我国至少有 21 家平台曾发布涉农众筹项目，平台主要分布在上海、北京、浙江。2016 年涉农众筹项目交易总额为 6.2 亿元，较上年增长 5.12 亿元，其中预售型产品众筹 4.2 亿元，权益型众筹 2 亿元。根据中国银行保险监督管理委员会披露的数据（表 2.2），银行业金融机构涉农贷款余额增速不断放缓，从 2012 年以前 20%以上的增速滑落到 2016 年的 7.1%，金融机构涉农贷款增速放缓在一定程度上给农村互联网机构这类新兴服务商带来发展机遇，也从侧面反映了农村互联网金融机构在不断发展。

表2.2　2011～2016年银行业金融机构涉农贷款余额情况

指标	2011 年	2012 年	2013 年	2014 年	2015 年	2016 年
涉农贷款余额/万亿元	14.6	17.6	20.9	23.6	26.4	28.2
同比增长	24.9%	20.7%	18.5%	13.0%	11.7%	7.1%

资料来源：中国银行保险监督管理委员会

2019 年，中国人民银行发布的《中国农村金融服务报告 2018》显示，自 2007 年开始统计涉农贷款以来，全部金融机构涉农贷款余额累计增长 536.1%，11 年间平均年增速为 16.5%。涉农贷款余额从 2007 年末的 6.1 万亿元增加至 2018 年末的 32.7 万亿元。由于诸多农村互联网金融平台已经逐渐与银行等金融机构合作获得贷款资金，加之银行等金融机构本身涉农业务开始触网，注重利用技术等。根据零壹智库以 10%的互联网及技术渗透率计算，估计 2018 年农村互联网金融的新增贷款余额大约为 3 200 亿元。

三、农村互联网金融发展存在的问题

当前，我国大部分农村地区的传统金融体系还是以农信社、中国邮政储蓄银行、中国农业银行等金融机构为主，随着国家改革政策的不断推进，村镇银行、资金互助社等新型农村金融机构占农村金融体系比例也在不断攀升。随着互联网技术的迅速发展，传统农村金融机构为面对互联网金融平台的压力，顺应发展趋势，积极开展农村互联网金融产品，经过几年的发展，农村互联网金融体系基本成型。但由于我国商业银行等传统农村金融机构的垄断特质，产品创新力度高的农村新兴互联网金融机构虽然能在农村占据一席之地，但难以逾越边界。互联网金融带来的创新产品有 P2P 借贷、互联网股权融资、互联网支付、互联网消费金融、互联网理财、互联网保险、互联网直销银行等，但是到目前为止，大部分的互联网金融产品及模式的创新对农村金融发展的贡献有限。贡献效果比较突出的还是 P2P 借贷、互联网支付等。所以目前针对农村互联网的创新还不够充分，在服务的深度和广度上还有提升的空间。

《中国农村互联网金融发展报告 2017》的统计数据显示，在农村仅有 25%的人口具有诚信档案，信用基础设施落后，数据生态系统建设缓慢。虽然各种类型的农村互联网金融企业都在积极使用云计算技术、大数据技术来尽可能地控制金融风险，但是诸如 P2P 借贷、众筹等客户信用原始数据严重匮乏的主体，依然无法较好地解决信息不对称问题，运作成本很高，极大地制约了农村互联网金融的进一步发展。随着互联网技术在农村地区的不断渗透，以及国家政策的大力支持，互联网金融借贷平台开始在农村地区开展业务，还有许多互联网借贷平台专门面向农村居民提供服务，近年来农村互联网金融借贷平台迅速增加，但由于违约、诈骗事件的发生，国家也开始加大对农村互联网金融的监管力度，逐一地对互联网借贷平台进行规范审核，根据审核结果明确互联网金融平台的性质及可开展的业务。此外，互联网金融借贷平台利用平台优势为资金供需双方提供交易方的资料，并收取一定的手续费，自身不向资金供给方提供担保，交易的支付、结算也是通过银行系统进行操作，这些天然属性导致互联网借贷平台的风险高，一旦发生违约事件，风险最终将转移给农户，对农村金融市场产生巨大影响。

此外，农村地区信息严重不对称，信用违约事件频发，信用风险成为农村互联网金融发展的突出问题。传统金融机构不愿意拓展农村金融业务，最主要的原因是农村征信系统缺失，在贷款审批环节无法获取农户完整有效的信用状况。虽然农村互联网金融利用大数据等互联网技术制定了比较规范的信用评估体系，但信用风险仍然无法规避。一方面，农村地域辽阔、布局分散、人口众多，互联网尚未全面普及，增加了农户信用数据的收集难度。信用状况较差的农户利用互联网金融门槛低的优势，倾向通过互联网金融平台获取资金，增加了互联网金融平台面临的信用风险。另一方面，大部分互联网金融平台在为农户贷款的过程中充当中介的角色，并不直接为农户提供信贷资金，加剧了购买互联网金融产品的信用风险。

本章小结

本章共分为三节。首先，对我国农村利率市场化改革之前的经济背景进行介绍，并对农村利率市场化改革的发展历程进行回顾与阶段总结；其次，分析农村利率市场化的影响，包括其对农村金融的影响，对农户的储蓄、消费、投资、信贷可得性和收入等方面的影响；最后，对我国农村互联网金融发展的历程、现状和存在的问题进行回顾。本章概述了我国农村利率市场化改革的历史背景，包括改革前我国整体的经济发展情况、农村经济发展情况、农村金融市场发展情况，在经济总体向好的大形势下，也存在着国有企业效率低下、企业之间三角债频发、农产品购销市场体系不健全、乡镇企业发展遇到困难等问题。在此基础上，本章对我国农村利率市场化改革的三个阶段进行了阐述，改革从以农信社改革为抓手，到开辟多元化的农村金融机构新格局，再到涉农企业债券、农业保险、农村金融产品多层次发展的农村金融市场，对农村金融的发展起到了推动的作用，并形成了一定水平和规模的农村金融体系。

参考文献

曹龙骐，郑建明. 2000. 我国利率政策有效性探讨[J]. 金融研究，4：23-33.
陈鹏，刘锡良. 2009. 当前农村金融利率机制是有效的吗?[J]. 中国农村经济，11：39-49，59.
迟福林. 1995. 转型时期中国农村经济改革面临的问题[J]. 党校科研信息，9：10-12，29.
褚保金，卢亚娟，张龙耀. 2009. 信贷配给下农户借贷的福利效果分析[J]. 中国农村经济，6：51-61.
冯邦彦，陈彬瑞. 2003. 农信社利率改革中的效应偏差[J]. 上海金融，8：22-23.
韩俊，余贤. 1995. 1994～1995：中国农村经济形势回顾与展望[J]. 中国农村经济，2：11-20.

何广文. 1999. 金融抑制：农村居民资金借贷行为扭曲的根本原因[J]. 经济研究参考，5：39-40.
胡维雄. 2001. 利率理论与政策[M]. 上海：上海财经大学出版社.
黄惠春，李静. 2015. 利率市场化、市场势力与农村金融市场效率损失——以江苏为例[J]. 南京农业大学学报（社会科学版），1：32-40，124.
黄贤刚. 1990. 对农村信用社贷款利率上浮的调查与思考[J]. 四川金融，9：53-55.
贾书明. 1998. 目前农村经济社会发展的运行障碍[J]. 农业管理科学，2：5-7.
柯愈灿，吴风鑫. 1994. 加强农村信用社贷款利率管理的思考[J]. 金融与经济，10：45-46.
孔哲礼，李兴中. 2014. 农户小额信贷与农村金融机构可持续发展关系研究[J]. 经济问题，12：111-117.
李秉龙，刘丽敏. 2006. 中国农村居民储蓄行为影响因素分析[J]. 中国农村经济，3：53-58.
李崇岩，张海鹏. 2001. 对我国利率下调政策的有效性分析[J]. 北方经贸，1：141-142.
李朴民. 1996. 加快国企资产重组，提高国资运营效率[J]. 集团经济研究，11：4-8.
李锐，项海容. 2006. 基于两期生命周期模型的农户金融行为的计量分析[J]. 管理世界，9：33-37.
李守荣. 1990. “三角债”的成因及缓解对策[J]. 金融研究，7：31-34.
李焰. 1999. 关于利率与我国居民储蓄关系的探讨[J]. 经济研究，11：39-46.
刘西川，陈立辉，杨奇明. 2014. 农户正规信贷需求与利率：基于 Tobit III模型的经验考察[J]. 管理世界，3：75-91.
刘艳华，王家传. 2009. 中国农村信贷配给效率的实证分析[J]. 农业经济问题，5：23-28，110.
鲁利玲，马克. 1998. 中国经济的“软着陆”——我国宏观调控经验的初步总结，第三章，1993～1996 年宏观调控的成就与特点[C]. 中国改革与发展报告 1998，中国经济改革研究基金会：51-58.
吕士伟. 2003. 农村利率市场化改革可行性个案研究：兼对 HMS 模型的实证检验[J]. 金融研究，1：104-108.
马九杰，吴本健. 2012. 利率浮动政策、差别定价策略与金融机构对农户的信贷配给[J]. 金融研究，4：155-168.
钱文荣，安海燕. 2017. 利率对农户参与土地承包经营权抵押贷款意愿的影响分析[J]. 浙江大学学报（人文社会科学版），3：132-143.
任常青. 2007. 农村金融利率市场化问题探讨[J]. 中国农村信用合作，7：25-26.
孙学文. 1999. 国民经济在宏观调控中改革前进（三）——在治理“四高两乱”中实现“软着陆”[J]. 党史文汇，11：2-6.
谢平，袁沁敔. 2003. 我国近年利率政策的效果分析[J]. 金融研究，5：1-13.
徐燕. 1992. 中国个人储蓄行为研究[M]. 北京：北京大学出版社.
徐忠，程恩江. 2004. 利率政策、农村金融机构行为与农村信贷短缺[J]. 金融研究，12：34-44.
许承明，张建军. 2012. 利率市场化影响农业信贷配置效率研究——基于信贷配给视角[J]. 金融研究，10：111-124.
许月丽，李文，肖奎喜. 2017. 渐进利率市场化改革是否打破了“利率限制铁律”？——来自中国农户田野调查的证据[J]. 金融研究，6：50-63.
许月丽，张忠根，战明华. 2013. 社会资本视角下的利率市场化与农村正规金融的经济绩效[J]. 世界经济，5：112-134.

杨刚，魏勇，杨孟禹. 2014. 改革开放以来农村居民消费行为变动与治理：重庆例证[J]. 宏观经济研究，7：91-97.
杨菁. 2005. 利率市场化对农村信贷市场供求主体的影响[D].中国农业大学博士学位论文.
杨军，罗琳. 2012. 利率市场化条件下中国农村金融改革问题研究[J]. 扬州大学学报（人文社会科学版），5：40-45.
易小兰，钟甫宁. 2011. 农户贷款利率改革的福利分析——以江苏、河南与甘肃农村信用社为例[J]. 农业经济问题，4：42-48，111.
张朝洋. 2015. 利率市场化促进了农村金融发展吗？——基于城乡异质与地区差异[J]. 金融与经济，2：10-15.
张康民，徐大元. 1994. 农村信贷资金管理研究[J]. 社科纵横，5：25-26，21.
张龙耀，杨军，陈畅. 2011. 信贷需求、信贷交易成本与农村利率市场化——基于农户调查数据的经验分析[J]. 财贸经济，11：98-104.
张路明. 2019. 农村互联网金融的发展现状、问题与转型路径研究[J]. 农村金融研究，4：61-65.
张孝岩，梁琪. 2010. 中国利率市场化的效果研究——基于我国农村经济数据的实证分析[J]. 数量经济技术经济研究，6：35-46.
中国人民银行赣州市中心支行课题组. 2006. 市场分割与信贷配给：利率市场化的体制及经济效应[J]. 金融研究，1：127-138.
中国社会科学院农村发展研究所. 1996. 1995 年中国农村经济发展年度报告——兼析 1996 年发展趋势[J]. 中国农村经济，4：3-6，12.
周立，林荣华. 2005. 新一轮农村利率改革成效与经济解释——闽东地区调查与垄断市场分析[J]. 财贸经济，5：7-13，96.
周孟亮，文春晖. 2010. 我国农村金融适应性成长模式研究[J]. 经济学家，5：102-104.
朱喜，李子奈. 2006. 改革以来我国农村信贷的效率分析[J]. 管理世界，7：68-76.
Balmaceda F，Fischer R D，Ramirez F. 2014. Financial liberalization，market structure and credit penetration[J]. Journal Financial Intermediation，23（1）：47-75.

第三章　利率市场化影响农村金融发展的机理——正规与非正规金融市场相互作用视角

改革开放以来，我国的农村正规金融从最初的以中国农业银行为主体、农信社为下级基层机构，在历经商业银行企业化改革、政策性金融和商业性金融分离、农信社改革之后，形成了不同类型金融机构并存的多元化农村金融机构体系。与此同时，形式灵活的非正规金融也在农村金融市场中发挥着重要的作用，对正规金融覆盖范围以外的信贷供给缺口形成补充，两者长期共存并相互影响。那么，在我国农村金融的二元结构下，利率市场化作为深刻改变金融市场的最重要的制度冲击因素，会对农村金融造成怎样的影响？是否会给正规金融与非正规金融之间的关系带来变化？又是否能够突破“利率限制铁律”的制约？为了回答上述问题，本章将在概述我国农村金融市场中正规金融与非正规金融的发展情况之后，从名义收益效应、借款人类型结构效应、技术内生效应三个角度对利率市场化影响农村金融市场结构的机理进行分析，并基于此提出相关的理论假说，在第四章中进行详细的实证检验。

第一节　农村金融市场中的正规与非正规金融

一、中国农村金融正规与非正规金融基本情况

（一）中国农村正规金融的变迁

1. 农村金融机构的变迁

改革开放以来，中国农村金融体系进入新的发展阶段，一系列政策支持发展农村信贷事业，如中共十一届四中全会通过的《中共中央关于加快农业发展若干问题的决定》、1979 年国务院发出的《关于恢复中国农业银行的通知》等，都体现出国家政府对于农村金融体系构建的重视程度。在国家的政策支持下，形成了以中国农业银行为主体、农信社为下级基层机构的农村金融体系，为农村金融体系的运行和发展奠定了良好基础，并促进了农村经济的发展。但是在这一时期，中国农业银行的所有业务都按照国家指令进行安排，同时对农信社进行管理，导致金融机构无法根据市场情况进行自主经营。

在 20 世纪 80 年代到 90 年代初，国家出台政策支持商业银行发展，鼓励银行之间形成适度良性竞争，在《关于进一步活跃农村经济的十项政策》中，提出中国农业银行应当实行企业化改革。此后，中国农业银行实行了企业化改革，完善内部经营机制，成为具有自我发展、自我改造机制的商业银行，同时业务范围扩大，不仅从事农村领域的借贷业务，也从事和农村经济发展相关的工商行业。在信用社改革方面，推进业务管理和组织建设方面的改革，拓宽业务范围和机构数量，增强其相对于银行的独立性，实现自主经营、自负盈亏。另外，在 20 世纪 80 年代初期，非正规农村金融机构逐渐兴起，其中较为典型的是农村合作基金会，它是农户按照自愿互利、有偿使用的原则建立起来的乡村集体经济组织。农村合作基金会的资金来源以集体资金为主，资金主要用于生产发展、救灾扶弱等，90 年代末由于扰乱金融秩序被取缔。

1993 年，政府提出建立政策性金融和商业性金融分离，以国有银行为主体、多种金融机构并存的金融组织形式。在该政策方针的指导下，中国农业银行开始了商业化改革，农信社也开启了商业化进程，同时还成立了中国农业发展银行和中国邮政储蓄银行。其中，中国农业发展银行负责执行国家的农业政策性

金融业务，如办理农副产品的贷款和财政对农业的资金拨付等；中国邮政储蓄银行则借助自身庞大的邮政网络优势进行发展，网点众多，能够覆盖到边远农村地区，成为农村地区获得信贷资金的重要融资机构。自此，商业性金融机构和政策性金融机构并存的农村金融格局基本形成。1996 年颁布《国务院关于农村金融体制改革的决定》，要求农信社与中国农业银行脱离行政隶属关系，在此基础上把农信社转变成农民入股、社员民主管理、为社员服务的合作金融组织。

随着中国农业银行和农信社的改革发展，这两个重要中介在农村金融市场形成了垄断格局，政府在 21 世纪初期提出增加农村金融机构，培育竞争性的农村金融市场。此后，金融市场增加了更多种类的新型金融机构，包括国有商业银行、全国性股份制商业银行、村镇银行、农村资金互助组织和小额贷款公司，形成包括银行类金融机构、非银行类金融机构和其他金融机构并存的多元化金融机构体系。与此同时，中国农业银行和中国邮政储蓄银行开始股份制改革，2010 年中国农业银行股份有限公司在上海、香港上市，中国邮政储蓄银行在 2009 年自行经营贷款业务，并进行股份制改革。

2013 年以后，中国互联网行业开始快速发展，并且逐渐扩展到金融领域，互联网金融开始快速发展。互联网金融在农村领域的应用呈现出多样化形式，包括电子商务平台、众筹平台、网贷平台、农业供应链等。互联网金融通过运用大数据、人工智能等新兴科学技术，改变传统金融模式下的空间、成本约束，提高农户获得信贷资金的可得性和便捷性，提高资金的配置效率，成为农村重要的融资方式。

2. 农村金融融资的变迁

《中国统计年鉴》的数据显示（图 3.1），在 1980～1993 年，农业贷款总额逐年上升（同比增速为正表明总额上升），同比增速在 1984 年以前维持在 8%左右水平，在 1984 年和 1986 年达到 59.2%和 36.9%峰值，随后维持在 15%左右水平，占各项贷款的比重基本维持在 6%～8%。

1993 年以后，国家统计局增加了乡镇企业贷款的统计数据。如图 3.2 所示，农业贷款与乡镇企业贷款的总额不断上升，在 1998 年突破 1 万亿元，占各项贷款的比重较以前年份有所增加，多数年份突破 10%以上。与此同时，如图 3.3 所示，农林牧渔产值占 GDP 的比重整体呈下降趋势，从 1994 年占 32%降至 2006 年占 18%，但仍高于农业贷款和乡镇企业贷款占各项贷款的比例，一定程度上体现出农村金融信贷资金供给不足的问题。

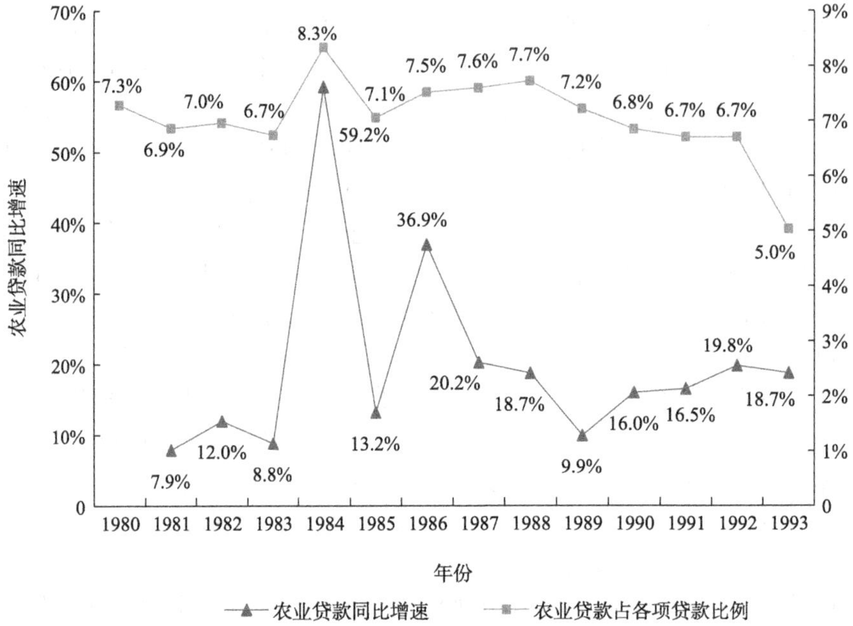

图 3.1　1980～1993 年我国农业贷款变化情况

资料来源：《中国统计年鉴》

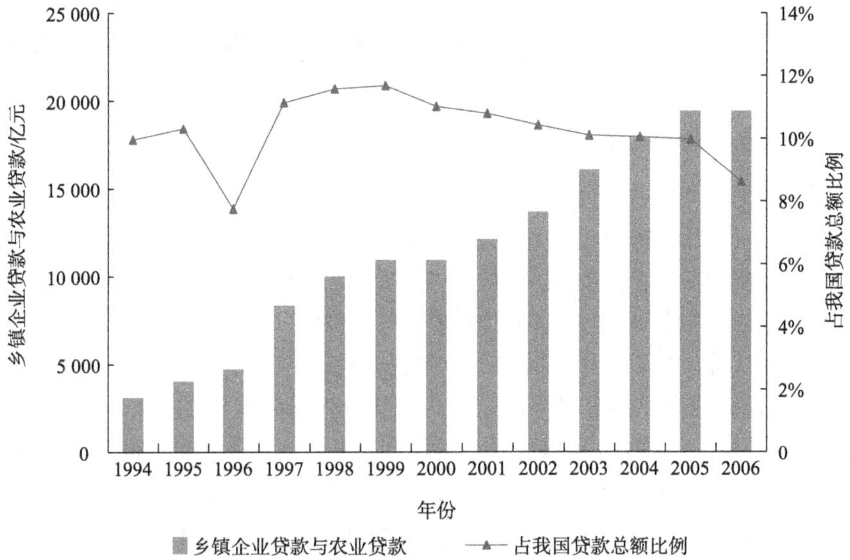

图 3.2　1994～2006 年我国乡镇企业贷款与农业贷款的变化情况

资料来源：《中国统计年鉴》

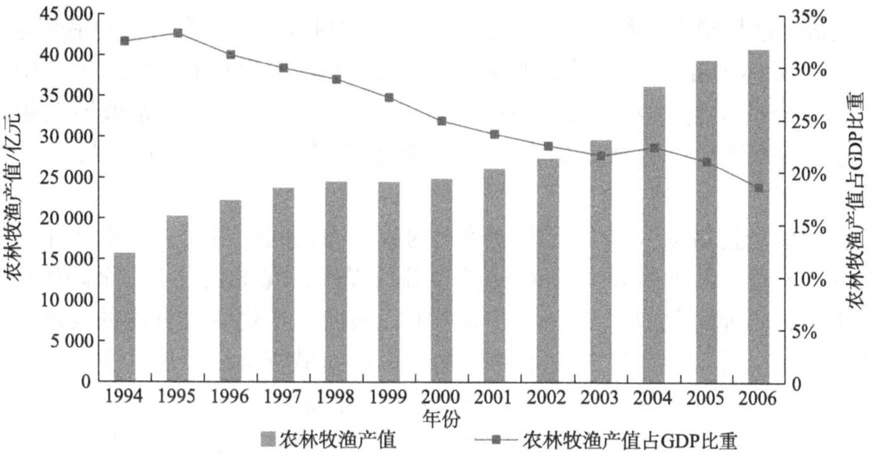

图 3.3　1994～2006 年农林牧渔产值及其占 GDP 比重

资料来源：《中国统计年鉴》

根据《中国农村金融服务报告 2018》，如图 3.4 所示，2007～2018 年，所有金融机构涉农贷款余额累计增长 536.1%，平均年增速为 16.5%。涉农贷款余额从 2007 年末的 6.1 万亿元增加至 2018 年末的 32.7 万亿元，占各项贷款的比重从 22%提高至 24%，体现出农村金融的快速发展。

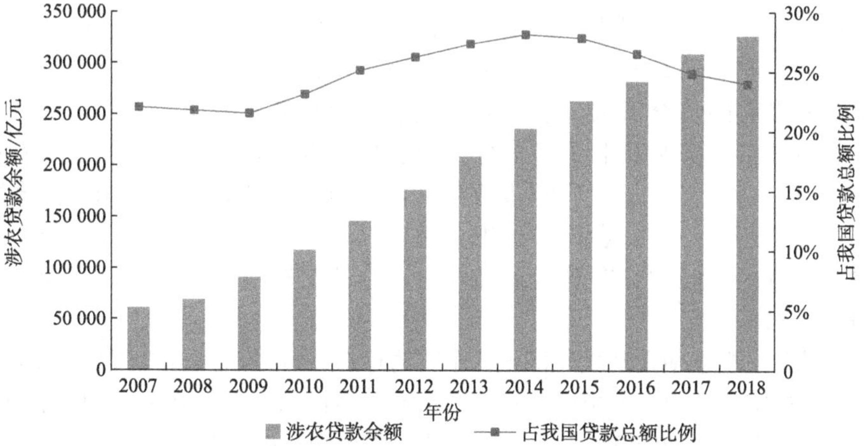

图 3.4　2007～2018 年涉农贷款余额及其占我国贷款比例

资料来源：《中国农村金融服务报告 2018》

（二）中国农村非正规金融的变迁

我国农村金融市场存在着二元结构，表现为正规金融和非正规金融共存，农村非正规金融呈现出多种组织形式，如合会、农村合作基金会、民间借贷等。

合会又称为互助会，具有悠久的历史，至今仍活跃在农户的生产中，充当金融中介的角色，为会员提供融通资金。一般由会首邀请亲戚朋友组成，他们定期举行聚会，每次参加者需要缴纳会款，轮流向会员提供用款资金（黄薇等，2007）。

民间借贷是借款人和非正规金融机构或个人之间的借贷，一般用于生产经营和生活消费（苏士儒等，2006）。改革开放以后，我国农村正规金融机构服务质量不高，不能满足农村生产的资金需求，因此非正规农村金融的发展可以使这种情况得以缓解。在国家政策的鼓励下，民间借贷得以发展，主要是社队向社员进行筹资，筹集得到的资金用于给个人提供贷款。

1984 年，中国成立第一家农村合作基金会，农村合作基金会是由成员遵从自愿互利、有偿使用原则成立的乡村集体经济组织，资金主要用于生产发展、救灾扶弱等。从此以后，农村合作基金会在全国各地快速发展起来，农村合作基金会的发展有利于解决农村经济发展的供给不足问题，能够吸纳社会中的累积资本，促进农业的高效发展。但是，由于农村合作基金会严重扰乱了金融市场秩序、业务操作混乱、具有较大风险隐患，国家于 1994 年开始进行整顿，并于 1999 年全面撤销农村合作基金会，从此，农村合作基金会退出中国金融市场。

农村正规金融受到法律法规约束，在进行借贷行为时需要全面考察借款人的信用状况，而在农村较难实现，所以农村正规金融不能完全满足农村经济生产和发展的资金需求。农村非正规金融的交易环节比较简单，而且能够通过农户的亲朋关系获取更多信息，使农户获得贷款资金，削弱对于农户的贷款约束。同时，由于农户的违约会给自身的名声带来严重影响，大多数农户都会履行还款约定。农村非正规金融可以对农村金融市场形成补充，缓解农户的借贷困难问题，有利于提高农村资金的配置效率，提高农村经济的生产和发展水平。

农村非正规金融在现代经济生活中普遍存在，我国没有进行官方的数据统计，我们参考胡宗义和李鹏（2013）选取的指标，统计了我国在 2003～2017 年的农村非正规金融规模，如图 3.5 所示，全国非正规金融占比长期维持在高于 75%的水平，甚至最高年份达到 88.5%，对农村经济的生产发展起到很大作用。

农村非正规金融也具有一定局限性，如活动范围限制、缺乏合法定位等问题，会导致风险积聚，甚至影响整个金融市场的秩序。因此，对于农村非正规金融的未来发展，政府应当规范其交易和发展方式，建立针对性的监管机制、危机预警系统和信用评估机构，支持和引导非正规金融的规范化经营。

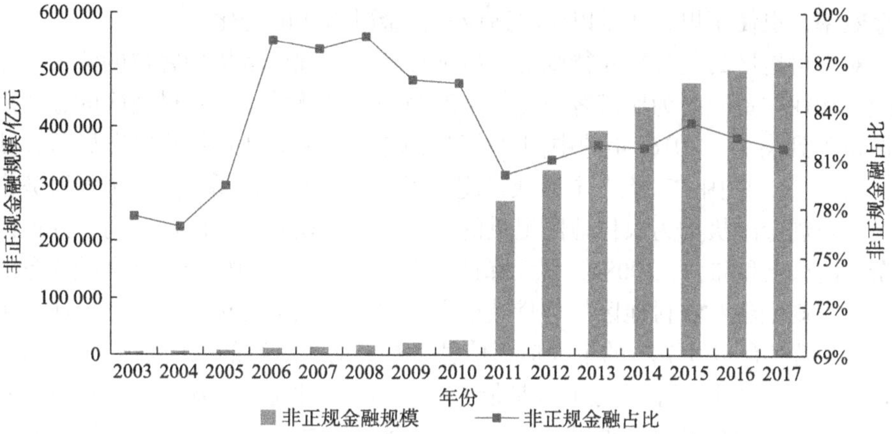

图 3.5　2003～2017 年农村非正规金融规模及其占涉农贷款比例

资料来源：《中国固定资产投资统计年鉴》

二、农村正规与非正规金融的关系

在发展中国家，一些欠发达区域由于存在严重的信息不对称、合约的有限责任与国家对利率上限的控制等问题，正规金融机构不能满足所有的贷款需求，它并不是农村金融市场唯一的，甚至可能不是最重要的资金供给者，而非正规金融充分利用其距离优势与信息优势，能为各种类型的客户提供贷款，其在农村金融市场中扮演着举足轻重的角色，正规与非正规金融机构的共存是农村金融市场的基本图景（Bose，1998；Guirkinger，2008）。在特定条件下合理分析正规金融与非正规金融之间的关系，对理解农村金融市场运行机制有极大帮助。现有的大部分文献主要从理论上解释两者共存、正规金融的变动如何影响非正规金融这两方面来论证。

（一）理论上两者共存

一般来说，非正规金融市场的利率高于正规金融市场的利率（周添城和林志诚，1999），但是农村非正规金融却依然长期存在，甚至大有追赶正规金融之势。究其原因，主要是农村正规金融存在局限性，而农村非正规金融却可以对正规金融进行有益补充。

我国农村正规金融发展的历史较久，不过由于在发展初期缺乏足够的竞争，所以农村正规金融机构中存在着较为明显的经营僵化问题（杨坤等，2015）。农村正规金融机构过于庞大的层级结构和怠惰的经营氛围严重影响到了其经营成本和资金效率，也使正规金融难以及时适应农村金融市场的变化。

对农村地区的欠公正对待则更直接地导致了正规金融机构客户的流失。正规金融机构往往更倾向为城市客户提供金融服务，这就导致了农村地区的金融需求长期得不到满足。2016 年的中国社会科学院财经战略研究院的报告显示，截至 2016 年 8 月，中国“三农”金融缺口超过了 3 万亿元人民币。除了金融服务供给不足，正规金融机构为农村地区提供的服务往往比较单一、门槛较高、办理流程复杂（钱水土和陆会，2008），大大降低了农户在正规金融机构办理金融业务的积极性。正规金融对农村地区的信贷歧视主要源于信息不对称，我国征信体系不完善，国内仍然有超过 70%的个人信用信息没有被纳入央行的征信系统（易观智库，2016），其中农村地区和边远地区是最大的空白，因此主要依靠央行征信系统获得信用信息的正规金融机构难以了解到农村地区客户的实际情况。加之许多农户常常没有足够的资产进行担保抵押（林毅夫和孙希芳，2005），出于降低风险的考虑，正规金融机构会对农村地区提出更高的信贷要求，减少农村地区总体的信贷业务，而优先服务于城市居民或者具有抵押品的富裕农户（Aleem，1990）。

正规金融的局限性使得农村金融的信贷供给缺口只能由非正规金融来弥补。农村非正规金融形式灵活，没有受到太多制度性的限制（赵晓菊等，2011）。而且非正规金融机构常常采取“熟人借贷”的形式（钱水土和陆会，2008），交易双方在地理位置上也通常比较接近（林毅夫和孙希芳，2005），有坚强的“社会网络”作为支撑（张兵和张宁，2012），信息不对称问题相对不那么严重。

正是因为上述原因，农村非正规金融的优势十分明显。第一，降低了借贷的门槛，因为借贷双方信息较为对称，非正规金融对抵押品的要求不严格，这给大量没有固定资产的农民打开了享受金融服务的大门。第二，借款者会受到更多的社会因素制约，从而降低违约率。例如，互相监督成为保证借款者履约的一个更有效方式（洪正等，2010），道德风险和逆向选择也会因为市场的透明化而大大降低（张兵和张宁，2012）。第三，农村非正规金融效率较高、成本较低（高艳，2007；王擎和田娇，2014），农村非正规金融的贷款者无须花费太多精力和金钱对借款者进行考察，借款者也不用经过重重审核就可以快速得到贷款。违约率较低的农村非正规金融市场也减少了贷款者在催收方面所花费的时间和成本。Kochar（1997）、Chung（1995）和 Mushinski（1999）等通过对印度农村进行考察证实了这一点，他们发现由于非正规金融通常发生在亲戚朋友之间，借款程序相对正规金融要简单，借款成本也较正规金融要少，因此尽管正规金融可能具有更低的利率，但部分农户仍会选择借款程序更为简单、交易成本更低的非正规金融。第四，农村非正规金融有利于提高整个社会的福利（苏静等，2013）、缩小城乡收入差距（胡宗义和李鹏，2013）。第五，农村非正规金融相对于正规金融可以更合理地在借款者与贷款者间分配风险，从而获得农户的认同。由于具有更丰富的信息，非正规金融所提供的合约更能体现借款者与贷款者之间合理的风险分摊原则，故部分农户在对比合约之下会倾向通过非正规金融借款（Boucher and Guirkinger，2007）。非正规金融充分利用其信息优势，服务于多种类型的农户，对缺少抵押品的农户进行信息监控（Conning，1996），在农村金融领域发挥着越来越重要的作用，是许多弱势农户最后的借款来源。

（二）正规金融的变动如何影响非正规金融

第一种观点认为农村的非正规金融植根于社会资本，因而它的市场有很强的固化性，正规金融的变动对非正规金融影响较小。大量实证研究表明，即使政府对农村正规金融大力扶持，仍然无法撼动非正规金融在农村借贷中的地位，扶持政策难以达到促进正规金融功能更好发挥的目的（Bose，1998；Guirkinger，2008）。部分研究发现，政府实行的对正规金融机构贷款利率补贴政策与控制正规金融在农村放贷比例政策无法抑制农村高利贷现象，因为政府补贴的收益大部分会被非正规金融部门获取（Debajyoti and Ananish，2001）。Yadav 等（1992）认为农村正规信贷部门和非正规信贷部门之间较为独立，他们之间并不会互相影响。Yuan 和 Gao（2012）对 2006 年农村住户调查数据进行实证分析，结果表明非正规金融和正规金融的关系似乎是独立的，两种融资途径对获得资金的成功率没有产生显著影响。郭峰和胡金焱（2012）分析了农村正规金融和非正规金融的共生形式，认为正规金融机构拥有足够的资金规模，但缺乏对农户放款的意愿，而非正规金融机构则形成补充，但会受到资金规模的限制，两者的互补优势将使得二元金融共生市场结构一直存在于农村金融市场。梁永贤（2016）通过对 2015 年山东省 923 户农户的调研数据进行分析，证明了农户获得正规金融服务的难易程度及农村正规金融利率政策对非正规金融的利率影响并不大，他认为农村正规金融和非正规金融之间的独立性在中国同样适用。

第二种观点认为农村正规金融的任何行为，都可能通过一种机制使得非正规金融发生变动。理论上，相对于正规金融，植根于社区经济信息环境的非正规金融具有邻近和范围经济的优势（Guirkinger，2008），在农村金融资源的获取与配置方面似乎有着更大的优势，因此非正规金融的发展往往对正规金融产生抑制作用。建立在 Hoff 等（1993）的研究基础上，Bose（1998）认为由于农村金融市场的信息不对称性与借款人的异质性，在低风险借款人数量保持一定的条件下，正规金融的任何行为都会导致借款人类型在正规与非正规金融之间的重新分布，从而在正规与非正规金融之间产生一种“成分效应”的互动机制，对农村金融市场结构的划分产生实质性影响。国内大部分学者也赞同农村正规金融和非正规金融之间有一定的相关性，但是对于这种相关性到底是怎样的，至今还没有一个定论。针对中国的情况，杨汝岱等（2011）、马光荣和杨恩艳（2011）对中国正规与非正规金融的关系进行了深入的研究。杨汝岱等（2011）利用“2009 年中国农村金融调查”微观数据指出，尽管非正规金融对农户融资极为重要，但随着转型的推进，其作用逐渐让位于正规金融；但是，根据相同的样本数据信息，马光荣和杨恩艳（2011）也指出，在正规金融不发达的地区，非正规金融对农户工商创业具有重要作用。杨福明和黄筱伟（2009）通过对历年温州民间借贷规模水平与银行信贷规模水平的比较，发现这两者之间有正向相关关系。但是褚鹏（2012）并不赞同这一观点，他认为农村非正规金融得以快速发展的主要原因之一是正规金融服务供不应求，因此一旦正规金融提高对农村的供给量，非正规金融的市场规模应该有所下降。关于农村正规金融和非正规金融利率之间的关系，学界的争议相对较小，杨福明和黄筱伟（2009）认为这两者在长期内趋同。叶茜茜（2011）对中国改革开放初期至今农村非正规金融的利率进行了研究后，也认为农村正规金融对非正规金融有一种传染性，因此它们之间呈现同向变动关系。她还认为，正规金融的信贷结构、资金供给规模、寻租行为等都会引起非正规金融的利率有一定的变化。程昆（2006）则认为正规金融机构和非正规金融机构的关系要具体问题具体分析，非正规金融机构的利率与农户的正规金融服务可得性和非正规金融放款人是否具有垄断地位有很大的关系，如果正规金融的可得性越高，而非正规金融放款人的垄断地位越低，那么农村非正规金融利率的制定就不得不受到正规金融的影响，反之则不一定。

三、利率市场化对农村金融的影响

学者们就利率市场化对农村金融的影响这一命题展开了大量研究，但由于研究角度与重视程度的差异，不同的学者对利率市场化的效果存在着争议。

第一种观点认为利率市场化能有效推动农村金融发展。第一，利率市场化有助于改善农村正规金融机构获取金融市场信息和应对信息不对称的能力，从而分辨借款人的质量，提高正规金融的经济绩效（许月丽等，2013）。第二，农村利率市场化有助于金融机构根据不同借款人的需求特点提供合适的借贷合约，并在利率控制与还款时间上有所调整，全面满足不同的需求者（周孟亮和文春晖，2010）。第三，利率市场化后会调动农村金融机构放贷的积极性，金融资源供给的增加会适当缓解农村贷款难的问题（马九杰和吴本健，2012）。第四，贷款利率市场化也有利于完善农村地区的风险定价机制，对降低农村金融的风险有很大的帮助（张艳花，2007）。第五，利率市场化的进一步推进将有利于提高农村金融资源的配置效率，这种对效率的积极影响在长期和短期都存在（罗宏，2015）。

第二种观点则认为利率市场化受限于区域敏感性与金融机构有限的创新能力、风险管理能力，总体上对农村金融发展的推动效果不如预期。例如，张龙耀等（2011）认为我国许多农村金融机构因其定价方法与经验不足，并没有因利率市场化的推进而选择利用利率手段控制放贷的潜在风险。李宁和白展蔚（2013）考虑到利率市场化后的竞争问题与信贷质量降低问题，表示现有的农村金融体系应更加完善以适应利率市场化的推进，否则利率市场化的预期作用难以发挥。中国人民银行赣州市中心支行课题组（2006）则对农村地区的机构垄断现象进行了深入研究，他们认为正是这些垄断现象使得利率市场化对农村金融的收效甚微。甚至有些学者认为利率市场化给农村金融带来了更多风险与挑战。例如，利率市场化会提高农村的贷款利率和农户的融资成本，不利于农村金融效率的提高（王国松，2001；泓博，2008；Gormley，2010）。此外，利率市场化还会带来诸如金融机构资本充足率降低、恶性竞争的产生、信贷资产质量下降（李宁和白展蔚，2013），以及道德风险和利率风险提高（杨军和罗琳，2012）等问题。

第三种观点则更为辩证，他们认为利率市场化对农村金融的影响并不能一言以蔽之，应该具体问题具体分析。易小兰和钟甫宁（2011）认为，农村利率市场化对我国不同区域的影响有一定差异，落后地区的农村金融受益于利率市场化更多。张朝洋（2015）虽然也与易小兰和钟甫宁一样，采取了分类讨论的方法，但是得出的结论却截然相反，他通过实证证明，发达地区的农村金融效率反而因为利率市场化得到了显著的提升。他同时发现利率市场化对农村金融发展的作用力度总体偏弱。而 Misati 和 Nyamongo（2012）认为金融市场结构、金融机构市场地位、国家经济发展程度等因素才是影响利率市场化效果的主要因素。黄惠春和李静（2015）利用江苏省农村金融市场的数据，进一步证实了金融市场结构对利率市场化效果起着决定性作用，他们认为农村金融市场在完全竞争的情况下，不会因为利率市场化而出现利率升高和金融效率降低的现象。范柏涌（2014）则认为现代农业的贷款利率会因利率市场化而下降，而其他类型的农业贷款利率则刚好相反，会出现趋高现象，这会增加农民的贷款成本，将弱势农户拦在门槛之外。但是范柏涌（2014）也指出，随着贷款利率上升，农村金融机构的放贷意愿将提升，从而又将反过来降低贷款利率。卢强等（2016）从金融机构的角度对利率市场化效果进行了研究，发现利率市场化对新型农村金融机构的积极作用更为明显。

第二节　利率市场化影响农村金融市场机构的机理与假说

一、机理

假定农村金融市场中有正规与非正规两类金融机构，农户按违约率的不同分为两种不同的类型，一类是高风险的农户，另一类是低风险的农户。农户风险的不同可能来自项目失败，也可能来自策略性违约。类似于 Stiglitz 和 Weiss（1981）假定两种不同类型农户每个项目的预期收益相同。假设放贷人有足够的资金向农户放贷，项目成功，放贷人能收回本息；项目失败，放贷人收不回任何东西。假定每个农户的贷款需求数量是相同的且均为 1，低风险农户项目收益是 R_L，高风险农户项目收益是 R_h。金融市场的有效运行要求满足金融机构的收益最大化约束与农户的参与约束。另外，由于社会资本等方面的优势，非正规金融机构不需付出违约执行成本，而正规金融机构则需要。假定利率市场化过程是一个利率抑制逐步放松的过程，且由于农村金融市场一直存在比较严重的信贷配给问题，因此这一过程表现为正规金融机构均衡利率水平的升高。假定正规金融机构在这一过程中不仅获得了利率提高的收益，还提高了处理信息不对称的技术能力，从而降低了违约执行成本。设高风险农户数量是 N_h，低风险农户数量是 N_L，每个项目的贷款量为 1，且不存在信息收集搭便车的问题[①]。

正规金融机构的净收益：

$$\max \mathrm{pr}_f = \pi_h N_{h1}(R_1)(1+R_1) + \pi_L N_{L1}(R_1)(1+R_1) - C_f(R_1) \tag{3.1}$$

$$N'_{h1}(\bullet) > 0,\ N'_{L1}(\bullet) < 0,\ \pi_h < \pi_L \tag{3.2}$$

其中，pr_f 表示正规金融机构的净收益，N_{h1} 表示正规金融机构中高风险类型农户的数量；N_{L1} 表示正规金融机构中低风险类型农户的数量；π_h 表示高风险农户的还款概率；π_L 表示低风险农户的还款概率；R_1 表示正规金融机构的贷款利率；C_f 表示农户违约时正规金融机构的执行成本。

非正规金融机构的净收益：

① 不考虑 Jain（1999）提出的正规与非正规金融的互补性问题，因为在中国，不存在正规金融利用非正规金融的信息优势而通过非正规金融向正规金融贷款的现象。

$$\max \mathrm{pr}_{\mathrm{If}} = \pi_{\mathrm{h}} \frac{N_{\mathrm{h}2}}{N}(1+R_{21}) + \pi_{\mathrm{L}} \frac{N_{\mathrm{L}2}}{N}(1+R_{22}) - (N_{\mathrm{h}2}+N_{\mathrm{L}2})(1+R_1) \tag{3.3}$$

$$R_{21}=R_{21}(R_1),\ R_{22}=R_{22}(R_1),\ N_{\mathrm{h}1}+N_{\mathrm{h}2}=N_{\mathrm{h}},\ N_{\mathrm{L}1}+N_{\mathrm{L}2}=N_{\mathrm{L}} \tag{3.4}$$

其中，$\mathrm{pr}_{\mathrm{If}}$表示非正规金融机构的净收益；$N_{\mathrm{h}2}$表示非正规金融机构中高风险类型农户的数量；$N_{\mathrm{L}2}$表示非正规金融机构中低风险类型农户的数量；$R_{21}$表示非正规金融机构给高风险农户提供借贷的贷款利率；R_{22}表示非正规金融机构给低风险农户提供借贷的贷款利率。

高风险农户的收益：

$$\pi_{\mathrm{hf}} = \frac{N_{\mathrm{h}1}(R_1)}{N_{\mathrm{h}}}[\pi_{\mathrm{h}}(R^{\mathrm{sh}}-(1+R_1))] + \frac{N_{\mathrm{h}2}(R_1)}{N_{\mathrm{h}}}\pi_{\mathrm{h}}[R^{\mathrm{sh}}-(1+R_{21})] \tag{3.5}$$

高风险农户的参与约束：

$$\pi_{\mathrm{hf}} \geqslant 1+R_1 \tag{3.6}$$

低风险农户的收益：

$$\pi_{\mathrm{Lf}} = \frac{N_{\mathrm{L}1}(R_1)}{N_{\mathrm{L}}}[\pi_{\mathrm{L}}(R^{\mathrm{sL}}-(1+R_1))] + \frac{N_{\mathrm{L}2}(R_1)}{N_{\mathrm{L}}}\pi_{\mathrm{L}}[R^{\mathrm{sL}}-(1+R_{21})] \tag{3.7}$$

高风险农户的参与约束：

$$\pi_{\mathrm{Lf}} \geqslant 1+R_1 \tag{3.8}$$

高风险与低风险农户的收益均是两部分收益的加权平均：一是农户从正规金融机构贷款的收益；二是农户从非正规金融机构贷款的收益。

利率市场化的效应：

对式（3.1）关于R_1求导，并由极值处导数为0可得

$$0=\pi_{\mathrm{h}}\left[\frac{\partial N_{\mathrm{h}1}}{\partial R_1}(1+R_1)+N_{\mathrm{h}1}\right]+\pi_{\mathrm{L}}\left[\frac{\partial N_{\mathrm{L}1}}{\partial R_1}(1+R_1)+N_{\mathrm{L}1}\right]-\frac{\partial C_{\mathrm{f}}}{\partial R_1} \tag{3.9}$$

类似地，对式（3.2）求导并令其为0，有

$$0=\pi_{\mathrm{h}}\left[\frac{\partial N_{\mathrm{h}2}}{\partial R_1}(1+R_{21})+N_{\mathrm{h}2}\frac{\partial R_{21}}{\partial R_1}\right]+\pi_{\mathrm{L}}\left[\frac{\partial N_{\mathrm{L}2}}{\partial R_1}(1+R_{22})+N_{\mathrm{L}2}\frac{\partial R_{22}}{\partial R_1}\right]$$
$$-\left[\left(\frac{\partial N_{\mathrm{h}2}}{\partial R_1}+\frac{\partial N_{\mathrm{L}2}}{\partial R_1}\right)(1+R_1)+(N_{\mathrm{h}2}+N_{\mathrm{L}2})\right]$$

即

$$\begin{aligned}0=&\pi_{\mathrm{h}}\left[-\frac{\partial N_{\mathrm{h}1}}{\partial R_1}(1+R_{21})+N_{\mathrm{h}2}\frac{\partial R_{21}}{\partial R_1}\right]+\pi_{\mathrm{L}}\left[-\frac{\partial N_{\mathrm{L}1}}{\partial R_1}(1+R_{22})+N_{\mathrm{L}2}\frac{\partial R_{22}}{\partial R_1}\right]\\&+\left(\frac{\partial N_{\mathrm{h}1}}{\partial R_1}+\frac{\partial N_{\mathrm{L}1}}{\partial R_1}\right)(1+R_1)-(N_{\mathrm{h}2}+N_{\mathrm{L}2})\end{aligned} \tag{3.10}$$

同理，关于式（3.3）、式（3.4）求导有

$$0=\frac{\partial N_{\mathrm{h1}}}{\partial R_1}\left[R^{sh}-\left(1+R_1\right)\right]+N_{\mathrm{h1}}\left(-1\right)+\frac{\partial N_{\mathrm{h2}}}{\partial R_1}\left[R^{sh}-\left(1+R_{21}\right)\right]+N_{\mathrm{h2}}\frac{\partial R_{21}}{\partial R_1}$$

即

$$0=\frac{\partial N_{\mathrm{h1}}}{\partial R_1}\left(R_{21}-R_1\right)-N_{\mathrm{h1}}-N_{\mathrm{h2}}\frac{\partial R_{21}}{\partial R_1} \tag{3.11}$$

和

$$0=\frac{\partial N_{\mathrm{L1}}}{\partial R_1}\left[R^{sh}-(1+R_1)\right]+N_{\mathrm{L1}}(-1)+\frac{\partial N_{\mathrm{L2}}}{\partial R_1}\left[R^{sh}-(1+R_{22})\right]+N_{\mathrm{L2}}\frac{\partial R_{21}}{\partial R_1}$$

即

$$0=\frac{\partial N_{\mathrm{L1}}}{\partial R_1}(R_{22}-R_1)-N_{\mathrm{L1}}-N_{\mathrm{L2}}\frac{\partial R_{22}}{\partial R_1} \tag{3.12}$$

由式（3.11）、式（3.12）得

$$\frac{\partial R_{21}}{\partial R_1}=\frac{\partial N_{\mathrm{h1}}}{\partial R_1}\left(\frac{R_{21}-R_1}{N_{\mathrm{h}}-N_{\mathrm{h1}}}\right)-\frac{N_{\mathrm{h1}}}{N_{\mathrm{h}}-N_{\mathrm{h1}}} \tag{3.13}$$

$$\frac{\partial R_{22}}{\partial R_1}=\frac{\partial N_{\mathrm{L1}}}{\partial R_1}\left(\frac{R_{22}-R_1}{N_{\mathrm{L}}-N_{\mathrm{L1}}}\right)-\frac{N_{\mathrm{L1}}}{N_{\mathrm{L}}-N_{\mathrm{L1}}} \tag{3.14}$$

将式（3.13）、式（3.14）代入式（3.10）可得

$$\begin{aligned}0=&\pi_{\mathrm{h}}\left(-\frac{\partial N_{\mathrm{h1}}}{\partial R_1}-R_1\frac{\partial N_{\mathrm{h1}}}{\partial R_1}-N_{\mathrm{h1}}\right)+\pi_{\mathrm{L}}\left(-\frac{\partial N_{\mathrm{L1}}}{\partial R_1}-R_1\frac{\partial N_{\mathrm{L1}}}{\partial R_1}-N_{\mathrm{L1}}\right)\\&+\left(\frac{\partial N_{\mathrm{h1}}}{\partial R_1}+\frac{\partial N_{\mathrm{L1}}}{\partial R_1}\right)\left(1+R_1\right)-\left(N_{\mathrm{h2}}+N_{\mathrm{L2}}\right)\end{aligned} \tag{3.15}$$

由式（3.9）和式（3.15）整理可得

$$\frac{\partial N_{\mathrm{h1}}}{\partial R_1}=\frac{\left(1-\pi_{\mathrm{L}}\right)\dfrac{\partial C_{\mathrm{f}}}{\partial R_1}-\pi_{\mathrm{h}}N_{\mathrm{h1}}-\pi_{\mathrm{L}}N_{\mathrm{h2}}-\pi_{\mathrm{L}}N_{\mathrm{L}}}{\left(1+R_1\right)\left(\pi_{\mathrm{h}}-\pi_{\mathrm{L}}\right)} \tag{3.16}$$

$$\frac{\partial N_{\mathrm{L1}}}{\partial R_1}=\frac{\left(\pi_{\mathrm{L}}-1\right)\dfrac{\partial C_{\mathrm{f}}}{\partial R_1}+\pi_{\mathrm{h}}N_{\mathrm{h}}+\pi_{\mathrm{h}}N_{\mathrm{L2}}+\pi_{\mathrm{L}}N_{\mathrm{L1}}}{\left(1+R_1\right)\left(\pi_{\mathrm{h}}-\pi_{\mathrm{L}}\right)} \tag{3.17}$$

二、假说

由式（3.1）可知，利率市场化对农村正规金融机构带来三种效应：①R_1 提高

带来的名义收益效应。这一效应来自利率市场化导致的农村正规金融机构利率提高所产生的影响，由于在其他条件不变的情况下，利率的提高增加了单位贷款的直接效益，故这一效应提高了正规金融机构的收益。②N_{h1}和N_{L1}因R_1变化引起的借款人类型结构效应。与 Stiglitz 和 Weiss（1981）、Bose（1998）的分析类似，这一效应源自以提高利率为标志的利率市场化的推进，因金融机构信息不对称条件下对农户风险类型难以识别，而导致的高风险农户比例的增加，进而导致农户收益的减少。③C_f随R_1变化引起的技术内生效应。存在这一效应的原因是，违约执行成本不是外生的，而是内生于利率市场化的过程。具体的，随着利率市场化的推进，农村正规金融机构的竞争性会增强、贷款监督技术水平会提高，因而违约执行成本会降低。

为了与标准的信贷配给理论对比，图 3.6 给出了 Stiglitz 和 Weiss（1981）标准信贷配给理论条件下正规金融机构的总体效益与本节拓展模型的对比。其中，L_1是本章三个效应叠加的收益曲线，L_2是根据标准信贷配给理论的收益曲线。从机理角度来看，在标准理论的情形下，正规金融机构贷款决策是在利率市场化导致的利率提高所带来的边际收益增加与利率提高导致的农户风险结构类型恶化引起的边际收益减少之间进行的边际权衡。而在考虑利率市场化的技术内生效应条件下，正规金融机构需要同时在三个维度——名义收益效应、借款人类型结构效应和技术内生效应之间进行边际权衡，这使得正规金融机构的收益曲线由标准理论的L_2提高至L_1。虽然二者均随着利率市场化水平的提高而呈倒“U”形变化，但是与L_2相比，在其他条件相同的情况下L_1所代表的正规金融机构收益率更高，而且正规金融机构收益发生转折的点被延迟。

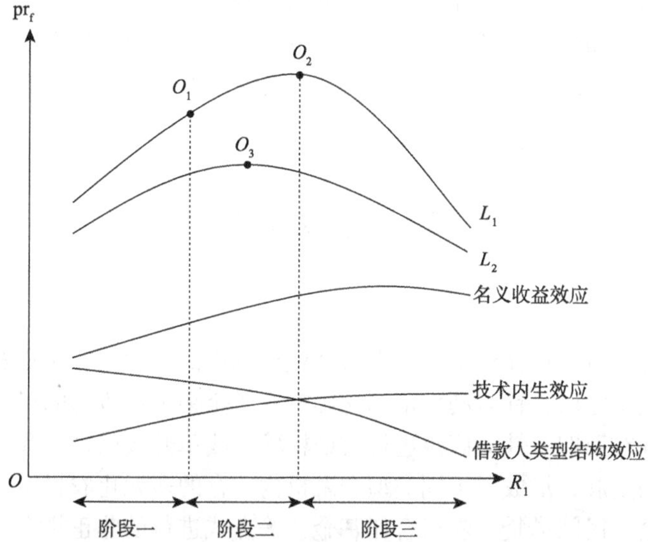

图 3.6　贷款利率市场化引起的正规金融机构效应

从式（3.16）、式（3.17）来看，违约执行成本随利率市场化而减少的效应起到了如下作用：在不存在违约执行成本，即 C_f 为 0 的条件下，因 R_1 变化引起的借款人类型结构变化效应，于是高风险的贷款农户数量 N_{h1} 会增加，而低风险农户数量 N_{L1} 会减少。但是，C_f 不为 0 且随利率市场化推进而减少的假定，改变了不同类型贷款农户关于正规金融机构利率的边际效应。具体的，就是使得高风险农户数量随利率市场化的推进边际数量进一步增加，而低风险农户数量随利率市场化推进边际数量的减少被抑制。从政策角度来看，这意味着利率市场化改革的效果很可能不是通过利率价格机制直接实现的，而是通过金融机构间的竞争或新的商业模式的开发，降低农村金融市场的摩擦来获得的。

根据上述分析，我们提出如下假说。

假说 3-1：在渐进利率市场化过程中，正规金融与非正规金融的关系是上述三种效应的叠加。在三种效应的共同作用下，正规金融对非正规金融的替代效应呈倒“U”形变化特征，且可分为三大阶段。在第一个阶段，名义收益效应与技术内生效应占据主导作用，正规金融对非正规金融的替代性渐次增强，且边际替代效应在递增；在第二个阶段，名义收益效应与技术内生效应受到不断增强的借款人类型结构效应影响而递减，但仍居主导地位，因此正规金融对非正规金融的替代性还在增强，但边际替代效应不断递减；在第三个阶段，名义收益效应与技术内生效应无法覆盖借款人类型结构效应带来的风险损失，正规金融不再对非正规金融进行有效替代，二者在一个新的水平上实现市场分割的均衡。

假说 3-2：信息不对称程度是比利率是否市场化更能影响农村金融市场的因素。在渐近利率市场化的过程中，正规金融能否对非正规金融形成有效替代，关键取决于利率市场化改革是否改变了信息不对称所决定的借款人类型结构效应与金融机构信息搜集的技术内生效应，利率价格因素本身的作用不是最重要的。

本 章 小 结

本章共分两节，在介绍了我国农村金融市场中的正规与非正规金融的基本情况及其相互关系之后，针对利率市场化影响农村金融市场机构的机理提出了两个理论假说，并在第四章针对假说进行实证检验。改革开放以来，我国农村正规金融经过不断的发展，形成了不同类型金融机构并存的多元化农村金融机构体系。另外，以合会、民间借贷、农村合作基金会等方式进行的非正规金融，在农村地区也发挥了重要的作用，尽管其中有的形式已经退出历史舞台，但非正规金融作为农村金融市场中的重要组成部分，在我国同样得到了较大的发展，这也从侧面反映出了正规金融在农村地区覆盖面较为有限的事实。在正规金融与非正规金融之间的关系上，两者在我国农村金融市场长期处于共存状态，既存在竞争关系，也有相互的补充。针对利率市场化对农村正规金融与非正规金融造成的影响，本章提出了两个假说，一是正规金融与非正规金融的关系是名义收益效应、借款人类型结构效应和技术内生效应的叠加，二是信息不对称程度是比利率是否市场化更能影响农村金融市场的因素。

参考文献

程昆. 2006. 非正规金融利率决定机制——一个信息基本对称的 NASH 议价解析[J]. 上海经济研究，5：37-45.

褚鹏. 2012. 我国非正规金融市场规模影响因素的实证分析[J]. 对外经贸，6：78-80.

范柏涌. 2014. 贷款利率市场化对农村金融服务的影响及对策[J]. 福建农业，9：91-92.

高艳. 2007. 我国农村非正规金融的绩效分析[J]. 金融研究，12：242-246.

郭峰，胡金焱. 2012. 农村二元金融的共生形式研究：竞争还是合作——基于福利最大化的新视角[J]. 金融研究，2：102-112.

泓博. 2008. 对利率市场化背景下农村信用社贷款利率定价机制的思考[J]. 江西财经大学学报，6：18-21.

洪正，王万峰，周轶海. 2010. 道德风险、监督结构与农村融资机制设计——兼论我国农村金融体系改革[J]. 金融研究，6：189-206.

胡宗义，李鹏. 2012. 财政扶持及金融联动对地方农民收入影响的空间计量分析[J]. 经济数学，4：60-66.

胡宗义，李鹏. 2013. 农村正规与非正规金融对城乡收入差距影响的空间计量分析——基于我国31省市面板数据的实证分析[J]. 当代经济科学，2：71-78，126-127.

黄惠春，李静. 2015. 利率市场化、市场势力与农村金融市场效率损失——以江苏为例[J]. 南京农业大学学报（社会科学版），1：32-40，124.

黄薇，李然，郑炎成. 2007. 基于合会的农村非正规金融研究[J]. 经济研究导刊，3：79-80.

李宁，白展蔚. 2013. 利率市场化条件下农村金融的风险管理[J]. 经济研究导刊，4：66-67.

梁永贤. 2016. 农村非正规金融利率决定研究[J]. 东岳论丛，6，156-164.

林毅夫，孙希芳. 2005. 信息、非正规金融与中小企业融资[J]. 经济研究，7：35-44.

卢强，许鑫，宋文娟. 2016. 利率市场化对新型农村金融机构的影响研究[J]. 中国物价，9：52-54.

罗宏. 2015. 利率市场化对农村金融资源配置的影响研究[J]. 农村金融研究，8：71-76.

马光荣，杨恩艳. 2011. 社会网络、非正规金融与创业[J]. 经济研究，3：83-94.

马九杰，吴本健. 2012. 利率浮动政策、差别定价策略与金融机构对农户的信贷配给[J]. 金融研究，4：155-168.
钱水土，陆会. 2008. 农村非正规金融的发展与农户融资行为研究——基于温州农村地区的调查分析[J]. 金融研究，10：174-186.
苏静，胡宗义，唐李伟，等. 2013. 农村非正规金融发展减贫效应的门槛特征与地区差异——基于面板平滑转换模型的分析[J]. 中国农村经济，7：58-71.
苏士儒，段成东，李文靖，等. 2006. 农村非正规金融发展与金融体系建设[J]. 金融研究，5：167-180.
王国松. 2001. 中国的利率管制与利率市场化[J]. 经济研究，6：13-20.
王擎，田娇. 2014. 非正规金融与中国经济增长效率——基于省级面板数据的实证研究[J]. 财经科学，3：11-20.
许月丽，张忠根，战明华. 2013. 社会资本视角下的利率市场化与农村正规金融的经济绩效[J]. 世界经济，5：112-134.
杨福明，黄筱伟. 2009. 非正规金融与正规金融协同性的实证分析：温州案例[J]. 上海金融，4：84-88.
杨军，罗琳. 2012. 利率市场化条件下中国农村金融改革问题研究[J]. 扬州大学学报（人文社会科学版），16（5）：40-45.
杨坤，曹晖，孙宁华. 2015. 非正规金融、利率双轨制与信贷政策效果[J]. 管理世界，5：41-51.
杨汝岱，陈斌开，朱诗娥. 2011. 基于社会网络视角的农户民间借贷需求行为研究[J]. 经济研究，11：116-129.
叶茜茜. 2011. 正规金融信贷对民间金融利率的影响分析——以温州为例[J]. 生产力研究，6：46-48.
易小兰，钟甫宁. 2011. 农户贷款利率改革的福利分析——以江苏、河南与甘肃农村信用社为例[J]. 农业经济问题，4：42-48.
张兵，张宁. 2012. 农村非正规金融是否提高了农户的信贷可获性?——基于江苏1202户农户的调查[J]. 中国农村经济，10：58-68.
张朝洋. 2015. 利率市场化促进了农村金融发展吗?——基于城乡异质与地区差异[J]. 金融与经济，2：10-15.
张龙耀，杨军，陈畅. 2011. 信贷需求、信贷交易成本与农村利率市场化——基于农户调查数据的经验分析[J]. 财贸经济，11：98-104.
张艳花. 2007. 农村地区贷款利率市场化改革：基于实践的讨论[J]. 中国金融，13：69-76.
赵晓菊，刘莉亚，柳永明. 2011. 正规金融与非正规金融合作会提高农户期望收益吗?——理论分析和实证检验[J]. 财经研究，4：4-14.
中国人民银行赣州市中心支行课题组. 2006. 市场分割与信贷配给：利率市场化的体制及经济效应[J]. 金融研究，1：127-138.
周孟亮，文春晖. 2010. 我国农村金融适应性成长模式研究[J]. 经济学家，5：102-104.
周添城，林志诚. 1999. 台湾中小企业的发展机制[M]. 台湾：台北联经出版事业公司.
Aleem I. 1990. Imperfect information, screening, and the costs of informal lending: a study of a rural credit market in Pakistan[J]. The World Bank Economic Review，4（3）：329-349.
Bose P. 1998. Formal-Informal sector interaction in rural credit markets[J]. Journal of Development

Economics, 56（2）: 265-280.

Boucher S, Guirkinger C. 2007. Risk, wealth and sectoral choice in rural credit markets[J]. American Journal of Agricultural Economics, 89（4）: 991-1004.

Chung I. 1995. Market choice and effective demand for credit: the roles of borrower transaction costs and rationing constraints[J]. Journal of Economic Development, 20（2）: 23-44.

Conning J. 1996. Financial contracting and intermediary structures in a rural credit market in Chile: A theoretical and empirical analysis[D]. Unpublished doctoral dissertation. Yale University.

Debajyoti C, Ananish C. 2001. Formal and informal sector credit institutions and interlinkage[J]. Journal of Economic Behavior and Organization, 46（3）: 313-325.

Gormley T A. 2010. The impact of foreign bank entry in emerging markets: evidence from India[J]. Journal of Financial Intermediation, 19（1）: 26-51.

Guirkinger C. 2008. Understanding the coexistence of formal and informal credit markets in Piura, Peru[J]. Word Development, 36（8）: 1436-1452.

Hoff K, Braverman A, Stiglitz J E. 1993. The Economics of Rural Organization: Theory, Practice, and Policy[M]. New York: Oxford University Press for the World Bank.

Jain S. 1999. Symbiosis vs. crouding-out: The interation of formal and informal credit markets in developing countries[J]. Journal of Development Economics, 59: 419-444.

Kochar A. 1997. An empirical investigation of rationing constraints in rural credit markets in India[J]. Journal of Development Economics, 53（2）: 339-371.

Misati R N, Nyamongo E M. 2012. Financial liberalization, financial fragility and economic growth in Sub-Saharan Africa[J]. Journal of Financial Stability, 8（3）: 150-160.

Mushinski D. 1999. An analysis of loan offer functions of banks and credit unions in Guatemala[J]. Journal of Development Studies, 36（2）: 88-112.

Stiglitz J E, Weiss A. 1981. Credit rationing in markets with imperfect information[J]. The American Economic, 71（3）: 393-410.

Yadav S, Otsuka K, David C C. 1992. Segmentation in rural financial markets: the case of Nepal[J]. World Development, 20（3）: 423-436.

Yuan Y, Gao P. 2012. Farmers' financial choices and informal credit markets in China[J]. China Agricultural Economic Review, 4（2）: 216-232.

第四章　假说的经验证据

第三章提出的两个假说基于以下两种机制的存在：一是农村正规金融机构解决信息不对称的技术能力内生于贷款利率市场化的过程，但这种能力随着贷款利率市场化的深入而不断削减；二是正规金融与非正规金融的关系是名义收益效应、借款人类型结构效应、技术内生效应的叠加。本章通过建立局部多项式回归模型进行一元拟合，并使用面板向量自回归模型来检验上述两种机制的存在性。不过，基于上述两种机制而直接得出结论认为内生的技术效应主要来自利率市场化改革，在逻辑上并不十分严密，假说的成立还需要找到证明贷款利率市场化会通过技术内生效应间接影响农村正规金融对非正规金融的替代能力的证据，并且论证信息不对称是比贷款利率市场化更能影响农村金融结构的因素。因此，我们利用逐步回归法排除明显相关的解释变量，通过修正后的多项式模型中交叉项的表现情况来考察这些因素，进而实现对两大假说的验证。

第一节　假说 3-1 的经验证据

一、假说 3-1 检验的逻辑与思路

第三章中假说 3-1 的成立需要基于以下三点：①存在三个阶段。②在不同阶段中有假说 3-1 所提到的特征。③不同阶段特征的产生机制是假说 3-1 中三种效应的叠加。故提出以下需要验证的结论与机制。

结论：在渐进利率市场化过程中，正规金融的贷款客户占比边际增加会经历初期递增到中期递减，最后达到新的均衡状态的过程，而非正规金融的客户量变化恰好与之相反。

机制 4-1：农村正规金融机构解决信息不对称的技术能力虽然内生于贷款利率

市场化过程，且与利率水平正相关，但是这种能力随着贷款利率市场化的推进而边际递减。

机制 4-2：正规金融与非正规金融的关系是名义收益效应、借款人类型结构效应、技术内生效应的叠加。在渐进利率市场化过程中，名义收益效应和技术内生效应对正规金融吸引客户能力的影响边际递减，借款人类型结构效应的影响则边际递增。相比传统标准理论，由于新增技术内生效应会增强正规金融对非正规金融的替代，故第二阶段与第三阶段借款人类型结构效应起主导作用的时间将有所延迟。

结论与机制 4-1 的主要目的都是研究两个变量之间的函数关系。但是，大部分函数关系结构或参数形式不可任意假定，故考虑运用非参数统计进行分析。首先用 Spearman 秩相关检验对两个变量的相关程度进行考察，然后再具体建立局部多项式回归模型进行一元拟合，用拟合图来刻画两个变量之间的动态变化，检验结论与机制 4-1 的合理性，并用残差分析拟合的可靠性。

对于机制 4-2，理论模型得出结论是正规与非正规金融的关系随贷款利率市场化进程呈倒 U 形变化，故首先用一个非线性模型来刻画这一动态过程；其次，通过面板向量自回归模型以检验机制 4-2 中各个效应影响的正确性；最后，为验证技术内生效应的特殊作用，将用一个无技术内生效应的模型作为对照，以此对比观察包含与不包含技术内生效应条件下，估计结果分别达到替代效应最高点年份的差异性。

二、计量模型设定

（一）验证结论与机制 4-1 的计量模型

验证结论与机制 4-1 的局部多项式回归模型分别如下：

$$p_n = a(x) + b(x)r_n + u_1 \tag{4.1}$$

$$\mathrm{tech}_n = a(x) + b(x)r_n + u_2 \tag{4.2}$$

其中，$a(x)$ 与 $b(x)$ 为两个局部参数；p_n（n 为 $1,2,3,\cdots,n$）表示正规与非正规金融机构间的贷款客户比例；tech_n 表示技术内生效应；r_n 表示相对应的贷款利率。若结论与机制 4-1 成立，则局部多项式回归所得拟合线应符合其描述特征，并得到较好的残差分析图。所描述的关系特征应如图 4.1 与图 4.2 所示。

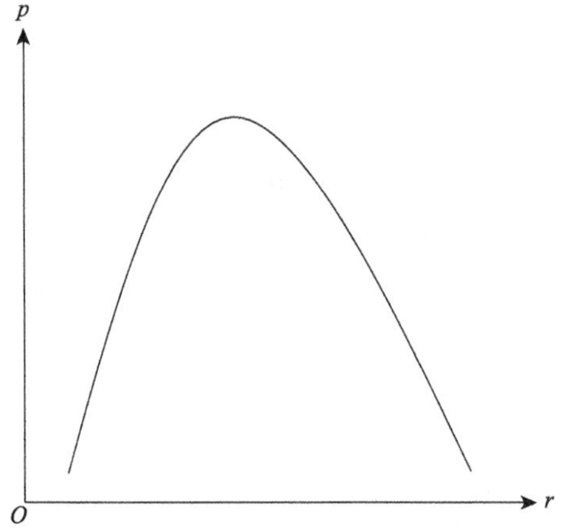

图 4.1　结论所描述的关系特征

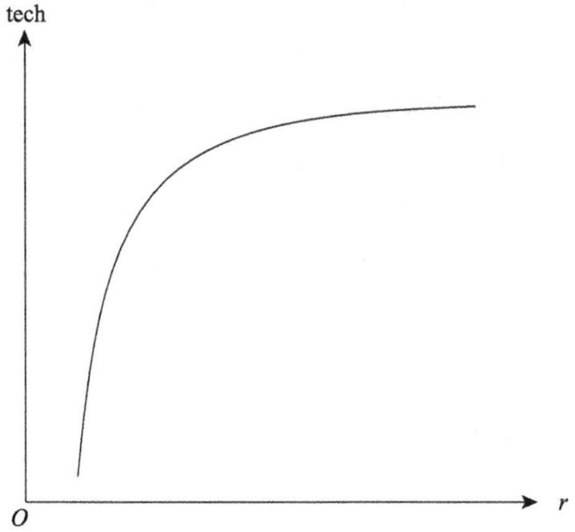

图 4.2　机制 4-1 所描述的关系特征

（二）验证机制 4-2 的计量模型

多项式模型如下：

$$p_i = \beta_0 + \sum_{j=1}^{2}\gamma_j \text{earn}_i^j + \sum_{j=1}^{2}\phi_j \text{boor}_i^j + \sum_{j=1}^{2}\eta_j D \times \ln \text{tech}_i^j + \beta_2 \ln \text{inco}_i + \varepsilon_i \quad (4.3)$$

其中，被解释变量 p_i（i=2004,2005,⋯,2015）表示每年正规与非正规金融机构间的贷款客户比例；earn_i 表示名义收益效应；boor_i 表示借款人类型结构效应；tech_i 表示技术内生效应；D 为虚拟变量，当存在技术内生效应时取 1，反之为 0；inco_i 表示农民收入，用于控制农村经济发展对正规与非正规金融借贷比例的影响。若机制 4-2 成立，则以下结果在模型回归中应当显著：$\gamma_1 > 0$，$\phi_1 > 0$，$\eta_1 > 0$。

面板向量自回归模型如下：

$$P_{i,t}=\boldsymbol{\Gamma}_0+\boldsymbol{\Gamma}_{11}(L)P_{i,t-1}+\mu_{i,t},\ i=1,2,\cdots,N;t=1,2,\cdots,T \tag{4.4}$$

其中，$P_{i,t}$={正规与非正规金融机构间的贷款客户比例 p_i、名义收益效应 earn_i、借款人类型结构效应 boor_i、技术内生效应 tech_i}；i 表示各省界面个数；t 表示年份；$\boldsymbol{\Gamma}_0$ 为常数系数向量；$\boldsymbol{\Gamma}_{11}$ 为待估系数矩阵。就滞后阶数的选取问题，本章根据广义矩估计系数的 t 统计量值及脉冲响应函数的收敛情况，在不断调试后，选取了滞后 1 期的面板 VAR。

三、数据来源与变量定义

（一）数据来源

本章的宏观数据来自中国人民银行、中国银行业监督管理委员会、《中国统计年鉴》与《中国金融年鉴》，而正规与非正规金融机构间的贷款客户比例，是根据 2004～2016 年寒暑假组织的学生问卷调查结果，通过计算每年问卷里的正规与非正规借贷比例，并结合一些学者研究所得的数据（何广文，1999；李锐和李宁辉，2004；郝朝艳等，2012）二者综合得到的。其中共发放问卷 1 650 份，在问卷收回后筛选出有效问卷 1 325 份，问卷主要涉及浙江、山东、河南、辽宁等省。根据三个阶段的划分与数据的可获得性，本章选取的数据年份为 2004～2015 年，并利用随机森林法对缺失的数据进行了插值补充。

（二）变量定义

名义收益效应：贷款利率市场化使得正规金融可以通过贷款利率弹性调节改变风险收益水平，为了衡量这一收益的增加水平，需要选取一个基准收益率进行对比，这里选取的是一年期国债收益率日收益率加权平均值。实际贷款利率与一年期国债平均收益率之差，作为利率市场化导致的正规金融名义收益效应大小指标。

借款人类型结构效应：这一变量的含义是，随着高风险客户的增加，正规金融面临的违约率会不断提高。显然，这一变量与显性统计指标中的不良贷款率具有正向相关关系，因此这里采用商业银行不良贷款率这一指标来反映正规金融借款人类型结构效应的变化。

一年期贷款平均利率：从有效问卷中提取出每年来自正规金融贷款的利率水平，加权计算出每年的平均贷款利率。另外，为了保证贷款利率的准确性与普遍性，在数据处理时还从已有研究中提取了部分对应年份的贷款利率计算结果（陈彦斌等，2014），并利用这些结果对初始利率数据进行了加权平均调整。

技术内生效应：这一变量是非显性可观测的，因而比较可行的方法是寻找一个与此变量相关度较高且可折射反映这一变量变化的指标。一种常用的方法是选择相对价格水平或绝对价格水平，这一方法内在的逻辑是：技术内生效应反映的是金融市场中的摩擦程度，摩擦程度越低，市场越接近于完全竞争，因而事前的识别与事后的监督等技术内生能力的提高，就会表现为金融机构降低价格的竞争行为与不同市场（如正规与非正规）之间利率差异的趋同。但是，对本书的环境而言，利率市场化是一个渐进的放松利率管制的过程，因而金融机构信息收集技术能力的提升，不会首先体现为价格的竞争，利率市场化首先是对价格扭曲的一种纠偏。相对而言，如果在利率市场化过程的同时，金融机构的准入也被放松，那么金融机构服务水平提升的一个表现是主动增加农村金融机构的分支数量，即利率市场化产生的技术内生效应与农村金融机构的数量具有一定的正相关关系，而渐近利率市场化改革的同时不断放松金融机构的准入，正与中国农村金融改革的现实相吻合。本章主要变量及其定义见表 4.1。

表4.1　变量定义

变量名称	变量定义
名义收益效应	实际贷款利率与一年期国债平均收益率之差
借款人类型结构效应	商业银行不良贷款率
技术内生效应	正规金融分支机构数
正规与非正规金融机构间的借款客户百分比	向正规金融借款人数与向非正规金融借款人数之比（剔除同时借的农户）
一年期贷款平均利率	加权平均调查所得的贷款利率
农民收入	加权平均调查所得农民的年平均收入

四、估计结果

（一）关于结论的结果

Spearman 秩相关检验的相关性结果为 0.33，说明实际贷款利率和正规与非正规客户比例存在相关性，但相关程度较弱，这间接表明实际贷款利率的增加会导致比例变化的不确定性。继续观察拟合图（图 4.3）可知，利用局部多项式估计拟合出来的曲线大致呈先增后降的形态，这表明随着实际贷款利率的增加，正规金融的客户量与非正规金融的客户量之比先有一定程度的上升，直至贷款利率超过6.2%时，两者比例开始下降。具体而言，当实际贷款利率不超过6.0%时，利率的上升会增加正规金融的客户量，正规金融对非正规金融的替代效应显著；当实际贷款利率在6.0%～6.2%时，正规与非正规金融会出现一个短暂的均衡状态；而当实际贷款利率超过6.2%时，会出现非正规金融对正规金融的反替代现象，即许多农户因正规金融贷款利率过高而偏向非正规金融贷款，这支持了结论的判断。同时为观测拟合曲线与样本点之间的偏差程度，我们对此回归做了残差分析。如图4.4所示，每个残差的绝对值都比较小，且描绘的点都围绕着残差等于0的直线上下随机散布，说明局部多项式回归曲线对原观测值的拟合情况较好。

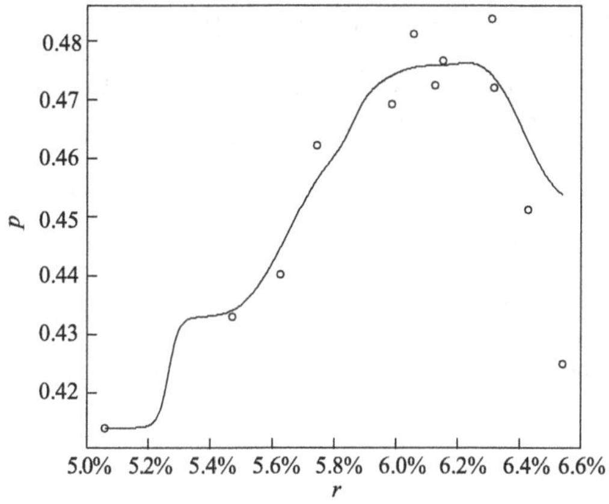

图4.3　实际贷款利率 r 与借贷比例 p

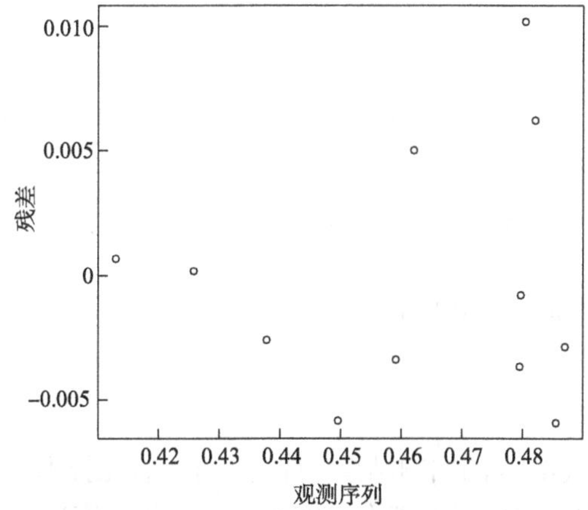

图4.4　拟合的残差分析（一）

（二）关于机制 4-1 的结果

Spearman 秩相关检验的相关性结果为 0.70，说明实际利率与技术内生效应有着一定程度的正相关性。如图 4.5 所示，利用局部多项式估计拟合出来的曲线总体上呈现先不断上升，后平缓波动的形态，这表明随着实际贷款利率的增加，农村正规金融机构解决信息不对称的技术能力先是不断增强，达到一定程度后就保持稳定。具体而言，恰好也在实际利率为 6.0%～6.2%出现一定的转折。但受限于样本的大小，这里尚难以从图 4.5 中发现技术内生的边际递减效应，这将在机制 4-2 的模型中做进一步的考察。另外，对局部多项式回归进行的残差分析表明（图 4.6），观测点大部分都围绕着残差等于 0 的直线上下随机散布，但也出现一个偏差较大的点，这说明局部多项式回归曲线对原观测值的拟合还需改进。不过，在尝试去掉异常点进行新拟合后发现，曲线总体仅会更平坦一些，但不影响结论。

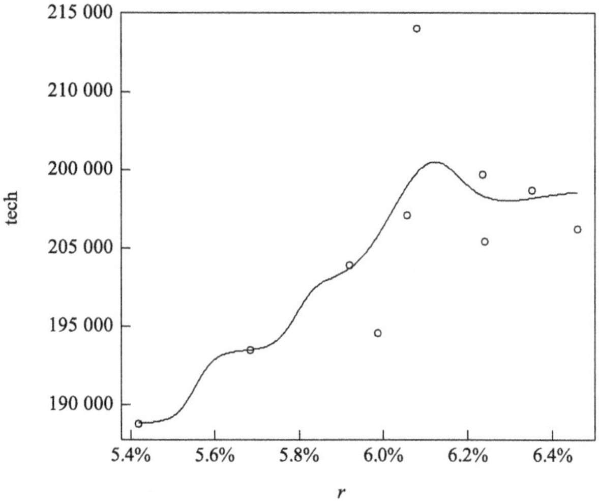

图 4.5　实际贷款利率与技术内生效应关系

（三）关于机制 4-2 的结果

1. 多项式回归

表 4.2 给出了式（4.3）的回归结果。首先，对比有无技术内生效应的两组结果，可以发现当有技术内生效应时的拟合优度为 0.89，明显大于无技术内生效应时的拟合优度，且从 F 检验也可看出当控制技术内生效应时，拟合方程的总体显著性更高，无技术内生效应组因存在重要缺失变量，导致显著性较低。其次，观察包含技术

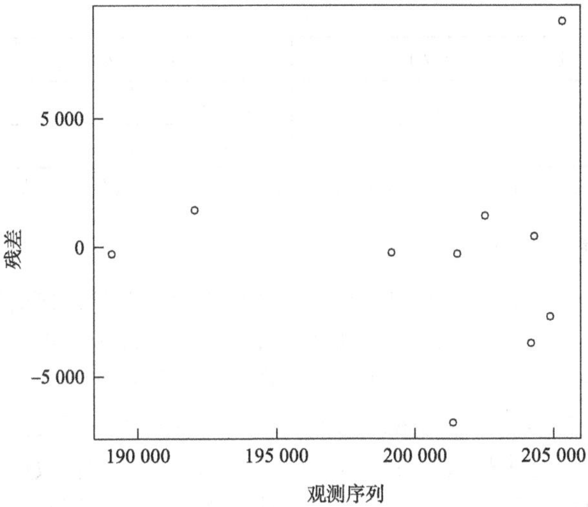

图 4.6 拟合的残差分析（二）

内生效应模型的估计结果，可以看出三种效应对正规与非正规金融的客户比例均有显著影响，但就影响大小的绝对值而言，名义收益效应最小，技术内生效应次之，借款人类型结构效应最大。具体而言，从当期的直接影响大小来看，名义收益效应每增加 1 个单位，向正规金融借款人数比例将提高 1.05 个百分点；技术内生效应自然对数每增加 1 个单位，向正规金融借款人数比例将降低 9.19 个百分点；借款人类型结构效应每增加 1 个单位，则会导致相应比例增加 13.28 个百分点。另外，名义收益效应与技术内生效应的估计结果均表明，二者对正规与非正规金融借贷比例的影响是非线性的且均呈抛物线变化形态。其中，借款人类型结构效应的初始影响是负的，而技术内生效应的初始影响为正，但二者的边际效应均是递减的。

表4.2 式（4.3）的回归结果

被解释变量：p D 取 1			被解释变量：p D 取 0		
解释变量	系数	标准误	解释变量	系数	标准误
earn	1.05*	0.62	earn	3.63	4.47
earn^2	0.15	0.51	earn^2	−0.39	1.01
boor	13.28**	2.09	boor	−11.37*	4.98
boor^2	−3.23*	1.61	boor^2	−3.43*	1.30
lntech	−9.19**	2.38			
lntech^2	−0.51***	0.10			
lninco	0.51	1.22	lninco	1.29	1.46
常数项	6.50	7.62	常数项	3.95	15.30

续表

被解释变量：*p*　　*D* 取 1		被解释变量：*p*　　*D* 取 0	
R-squared	0.89	*R*-squared	0.75
F 检验（*P* 值）	0.06	*F* 检验（*P* 值）	0.43

*代表在 90%置信度下显著成立；**代表在 95%置信度下显著成立；***代表在 99%置信度下显著成立。下同

2. 面板向量自回归

图 4.7 给出了三种效应对农村正规与非正规金融客户比例的脉冲图。随着名义收益效应的增强，正规金融将会降低对客户的要求以吸引更多的客户来借贷，故 earn 与 *p* 呈正向关系。但由于正规金融所处市场结构所决定的需求与供给弹性等因素，正规金融因名义收益效应所能吸引到的客户的速度会慢慢减弱，且减弱速度并非均衡而是越来越快。如图 4.7（a）所示，名义收益效应对正规金融客户的增加的确有显著的短期拉动效果，这种波动在 2 期时趋于平稳，其间拉动效果明显不断减缓，最后趋于稳定。

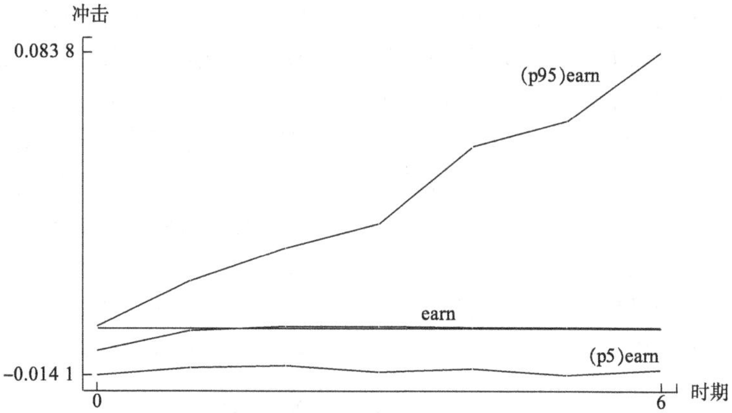

（a）*p* 对 earn 冲击的反应

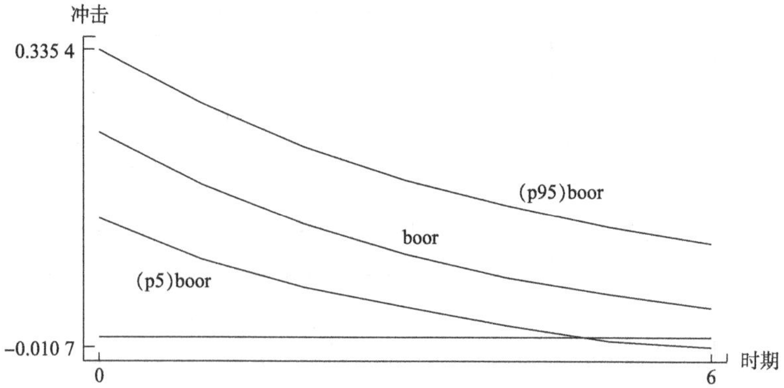

（b）*p* 对 boor 冲击的反应

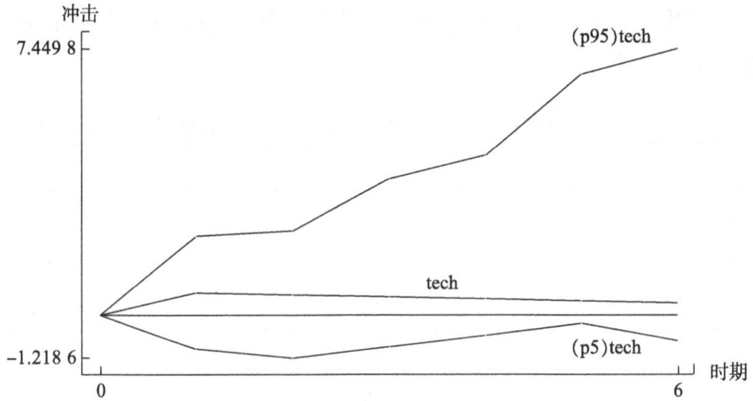

（c）p 对 tech 冲击的反应

图 4.7　三种效应分别对农村正规与非正规金融客户比例的脉冲图

如图 4.7 所示，随着借款人类型结构效应的增强，更多高风险的农户会寻求正规金融的贷款，而低风险的农户则不断退出贷款，导致正规金融机构减少放贷，故 boor 与 p 呈负相关关系。且在初始阶段，借款人结构很小的恶化效应增加就会带来大面积放贷减少，故放贷减少的速率也在不断增加，但后期客户减少的速率会减缓。如图 4.7（b）所示，借款人类型结构效应对正规金融客户变化有一定的长期影响，约在 3 期以前，客户量明显减少，且速率较快，3 期之后减少的速率略有降低，直至平稳。

关于技术内生效应，如图 4.7 所示，随着技术内生效应的加强，正规金融不断发展信息搜集技术而可以有效地减弱违约执行成本，故 tech 与 p 呈正相关关系。但受限于客户群体的总量与信息的重复提取，后期每强化一份技术内生效应能寻求到的客户就会边际递减，且这种减少程度会越来越快，直至技术内生效应不再产生影响。如图 4.7（c）所示，技术内生效应对正规金融客户的增加有一定的短期拉动效果，但约在 3 期之后趋于平稳，其间拉动效果慢慢减缓，直至两者达到均衡的关系。

表 4.3 给出了三种效应的方差分解结果。三种效应对正规与非正规金融客户比例的冲击长期解释能力分别为 34.13%、63.81%、36.83%，说明长期内三种效应的平均影响都比较显著，但结合图 4.7 可知，由于后期名义收益效应与技术内生效应的影响逐渐减小，解释能力不及借款人类型结构效应。总之，在其他条件不变的经济环境中，名义收益效应与技术内生效应都对正规与非正规金融客户比例影响相对较小，但有短期拉动效果，加速期约能保持 3 年，此后两个效应的拉动效果则会保持平稳。但随着借款人类型结构效应的不断增强，前两者的效应会被慢慢抵消，导致正规与非正规金融客户比例增加边际递减情况出现，减速期为 4～

5 年。最后借款人类型结构效应占据主导地位，从而降低正规与非正规金融客户比例，最后是三者力量实现平衡。

表4.3 三种效应与正规、非正规金融客户比例预测误差的方差分解

变量	时期	p
名义收益效应	10	0.341 3
借款人类型结构效应	10	0.638 1
技术内生效应	10	0.368 3

第二节 假说 3-2 的经验证据

一、假说 3-2 的验证逻辑与思路

虽然假说 3-1 在特定的渐进利率市场化设定场景下，支持了与解决信息不对称问题密切相关的技术内生效应对正规与非正规金融关系有重要影响的判断，但是，仅据此判断技术内生效应主要是来自利率市场化改革，在逻辑上还过于松散，因为在假说 3-1 的时段内，还可能有其他因素影响技术内生效应。因此，假说 3-2 的成立还需要证明以下两点：①贷款利率市场化通过技术内生效应间接影响农村正规金融对非正规金融的替代能力；②信息不对称是比贷款利率市场化更能影响农村金融结构的因素。故提出以下结论以待验证。

结论 4-1：在渐进利率市场化的过程中，贷款利率市场化通过强化农村正规金融机构间的竞争，从而强化技术内生效应，进而影响农村正规金融对非正规金融的替代能力。

结论 4-2：与贷款利率市场化相比，信息不对称这一因素更能影响农村传统正规金融对非正规金融的替代性。即在某种意义上，农村金融市场信息的完善程度是比利率市场化本身更为重要的影响农村金融市场的因素。

对于结论 4-1，主要是修正验证假说 3-1 的多项式模型：在式（4.3）的基础上加入利率市场化程度、农村金融机构间的竞争程度与利率市场化程度 × 农村金融机构间的竞争程度。为了防止多重共线性问题，在模型的筛选过程中利用逐步回归法排除明显相关的解释变量。最后根据交叉变量、利率市场化程度与技术内生效应的显著性结果来检验结论 4-1 的正确性。对于结论 4-2，如果结论成立，那

么在控制了对农村金融市场信息不对称能力有重要影响的技术内生效应、互联网金融发展等因素后，利率市场化改革所导致的正规对非正规金融替代的作用会被大大降低。而且，这些因素的总效应要大于利率市场化产生的价格效应。

二、计量模型设定

（一）验证结论 4-1 的计量模型

$$p=\beta_0+\sum_{j=1}^{2}\gamma_{1j}\ln \mathrm{tech}^j+\beta_1 R+\beta_2 \mathrm{rl}+\beta_3 \ln \mathrm{tech}\times \mathrm{rl}+\beta_4 \ln \mathrm{inco}+\varepsilon \tag{4.5}$$

其中，被解释变量 p 表示每年正规与非正规金融机构间的贷款客户比例；tech 表示技术内生效应；R 表示贷款利率水平；rl 表示利率市场化程度；tech×rl 表示农村金融机构间的竞争程度与利率市场化水平的交叉项。若结论 4-1 得到支持，则以下结果应显著成立：$\beta_3>0$，且与不加入 tech×rl 项相比，β_2 显著减小。

（二）验证结论 4-2 的计量模型

$$p=\beta_0+\beta_1 \mathrm{rl}+\beta_2 \frac{\mathrm{nfd}}{\mathrm{ny}}+\beta_3 \ln \mathrm{tech}+\beta_4 \ln \mathrm{tech}^2+\beta_5 \ln \mathrm{inco}+\beta_6 R+\varepsilon \tag{4.6}$$

其中，nfd 表示新兴互联网金融的发展水平，用于反映外生技术冲击对农村金融市场信息不对称程度的影响，衡量指标是第三方支付占总支付的比例；ny 表示农业产值，用第一产业产值表示。若结论 4-2 成立，由于新兴互联网金融在解决农村信息不对称问题方面可能更具优势，故控制这一因素的影响可以显著增加正规金融的贷款占比，故应有：与不包含 nfd/ny 相比，β_1 的系数显著增大。

三、估计结果

（一）关于结论 4-1 的结果

为减小回归的异方差问题与变量度量的统一，对农民收入与名义替代效应的样本取对数处理，估计结果见表 4.4。由表 4.4 中考虑 tech×rl 交叉项的回归结果，所关注的技术内生效应与利率市场化水平变量的系数均较显著，且 tech×rl 系数显著为正，这为结论 4-1 的有效性提供了部分证据。另外，与不考虑交叉项 tech×rl

的回归结果相比，在控制利率市场化通过技术内生效应间接影响正规金融对非正规金融替代性的渠道后，利率市场化前面的系数约显著减少了45%，这进一步支持了结论4-1。表明如果将利率市场化通过技术内生效应影响农村正规金融对非正规金融的替代性剔除后，利率市场化对农村正规与非正规金融替代性的影响将大大降低。也就是说，技术内生效应是利率市场化影响正规金融对非正规金融替代效果的主要机制。

表4.4 式（4.5）回归结果

未考虑交叉项的模型			考虑交叉项的模型		
解释变量	系数	标准误	解释变量	系数	标准误
rl	28.39**	8.97	rl	15.67*	6.68
			lntech × rl	1.28*	0.60
R	3.01**	0.80	R	3.60**	0.84
lntech	14.60**	5.70	lntech	14.50*	7.40
lntech^2	−1.54*	0.67	lntech^2	−1.72*	0.64
lninco	0.56	0.71	lninco	0.75	0.88
常数项	−2.65*	1.27	常数项	−2.76*	1.11
R-squared	0.86		R-squared	0.91	
F检验（P值）	0.06		F检验（P值）	0.02	

（二）关于结论4-2的结果

表4.5给出了式（4.6）的估计结果。首先，在控制互联网金融的影响因素后，利率市场化rl的系数显著增大，表明如果新的农村金融机构的兴起有助于解释信息不对称问题，那么就会对传统正规金融机构产生强有力的挤出效应，这反映了农村金融改革效果与改革是否有助于解决农村金融市场信息不对称问题的密切相关性，从而一定程度上支持了结论4-2的判断。其次，互联网金融的发展对传统正规金融在农村金融市场中的占比产生了虽然绝对数量不大但却显著的影响，说明科技金融对于解决农村金融市场不完全的问题，确实是有效的，因而未来如何在强化监管的条件下，通过政策支持进一步促进科技金融在农村的渗透与发展，是解决普惠金融和农户资金需求的一个重要选项。总之，综合结论4-1与结论4-2的实证结果可以发现，就影响农村传统正规金融对非正规金融替代性的因素而言，农村金融市场本身信息的完善程度是比利率市场化要更为重要的。

表4.5　式（4.6）回归结果

包含 nfd/ny			未包含 nfd/ny		
解释变量	系数	标准误	解释变量	系数	标准误
rl	24.78*	11.19	rl	19.82**	6.83
nfd/ny	−3.45*	1.27			
lntech	13.55**	4.08	lntech	13.76*	6.22
lntech^2	−1.31*	0.61	lntech^2	−1.51*	0.73
lninco	0.56*	0.27	lninco	0.56*	0.27
R	3.70**	0.70	*R*	3.9**	1.00
常数项	−0.12	0.22	常数项	−0.12	0.22
R-squared	0.86		*R*-squared	0.83	

四、基本结论

作为重大的外生制度性冲击，利率市场化改革对中国农村金融市场产生了全方位的影响。从信息不对称和激励制度创新设计内生演变的微观经济环境假设出发，本章集中研究了利率市场化改革对中国农村金融市场二元性——正规与非正规金融市场关系的影响，得到了一些有意义的结论与政策含义。

首先，利率市场化改革对农村正规与非正规金融的影响是通过三种效应叠加，而非传统两种效应叠加来实现的。在信息不对称的条件下，传统分析农村金融市场利率变化冲击的理论认为，正规金融市场的利率变动会产生直接的名义收益效应与借款人类型结构效应。但是，本章构建的理论框架认为，除了上述两种效应以外，利率市场化还会导致农村正规金融机构进行新的激励机制设计，来解决信息不对称问题与降低监督成本问题，从而开发出解决信息不对称和监督问题的新技术，这被称作技术内生效应。正规金融机构的决策是在利率变动的名义收益效应、借款人类型结构效应和技术内生效应三者之间的权衡。其中，名义收益效应与技术内生效应为正，而借款人类型结构效应为负，三者力量的平衡决定了正规金融的均衡供给水平。

其次，利率市场化改革确实能导致正规金融对非正规金融的替代，但是这一替代过程表现为倒“U”形变化并呈现为三个阶段。在初始阶段，名义收益效应与技术内生效应占主导，正规金融对非正规金融的边际替代效应递增，正规金融加速对非正规金融的替代；在中间阶段，虽然名义收益效应与技术内生效应仍占主导，但是借款人类型结构效应在增强，前者对后者的替代边际效应递减，正规金融对非正规金融的替代在减速；在最后阶段，名义收益效应与技术内生效应所带来的收益无法覆盖借款人类型结构效应恶化所带来的损失，正规金融机构不再对非正规金融机构形成有效替代，正规与非正规金融的资金供给在一个新的水平上达到均衡。

再次，信息不对称程度是比利率是否市场化更能影响农村金融市场的因素，利率市场化改革只有切实改变农村金融市场信息不对称的问题，才会对正规与非正规金融的关系产生实质影响。实证结果表明，在利率市场化改革的过程中，正规金融能否对非正规金融形成有效替代，主要影响因素不是名义收益效应，而是与信息不对称密切相关的技术内生效应与借款人类型结构效应。其中，技术内生效应更是处于主导地位。这表明，利率市场化过程中，影响正规金融对非正规金融替代性的关键因素不在于利率价格变动本身，而是取决于利率市场化改革能在多大程度上解决农村金融市场的信息不对称问题。

最后，本章研究的政策含义是，对于包括普惠金融等在内的农村金融改革的政策制度设计而言，政策有效性与可持续性的关键在于设计一系列的解决农村严重信息不对称问题的激励机制，而其前提是清晰的界定政府、农村社区与市场的功能，过度强调任何一方面的作用，都会造成农村金融资源配置的进一步扭曲。不宜过度夸大农村利率市场化改革的效果，价格是否完全市场化本身不是最重要的因素，如果价格体系的改革不能有效引导农村正规金融机构构建解决信息不对称问题的新的机制，那么改革的效果就是有限的。

本 章 小 结

本章分为两个部分，分别针对第三章中提出的两个假说进行论证。本章的论证从农村金融发展的三阶段假说出发，根据假说的内容和其中所蕴含的作用机制，对不同阶段中正规金融与非正规金融的效应及其相互之间的关系进行分析，并通过局部多项式回归与面板向量自回归模型，结合监管部门数据、统计年鉴数据和问卷调查结果，对假说进行了实证检验。假说 3-1 的数据分析结果显示，正规金融与非正规金融的替代或互补关系受到实际贷款利率水平的数值影响。具体而言，当实际贷款利率低于 6.0%时，正规金融对非正规金融的替代效应显著；当实际贷款利率介于 6.0%～6.2%时，两者处于均衡状态；当实际贷款利率高于 6.2%时，非正规金融会表现出对正规金融的替代效应。假说 3-2 的检验在修正假说 3-1 的多项式模型之上进一步控制了反映技术内生效应、互联网金融发展等因素。实证分析结果表明，技术内生效应是利率市场化改革影响正规金融对非正规金融替代效果的主要机制，且就影响农村传统正规金融对非正规金融替代性的因素而言，农村金融市场本身信息的完善程度是比利率市场化要更为重要的因素。

参考文献

陈彦斌，陈小亮，陈伟泽. 2014. 利率管制与总需求结构失衡[J]. 经济研究，2：18-31.

郝朝艳，平新乔，张海洋，等. 2012. 农户的创业选择及其影响因素——来自“农村金融调查”的证据[J]. 中国农村经济，4：57-65.

何广文. 1999. 从农村居民资金借贷行为看农村金融抑制与金融深化[J]. 中国农村经济，10：42-48.

李锐，李宁辉. 2004. 农户借贷行为及其福利效果分析[J]. 经济研究，12：96-104.

第五章　利率市场化与“利率限制铁律”

从实践角度看，利率限制举措是发展中国家干预农村金融市场的一项重要政策手段。然而就其效果而言，在相关国家或地区普遍出现的利率限制下贷款流向富裕农户的“精英俘获”现象表明，利率限制政策限制了中小农户获取贷款的能力，这在很大程度上违背了政府在农村金融市场上构建完善合理的普惠金融体系的初衷（Adams and Nehman，1979；Burgess and Pande，2005）。利率限制下的这一现象十分普遍，因而被学术界总结概括为“利率限制铁律”。从普惠发展的角度看，利率限制对异质农户的不对等效应，是农村金融体系不够完善的一种表现。因而，打破或弱化农村“利率限制铁律”，对通过农村金融改革实现乡村振兴政策实践有重要意义。从国内看，改革开放大背景下的农村利率市场化改革，能提高市场在利率决定中的地位和力量，可以有效降低政府对利率的管制。因而从理论上讲，利率市场化改革应当具有弱化“利率限制铁律”的政策效果。

本章从机构与农户视角下利率市场化的双重效应出发，借鉴 Stiglitz 等的经典信贷配给理论，构建一个用于分析利率市场化与“利率限制铁律”关系的信贷配给拓展模型，以达到在理论上对二者进行分析的目的，并在此给出一个逻辑自洽、机理清晰的研究框架。在组织结构上，本章首先从机构与农户两个视角对利率市场化的双重效应予以整理和评述，接着通过数理分析的方法对考虑了利率市场化影响的拓展了的信贷配给模型进行数学推导，并对拓展模型的经济含义予以讨论。

第一节　利率市场化的双重效应：机构与农户视角

一、利率市场化对正规金融机构信贷配给的双重效应

近年来，国内许多学者研究了以利率市场化改革为核心的农村金融改革对农户受正规金融机构信贷配给影响的现象，相关研究主要集中在农村利率市场化改革影响农村正规金融机构信贷配给行为和农户福利两个方面。

第一，利率市场化对农村正规金融机构信贷配给行为的影响。整体上讲，利率市场化改革有助于改善正规金融机构对农户的信贷配给问题，但这种影响并不是线性的。特别地，当利率水平随利率市场化改革攀升到一定程度后，反而会加重农村正规金融机构对农户的信贷配给问题。代表性的研究有：许承明和张建军（2012）通过构建利率市场化影响信贷配给效率的分析框架，得出农业信贷配给效率、农户信贷配给程度总体得到改善的结论，并建议我国农村正规金融机构必须根据经济所处的区间采取差异化利率政策。与之不同，张龙耀等（2011）对比考察了利率与非价格因素对农户信贷需求的影响，研究发现交易成本等非价格因素对农户信贷需求的影响更大，利率市场化通过利率渠道对农户信贷需求的影响有限。我国农村正规金融机构并没有通过调整价格条件弥补贷款的风险溢价，而只是直接将贷款利率提升至一定水平后，仍通过其他严格的非价格信贷条件甄选农户借款人类别，这些非价格条件包括烦琐的贷款流程、足额的担保条件和长期的信贷历史等。农村正规金融机构这样做的原因，主要在于农村金融市场高度的垄断性特征、农村金融机构创新的动力和技术缺乏及农村金融机构定价经验不够丰富。要想推进农村利率市场化改革的成果，必须进一步放松农村金融市场的管制和进一步降低市场的准入门槛。此外，马九杰和吴本健（2012）也认为利率水平与农户信贷配给之间具有非线性关系，具体地，利率的上升首先有助于缓解农户的信贷配给问题，达到一定程度后，又会重新增强农户的信贷配给。他们认为目前农村正规金融的利率水平已经处于高位，如果农户的贷款利率继续提高，非但不会增加金融机构对农户的信贷供给，反而可能会加深农户受信贷配给问题的程度。

第二，利率市场化改革对不同阶层农户的福利影响。整体上讲，利率市场化所带来的农村信贷配给问题改善，有助于提高农户的福利，但是这种影响对农户类型

具有敏感性。代表性的研究有：朱喜和李子奈（2006）基于 VEC 模型研究发现，在政府指令性的信贷模式下，从长期角度看，金融机构在农村的贷款投放没有显著地提高农民的投资和收入，且短期来看，不仅没有增加农村投资和农民收入，反而严重阻碍了农村经济的发展。他们认为，应加快市场利率化进程，积极构建和完善以多元化、竞争性为特征的农村信贷市场，这一方面有助于金融机构通过利率手段弥补农村信贷的高额成本，另一方面有助于农户获得及时、有效的金融服务。褚保金等（2009）利用苏北地区农户调查数据，通过内生转换模型分析了苏北欠发达区域农户受信贷配给情况，总结了影响农户正规信贷获取的主要因素并从福利角度分析了信贷配给对农户的影响情况。实证结果表明，农户受到的信贷配给主要来自正规金融机构，在统计上对农户的信贷获取概率产生负向效应的主要因素包括农村家庭的户主年龄、家庭耕地面积、家庭非农收入等，正规金融机构对农户采取的信贷配给行为严重阻碍了农户的投资增长并限制了农户的收入增加。

此外，利率能够影响农户对农村正规金融的信贷需求。因而，利率市场化改革不仅会影响信贷的供给行为，同时还会影响到农户的信贷需求。刘西川等（2014）试图采用浙江省发达地区的调研数据研究农户正规信贷需求对利率的弹性，Tobit Ⅲ模型的结果显示，利率对农户的正规信贷需求具有显著影响，且对于低收入农户也是如此。不过利率市场化以来，正规金融机构并未通过差异化定价策略甄别不同特征的贷款农户，贷款价格的决定也只是供给方单方面的行为，借款农户只能被动接受。此外，以抵押为核心的非价格条件仍是农村正规金融机构定价的重要考察点，借款项目的盈利预期及现金流状况仍未得到金融机构放贷的重视和关注；中高收入水平农户的正规信贷需求一般更高，且相对于收入低的农户，富裕农户获得正规信贷服务的可能性更大。在此基础上，他们提出，针对不同收入水平的借款农户对利率弹性的特征，应制定差异化的贷款政策，同时应通过积极引入村镇银行、农村资金互助社等新型农村金融主体来强化农村借贷市场的竞争，逐步打破农信社垄断现状。

关于利率市场化改革影响农户信贷配给的国外研究，广受推崇的主要是基于 Stiglitz 等（Stiglitz and Weiss，1981；Hoff et al.，1993）提出的信息经济学理论，他们在信息不对称条件下提出了农户受到信贷配给的系列研究。根据他们的观点，信贷配给的存在主要是正规金融机构受到利率上浮后引起的逆向选择效应和道德风险效应影响的结果，逆向选择效应主要在于单位贷款的期望收益与贷款风险呈反向变动关系，因而贷款价格的提升会引起正规金融机构单位贷款期望收益的下降，因此理性贷款人选择信贷配给；道德风险效应在于随着农户借款的价格逐步提升，正规金融机构单位贷款的平均利润会先提高再降低，因此造成信贷配给现象。

除此以外，比较经典的相关研究是 Adams 等（Adams and Nehman，1979；Adams and Douglas，1981）基于贷款交易成本变化角度，从需求与供给两个方面对贷款利率市场化影响农户信贷配给的分析。从需求端看，利率市场化改革有利于降低正规金融机构对中小农户的信贷配给，并会在大农户贷款需求降低的情况下减少对其的贷款规模。究其原因，利率市场化改革引起的利率水平上升，显著降低了中小农户的交易成本，而考虑到交易成本在中小农户的贷款成本中的占比较大，所以利率市场化降低了正规金融机构对中小农户的信贷配给。从供给端看，一是正规金融机构的贷款规模会有所增加，二是正规金融机构的贷款结构会出现新的变化。伴随着利率市场化改革推进，正规金融机构在吸收储蓄和吸引股权资本等方面的能力有所提升，这有助于增加正规金融机构可用于贷款的资金规模。同时，利率市场化改革推动的利率水平上升，提升了资金用于贷款的吸引力。因而，理论上正规金融机构的贷款规模会伴随着利率市场化改革推进而增加。此外，随着贷款利率限制逐步放松，正规金融机构逐渐可以负担将原来受配给借款者从借款者类型中分离出来的信息成本，从而有助于缓解众多中小农户受到的非价格配给。

二、利率市场化对农户的双重效应

（一）利率市场化对农户消费的影响

关于利率市场化对我国农户消费的影响，不同的国内学者给出了不同的答案。曹龙骐和郑建明（2000）的研究认为，在西方国家，发达的消费信贷市场使贷款利率能影响居民的当期支出和预期支出，从而能对居民的消费决策和消费行为产生影响。基于我国不发达的消费信贷市场，贷款利率尚缺乏对居民消费产生影响的基础，对消费的影响仅局限在存款利率上，但社会消费品零售总额与利率间并不存在负相关关系，即使剔除人口因素，消费需求变动对于存款利率变动的弹性也呈不规则频繁波动的特征。

李崇岩和张海鹏（2001）的研究则发现，借款人的消费增长率与其实际贷款利率间呈显著的负相关性，但农村居民消费变动对利率的敏感度要低于城镇居民。当物价指数下滑较名义利率的下降幅度更大时，实际利率上升，会导致利率变动对消费需求的刺激作用不明显，这也是我国在20世纪90年代末期七次降息仍然无法降低居民储蓄倾向，消费低迷的重要原因。

杨菁（2005）通过研究发现，名义存款利率与农村居民消费水平及生活消费支出增长率基本呈正向变动关系，即名义存款利率的升高使得农村居民消费水平及生活消费支出增长率出现较快的增长。利率市场化过程中，存款利率的上调会显著增加农户借款人消费支出，其中交通通信、医疗保健、文教娱乐等支出项目的利率弹性较大。

（二）利率市场化对农户投资的影响

关于利率与投资之间的关系，凯恩斯将利率看作是一种纯货币现象，认为投资主要受资本边际效率的影响，利率的作用并不显现，这是因为在其他因素不变的情况下，利率的降低虽可带来投资数量的增加，但资本边际效率比利率下降得更快，投资数量并不会增加。这一观点受到了来自经济学家罗沙的反对，他认为人们之所以对利率政策的效果产生怀疑和持否定的态度，是因为人们只注意到了投资需求对利率变动的弹性，忽视了投资供给对利率变动的反应，即利率变化对贷款人的影响，其从贷款人对利率的敏感性角度论证了利率政策的有效性。

胡维雄（2001）认为投资决定于利率和投资的预期收益率，利率是资金的价格，构成投资的成本约束，投资的预期收益率构成对投资的引诱。当投资的预期收益率大于资金成本时，投资就会产生，投资的预期收益率越大，投资的成本约束越低，投资的愿望也就越强。杨菁（2005）基于区域差异发现，西部地区农户投资受到利率市场化改革的影响效应比东中部地区更大，此外，利率的市场化对同一农产品的地区作用效应也不同。李锐和项海容（2006）研究表明，利率的变动对农户住房建设投资的影响并不显著，利率市场化不会明显影响农户的住房建设投资行为。张孝岩和梁琪（2010）研究表明，利率市场化能够显著提高农户的投资，但农村金融市场的金融约束仍然存在，弱化了农村金融市场的效率；钱文荣和安海燕（2017）利用有序 Logistic 回归模型的研究表明，利率显著影响农户对投资的参与意愿，并且农户的收入越高，对于利率的敏感性越强。

（三）利率市场化对农户贷款可获得性的影响

关于利率市场化是否改善了农户贷款可获得性，学界尚存在一定分歧。概括地讲，主流观点可分为三类：其一是利率市场化改革提高了农户的贷款可得性，其二是利率市场化改革对农户贷款可得性影响有限，其三是利率市场化改革与农户贷款可得性之间具有非线性关系。例如，许承明和张建军（2012）认为，利率市场化改革能提高农户的贷款可得性，而且还能提高农业信贷配给效率。与之不同，张龙耀等（2011）则认为，相对于交易成本及其他非价格因素，利率市场化改革引发的利率水平变化对农户信贷影响有限，农户贷款可获得性没有得到显著提升。此外，诸多研究表明，利率市场化改革与农户贷款可获得性之间并不是简单的线性关系（马九杰和吴本健，2012），而且这种关系对农户类型是敏感的（刘西川等，2014）。简言之，农户贷款可得性对利率市场化改革的阶段和农户类型是敏感的。

第二节　利率市场化与“利率限制铁律”：拓展的信贷配给模型

一、利率限制下弱势农户相比富裕农户受到信贷配给的基础模型

依据 Gonzalez-Vega（1984），假定农户借款只面临农村正规金融一种贷款渠道，同时假定利润最大化是农村正规金融机构的运营目标，且贷款利息收入是农村正规金融机构的唯一收入来源。Gonzalez-Vega 认为发放贷款的总成本包括三部分：资金的机会成本、贷款的管理成本及客户违约造成的损失。考察一个给定借款者类型，贷款者的成本是贷款规模的一个函数，定义如下：

$$C = \mathrm{d} \times L + H + x(L) \times L \tag{5.1}$$

其中，C 代表贷款总成本；d 是常数，表示资金的平均机会成本；L 代表向给定借款者类型发放的贷款规模；H 代表贷款的处理成本；$x(L)$ 表示降低风险的平均成本和风险溢价的最优总和，是贷款规模 L 的增函数。

当货币当局对所有类型贷款都设置利率上限 r^*时，正规金融机构的利润函数可定义为

$$\pi = r^* \sum_i^n L_i - \sum_i^n C_i$$

$$\text{s.t.} \quad L_i - D_i \leqslant 0 \text{ 且 } L_i > 0, 0 \leqslant r^* < r_i \tag{5.2}$$

其中，π 表示贷款者总利润；L_i 表示向 i 类型借款者贷款的规模；C_i 表示向 i 类型借款者贷款的总成本；D_i 表示第 i 个借款者（或借款者类型）的贷款需求；r_i 代表贷款者作为一个完全歧视的垄断者向 i 类型借款者贷款所要求的利率。

对应的拉格朗日函数为

$$K = r^* \sum_i^n L_i - \sum_i^n C_i - \sum_i^n \lambda_i (L_i - D_i) \tag{5.3}$$

利润最大化的 Kuhn-Tucker 条件的结果如下：

$$\lambda_i (L_i - D_i) \leqslant 0, \quad \lambda_i \geqslant 0, \quad L_i \geqslant 0 \tag{5.4}$$

其中，当 i 类借款者受到信贷配给，即 $L_i < D_i$ 时，则 $\lambda_i = 0$，此时，利率上限 r^*等

于向 i 类型借款者贷款的边际成本 MC_i；相反，当 i 类借款者未受信贷配给，即 $L_i = D_i$ 时，必须满足 $\lambda_i > 0$，此时，利率上限 r^* 高于向 i 类型借款者贷款的边际成本 MC_i。

根据以上分析结果，图 5.1 显示了利率限制条件下两种借款者案例的情形。a 类借款者代表弱势农户，b 类借款者代表富裕农户。横轴的两个方向分别表示两类借款者正的贷款规模 L_a、L_b，纵轴表示贷款利率 r。应注意到，在相同贷款规模下，相比富裕农户，向弱势农户贷款的边际成本往往要更高，这是因为弱势农户的贷款一般规模较小、风险较大、缺乏担保、信誉较差，加上其贷款使用监测较困难（缺乏相应的财产和经济信息），导致正规机构对其贷款面临更高的边际成本（德布拉吉·瑞，2002）。给定两类借款者边际成本曲线 MC_a、MC_b 和利率上限 r^*①，此时，a 类、b 类借款人获得的贷款规模分别为 L_a^1（$L_a^1 < D_a^1$）、L_b^1（$L_b^1 = D_b^1$），显然，由于 r^* 足以补偿 b 类借款者在需求量 D_b^1 处的边际成本，所以在利率上限 r^* 水平，富裕农户获得了与信贷需求量相等的贷款规模；然而，a 类借款者在其信贷需求量 D_a^1 处的边际成本水平过高，导致利率上限 r^* 无法补偿，所以弱势农户受到非价格信贷配给，只获得部分信贷需求量。因此，在利率限制条件下，弱势农户会受到正规金融机构的非价格配给。

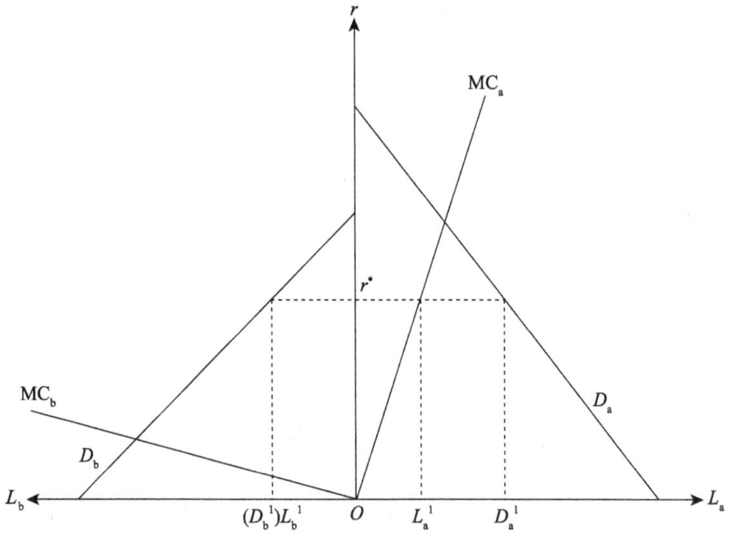

图 5.1 利率限制下小农户受到非价格信贷配给

① 依据 Gonzalez-Vega（1984），在完全无约束的市场条件下，正规金融机构会分别按照不同类型借款人的均衡利率放贷以实现利润最大化，而在非完全的农村市场，大量的信息不对称导致正规机构难以区分不同类型借款人，若对两种类型借款人只能设置统一的利率，那该利率必须位于两类借款者在完全无约束条件下的均衡利率值的区间内。

二、渐进利率市场化影响不同阶层农户贷款量的理论模型

假定存在两种类型借款农户：一类是小农户或弱势农户（类型 1），另一类是大农户或富裕农户（类型 2）。并假设这两类农户只有正规金融机构一种借款渠道。最后，假定正规金融机构对借款农户情况认知存在严重的信息不对称。

在将利率市场化纳入考虑的范围，并将金融机构信息不对称技术处理能力内生化后，我们对 Gonzalez-Vega（1984）的基准模型做如下拓展。假定正规金融机构向给定类型借款农户发放贷款的总成本包括三部分：资金的机会成本、贷款的管理成本及客户违约造成的风险损失，构造正规金融机构向小农户放贷和大农户放贷对应的成本函数，以及放贷的总成本函数分别如下：

$$C_1 = d \times L_1 + H_1 + \lambda_1(r) \times x_1(r) \times k_1(r) \times L_1 \tag{5.5}$$

$$C_2 = d \times L_2 + H_2 + \lambda_2(r) \times x_2(r) \times k_2(r) \times L_2 \tag{5.6}$$

$$C = C_1 + C_2 \tag{5.7}$$

其中，d 表示资金的平均机会成本，相当于市场无风险利率水平；L_1 表示小农户获得的贷款量；L_2 表示大农户获得的贷款量；$H_i, i=1,2$ 是贷款的处理成本，与贷款规模无关；$\lambda_i(r), i=1,2$ 是反映正规金融机构处理信息不对称技术能力的成本系数，且有 $0<\lambda_i(r)<1$；$x_i(r), i=1,2$ 是利率提高引起的正规金融机构直接收益增长系数，或成本节约的系数，且有 $x_i'(r)<0, i=1,2$；$k_1(r), k_2(r)$ 分别指小农户和大农户借款人群中高风险类型的占比系数，且有 $0<k_i(r)<1$。

我们对式（5.5）和式（5.6）做如下的假定：

（1）$\lambda_i'(r)<0, \lambda_i''(r)<0$。这一假定的理由是，随着利率市场化逐步推进，价格竞争的增强使得正规金融机构有动力去开发新的服务模式，因此金融机构解决信息不对称的能力逐步提高，贷款总成本随利率提高而下降。但是，由于创新服务模式开发的效率遵循边际递减原则，所以这一技术能力增强的速度是边际递减的。

（2）$\lambda_1(r)>\lambda_2(r)$，且有 $\dfrac{\lambda_1'(r)}{\lambda_1(r)}>\dfrac{\lambda_2'(r)}{\lambda_2(r)}$。这是因为正规金融机构对小农户放贷面临更严重的信息不对称，故在利率给定的情况下用于处理信息的成本也更大。但是，由于在信息不对称严重的情况下，节约成本的信息不对称技术处理能力更容易开发，故随着利率水平的提高，正规金融机构解决小农户信息不对称技术能力的增长率要快于大农户。

（3）$x_1(r)>x_2(r)$，且有 $\dfrac{x_1'(r)}{x_1(r)}>\dfrac{x_2'(r)}{x_2(r)}$。前者基于其他条件不变情况下，贷

款利率提高会引起金融机构收益提高，或对偶地体现为金融机构成本降低。在同一利率水平下，大农户具有更强的抵押品提供能力，因此相比小农户，正规金融机构对大农户要求的风险溢价水平应相对更低。对于后者，是因为小农户往往缺乏抵押品、违约风险更高，因此随着利率的提高，正规金融机构向小农户贷款所需的风险溢价会比大农户的增长率更快。由于 $x_i(r)$，$i=1,2$ 等同于利率提高引起的正规金融机构成本节约的系数，故该假设的对偶含义为，相比大农户，利率提高导致金融机构向缺乏抵押品的小农户放贷的成本下降率更快。

（4）$k_i'(r)>0$，$k_i''(r)>0$，$i=1,2$，$k_1(r)>k_2(r)$ 和 $\dfrac{k_1'(r)}{k_1(r)}>\dfrac{k_2'(r)}{k_2(r)}$。这是因为利率的上浮会提高各类借款人群体中高风险类型借款者的比例，并且利率越高，不良借款人比例增长越快。同时，由于小农户借款者往往缺乏抵押和担保，偿还能力有限，故高风险类型占比更大。另外，随着利率的提高，小农户借款人中高风险类型的比例增长率更快。

由式（5.6）和式（5.7）可知，可将银行贷款成本看作如下三种效应的叠加：一是名义收益效应，主要由 $x_i(r)$ 来表示。这一效应反映的是利率提高会增加正规金融机构的直接放贷收益，即增加向农户放贷的收益或降低了向农户放贷的成本；二是借款人类型结构效应，主要由 $k_i(r)$ 来刻画。这一效应反映的是利率上浮会致使道德风险和逆向选择问题加剧，导致借款者群体中高风险类型比重增加，从而引起贷款成本增加；三是内生于利率的金融机构解决信息不对称技术能力效应（简称技术内生效应），主要由 $\lambda_i(r)$ 来反映。这是由于在信息不对称情况下，正规金融机构的利润是一种风险利润而非确定性利润，渐进利率市场化改革促使贷款利率逐步放开，这有利于金融机构更有效的评估风险，从而进行更有效的风险定价，而正确的风险定价是有效金融产品开发的重要前提。这一过程促进了金融机构对利润的正确评估，从而激发了正规金融机构的业务创新能力。显然，前两种效应正是 Stiglitz 和 Weiss（1981）[①]经典信贷配给理论所提出的两种效应。在这一理论中，利率价格提高所带来的放贷者的边际收益增加，与利率提高所内生的借款人类型结构的恶化引起的边际收益损失，构成了放贷者边际决策所要考虑的两个方面，从而最终决定了均衡的贷款水平。然而，这一理论是建立在金融机构信息不对称处理能力不变的假定基础之上的。在我们的模型当中，则假定这一能力是内生于利率市场化过程的，就此意义而言，本章的模型是对 Stiglitz 标准信贷配给模型的拓展。

式（5.5）、式（5.6）关于利率求导并经简单变形后有

① Stigliz 和 Weiss（1981）认为在没有政府干预和垄断性力量的情况下，信贷配给可以作为一种长期均衡现象而存在。

$$\frac{\frac{\partial C_1}{\partial r}}{\lambda_1(r)\times x_1(r)\times k_1(r)\times L_1}=\frac{\lambda_1'(r)}{\lambda_1(r)}+\frac{x_1'(r)}{x_1(r)}+\frac{k_1'(r)}{k_1(r)}=-\left|\frac{\lambda_1'(r)}{\lambda_1(r)}+\frac{x_1'(r)}{x_1(r)}\right|+\frac{k_1'(r)}{k_1(r)} \tag{5.8}$$

$$\frac{\frac{\partial C_2}{\partial r}}{\lambda_2(r)\times x_2(r)\times k_2(r)\times L_2}=\frac{\lambda_2'(r)}{\lambda_2(r)}+\frac{x_2'(r)}{x_2(r)}+\frac{k_2'(r)}{k_2(r)}=-\left|\frac{\lambda_2'(r)}{\lambda_2(r)}+\frac{x_2'(r)}{x_2(r)}\right|+\frac{k_2'(r)}{k_2(r)} \tag{5.9}$$

对于小农户，考虑到利率市场化初期的名义收益效应与技术内生效应的正向叠加效应相对占优，即 $\left|\frac{\lambda_1'(r)}{\lambda_1(r)}+\frac{x_1'(r)}{x_1(r)}\right|>\frac{k_1'(r)}{k_1(r)}$，故有 $\frac{\partial C_1}{\partial r}<0$。同样，在利率市场化后期，借款人类型结构的负效应相对占优，即 $\left|\frac{\lambda_1'(r)}{\lambda_1(r)}+\frac{x_1'(r)}{x_1(r)}\right|\leqslant\frac{k_1'(r)}{k_1(r)}$，故有 $\frac{\partial C_1}{\partial r}\geqslant 0$。对于大农户，也可以得到相似的结论：在利率市场化初期①，有 $\frac{\partial C_2}{\partial r}<0$；在利率市场化后期，则有 $\frac{\partial C_2}{\partial r}\geqslant 0$。也就是说，无论对于大农户还是小农户，正规金融机构的成本曲线均呈“U”形变化轨迹（图 5.2、图 5.3）。但是，与小农户不同的是，大农户的成本曲线更平缓，这是因为三种效应均对小农户的影响更明显；同时，随着利率上浮，大农户成本重新增加的时间点有所延后（即 $r^{**}>r^{*}$）。这是因为在利率市场化初期，小农户从名义收益效应及技术内生效应中受益更多，贷款成本下降的幅度和深度更大。因此，小农户会率先进入借款人类型结构效应主导阶段，即成本增加阶段。

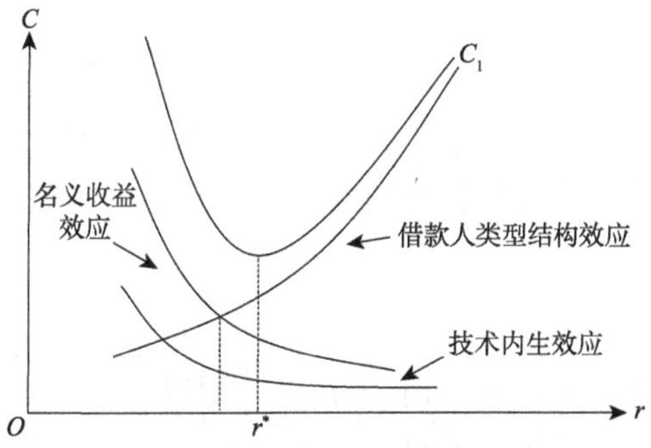

图 5.2　小农户成本曲线

① 直观来看，在初始阶段，基于信息不对称条件下的贷款供给函数特征，如果不考虑技术内生效应，由于金融机构关于小农户的贷款供给对于利率水平更敏感，故在此阶段，利率升高会使小农户的贷款获益更多。

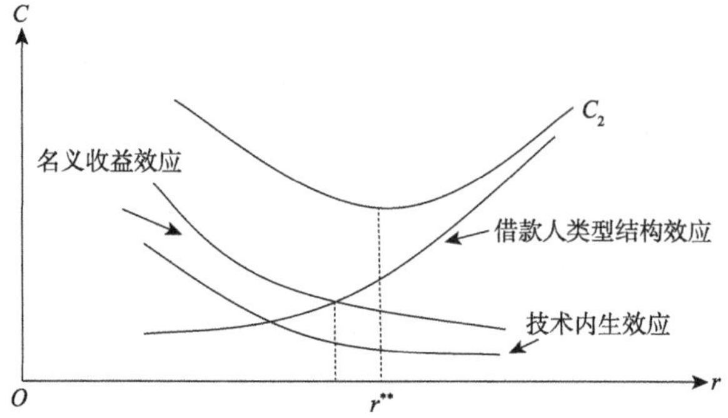

图 5.3　大农户成本曲线

依据大小农户成本重新增加的时间点差异，我们进一步将渐进利率市场化进程分为三个阶段：大小农户成本均下降阶段、只有小农户成本上升阶段、大小农户成本均上升阶段（图 5.4、图 5.5）。

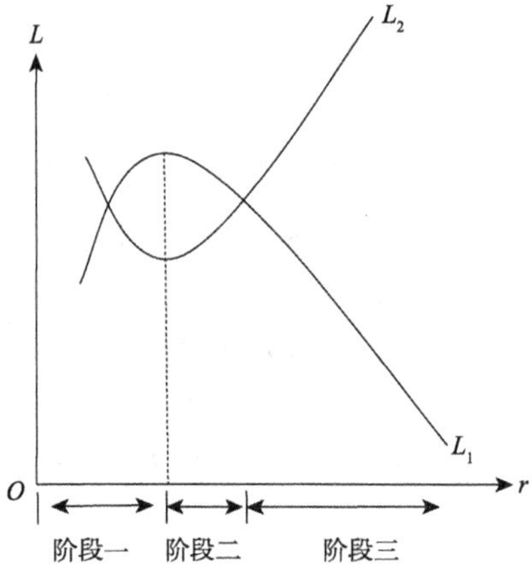

图 5.4　三个阶段大小农户的成本

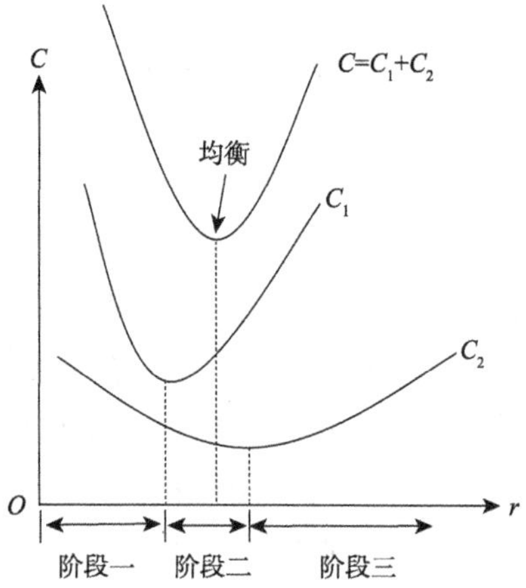

图 5.5　三个阶段大小农户的贷款规模

接下来进一步比较在这三个不同阶段，利率变化对大小农户成本影响的大小，并据此分析两类借款者贷款量的变化趋势。为此，将式（5.8）、式（5.9）相除得

$$\frac{\dfrac{\partial C_1}{\partial r}\Big/L_1}{\dfrac{\partial C_2}{\partial r}\Big/L_2}\times\frac{\lambda_2(r)\times x_2(r)\times k_2(r)}{\lambda_1(r)\times x_1(r)\times k_1(r)}=\frac{\left|\dfrac{\lambda_1'(r)}{\lambda_1(r)}+\dfrac{x_1'(r)}{x_1(r)}\right|-\dfrac{k_1'(r)}{k_1(r)}}{\left|\dfrac{\lambda_2'(r)}{\lambda_2(r)}+\dfrac{x_2'(r)}{x_2(r)}\right|-\dfrac{k_2'(r)}{k_2(r)}} \tag{5.10}$$

在大小农户成本均下降阶段，名义收益效应与技术内生效应的正向叠加效应相对占优，有

$$\left|\frac{\lambda_1'(r)}{\lambda_1(r)}+\frac{x_1'(r)}{x_1(r)}\right|-\frac{k_1'(r)}{k_1(r)}>0,\left|\frac{\lambda_2'(r)}{\lambda_2(r)}+\frac{x_2'(r)}{x_2(r)}\right|-\frac{k_2'(r)}{k_2(r)}>0\text{，且}$$

$$\left|\frac{\lambda_1'(r)}{\lambda_1(r)}+\frac{x_1'(r)}{x_1(r)}\right|-\left|\frac{\lambda_2'(r)}{\lambda_2(r)}+\frac{x_2'(r)}{x_2(r)}\right|>\frac{k_1'(r)}{k_1(r)}-\frac{k_2'(r)}{k_2(r)}$$

由此可知 $\dfrac{\frac{\partial C_1}{\partial r}\Big/L_1}{\frac{\partial C_2}{\partial r}\Big/L_2}\times\dfrac{\lambda_2(r)\times x_2(r)\times k_2(r)}{\lambda_1(r)\times x_1(r)\times k_1(r)}>1$，又因为 $0<\dfrac{\lambda_2(r)\times x_2(r)\times k_2(r)}{\lambda_1(r)\times x_1(r)\times k_1(r)}<1$，所以 $\dfrac{\frac{\partial C_1}{\partial r}\Big/L_1}{\frac{\partial C_2}{\partial r}\Big/L_2}>1$，由于 $\dfrac{\partial C_1}{\partial r}<0,\dfrac{\partial C_2}{\partial r}<0$，故有 $\left|\dfrac{\partial C_1}{\partial r}\Big/L_1\right|>\left|\dfrac{\partial C_2}{\partial r}\Big/L_2\right|$。这表明，在大小农户成本均下降阶段，得益于小农户从名义收益效应和技术内生效应中受益更大，利率的提高会引起正规金融机构向小农户贷款的成本下降更多。因此，理性正规金融机构在该阶段会增加小农户贷款量而降低大农户贷款量。但在只有小农户成本上升阶段，由于向大农户放贷的成本仍在降低，金融机构会增加大农户的贷款量而降低小农户的贷款量。而在大小农户成本均上升阶段，此时借款人类型结构的负效应将相对占优，即

$$\left|\frac{\lambda_1'(r)}{\lambda_1(r)}+\frac{x_1'(r)}{x_1(r)}\right|-\frac{k_1'(r)}{k_1(r)}<0,\left|\frac{\lambda_2'(r)}{\lambda_2(r)}+\frac{x_2'(r)}{x_2(r)}\right|-\frac{k_2'(r)}{k_2(r)}<0\text{，且}$$

$$\left|\frac{\lambda_1'(r)}{\lambda_1(r)}+\frac{x_1'(r)}{x_1(r)}\right|-\left|\frac{\lambda_2'(r)}{\lambda_2(r)}+\frac{x_2'(r)}{x_2(r)}\right|<\frac{k_1'(r)}{k_1(r)}-\frac{k_2'(r)}{k_2(r)}$$

因此可知 $\dfrac{\frac{\partial C_1}{\partial r}\Big/L_1}{\frac{\partial C_2}{\partial r}\Big/L_2}\times\dfrac{\lambda_2(r)\times x_2(r)\times k_2(r)}{\lambda_1(r)\times x_1(r)\times k_1(r)}>1$，又因为 $0<\dfrac{\lambda_2(r)\times x_2(r)\times k_2(r)}{\lambda_1(r)\times x_1(r)\times k_1(r)}<1$，$\dfrac{\partial C_1}{\partial r}>0,\dfrac{\partial C_2}{\partial r}>0$，所以 $\dfrac{\partial C_1}{\partial r}\Big/L_1>\dfrac{\partial C_2}{\partial r}\Big/L_2$。这表明，在大小农户成本均上升阶段，单位贷款中，利率的提高使得向小农户贷款的成本比大农户增加更多，这主要由于缺乏有效抵押品的小农户受借款人类型结构效应的影响更大。据此，理性正规金融机构在该阶段会降低小农户贷款量而增加大农户贷款量。

第三节 简单讨论

关于前文数学推导的逻辑，有如下简单的直观解释。实际上，在存在严重信息不对称的农村金融市场，渐进利率市场化导致的利率上浮主要通过三种效应影响农户的信贷配给：一是名义收益效应。由于利率限制导致的低利率水平严重限制了正规金融机构向农户贷款的供给能力和供给意愿，而利率市场化改革允许贷款利率上浮，使其部分补偿了正规金融机构向农户贷款的风险溢价，因此，营利能力的增强给予了金融机构增加信贷供给的动力，农村正规金融市场的信贷配给得到缓解。二是借款人类型结构效应。由于信息不对称条件下存在的道德风险和逆向选择问题，利率的进一步提高会导致借款者中高风险类型借款者比重逐步提升，因此，正规金融机构基于风险控制成本及违约损失的估量，不会继续增加信贷供给，信贷配给程度会重新加强。三是金融机构信息不对称技术内生效应。由于利率限制政策严重制约了正规金融机构分散风险的信贷创新业务的开展，随着利率市场化改革的推进，正规金融机构利用创新金融服务解决信息不对称的能力会逐步增强，这将间接缓解农户受到的信贷配给，不过由于金融服务的创新将愈来愈难，这种能力的增强是边际递减的过程，所以信贷配给程度缓解的过程也将逐步放缓。综合而言，利率市场化改革对农户信贷配给的影响是这三种效应叠加的结果。

与之相应，利率市场化改革通过以上三种效应影响不同阶层农户贷款获取的结果如下：首先，在利率市场化初期，相对于大农户而言，小农户的信贷配给问题有所缓解。在初期，名义收益效应和技术内生效应对正规金融机构贷款成本的正向叠加效应相对占优。一方面，依据名义收益效应，正规金融机构首先会通过提高利率来抵消抵押品等非价格要求，这有利于缺乏抵押物且交易成本在总借款成本中占比更大的小农户获得更多贷款，而对于利息支出在总成本中占比更大的大农户而言，利率的上浮会引起借款成本大幅上升从而导致贷款需求下降，正规金融机构的贷款供给也会相应减少；另一方面，依据技术内生效应，正规金融机构解决信息不对称的能力不断增强，这将进一步强化名义收益效应对小农户信贷配给的缓解作用。然而，这种能力的增强是边际递减的过程，因此，小农户贷款获取的增强面临边际递减，当达到一定程度后将停止。其次，在利率市场化后期，借款人类型结构效应的负效应相对占优。此时，利率上升到一定水平，出于对风险的考虑，正规金融机构重新看中借款人抵押品的提供能力，因而再次偏爱更具抵押能力的中大型农户而非小农户。概括地讲，名义收益效应、借款人类型结构效应决定了利率市场化改革对于大小农户贷款获取的影响是非线性的，技术内生效应则加强了小农户贷款量在利率市场化前期的增加幅度并推迟了小农户贷款获取重新降低的时间。

本章小结

本章分为三节。首先，在相关文献资料整理的基础上，从机构与农户视角探讨了利率市场化的双重效应，剖析了利率市场化对农村正规金融机构信贷配给行为和农户福利的影响；其次，基于经典的信贷配给模型，构建了一个将利率市场化纳入考虑的拓展了的信贷配给模型，并在拓展框架下探讨了利率市场化改革对“利率限制铁律”的影响；最后，对拓展模型的经济含义进行讨论。本章的主要结论有：

第一，Stiglitz 标准信贷配给模型揭示了利率提高对正规金融机构的名义收益效应和借款人类型结构效应。鉴于利率市场化改革是一个利率逐步放开并提高的过程，标准信贷配给模型可以成为研究利率市场化改革效应的一个基础理论模型。

第二，由于金融机构处理信息不对称的能力提高是内生于利率市场化改革进程中的，故利率市场化改革对农村正规金融机构不仅存在名义收益效应和借款人类型结构效应，还存在技术内生效应。也就是说，利率市场化改革对农村正规金融机构的影响，应当是名义收益效应、借款人类型结构效应和内生技术效应三者叠加的结果。

第三，考虑到大小农户的差异和利率市场化的三种效应，利率市场化对不同类型农户的影响是有差别的。而且，在利率市场化的不同阶段，不同类型农户的相对收益有所差别。在利率市场化初期，相对于大农户而言，小农户的信贷配给问题更容易缓解。在利率市场化后期，借款人类型结构的负效应相对占优，风险增加，正规金融机构重新看中借款人抵押品的提供能力，此时更具抵押能力的中大型农户再次受到偏爱。

参 考 文 献

曹龙骐，郑建明. 2000. 我国利率政策有效性探讨[J]. 金融研究，4：23-33.
褚保金，卢亚娟，张龙耀. 2009. 信贷配给下农户借贷的福利效果分析[J]. 中国农村经济，6：51-61.
德布拉吉・瑞. 2002. 发展经济学[M]. 陶然译. 北京：北京大学出版社.
胡海涛. 2016. 农村互联网金融的现状、问题及法律应对[J]. 知识经济，5：56-57，59.
胡维雄. 2001. 利率理论与政策[M]. 上海：上海财经大学出版社.
李崇岩，张海鹏. 2001. 对我国利率下调政策的有效性分析[J]. 北方经贸，1：141-142.
李锐，项海容. 2006. 基于两期生命周期模型的农户金融行为的计量分析[J]. 管理世界，9：33-37.
李锐，朱喜. 2007. 农户金融抑制及其福利损失的计量分析[J]. 经济研究，2：146-155.
刘西川，陈立辉，杨奇明. 2014. 农户正规信贷需求与利率：基于 Tobit Ⅲ模型的经验考察[J]. 管理世界，3：75-91.
马九杰，吴本健. 2012. 利率浮动政策、差别定价策略与金融机构对农户的信贷配给[J]. 金融研究，4：155-168.
钱水土，陈鑫云. 2015. 新形势下农村信用社风险控制策略研究[J]. 农业经济问题，2：47-52，111.
钱文荣，安海燕. 2017. 利率对农户参与土地承包经营权抵押贷款意愿的影响分析[J]. 浙江大学学报，47（3）：132-143.
苏行. 2016. 农村互联网金融发展研究[J]. 农村经济与科技，11：125-127.
吴金龙. 2015. 互联网金融对农村金融市场的影响分析与对策研究[J]. 浙江金融，12：20-23.
许承明，张建军. 2012. 利率市场化影响农业信贷配置效率研究——基于信贷配给视角[J]. 金融研究，10：111-124.
杨菁. 2005. 利率市场化对农村信贷市场供求主体的影响[D]. 中国农业大学博士学位论文.
张军. 2015. 农业发展的第三次浪潮[J]. 中国农村经济，5：4-9.
张龙耀，杨军，陈畅. 2011. 信贷需求、信贷交易成本与农村利率市场化——基于农户调查数据的经验分析[J]. 财贸经济，11：98-104.
张孝岩，梁琪. 2010. 中国利率市场化的效果研究——基于我国农村经济数据的实证分析[J]. 数量经济技术经济研究，6：35-46.
朱喜，李子奈. 2006. 改革以来我国农村信贷的效率分析[J]. 管理世界，7：68-76.
朱新蓉. 2016. 农村互联网金融发展困境[J]. 经济研究参考，71：20.
Adams D W，Douglas H G. 1981. A critique of traditional agricultural credit projects and policies[J]. Journal of Development Economics，8（3）：347-366.
Adams D W，Nehman G I. 1979. Borrowing costs and the demand for rural credit[J]. The Journal of Development Studies，15（2）：165-176.

Burgess R，Pande R. 2005. Do rural banks matter? Evidence from the india social banking experiment[J]. The American Economic Review，95：780-795.

Gonzalez-Vega C. 1984. Credit-rationing behavior of agricultural lenders：the iron law of interest rate restrictions[J]. Undermining Rural Development with Cheap Credit，10：78-113.

Hoff K，Braverman A，Stiglitz J E. 1993. The Economics of Rural Organization：Theory，Practice，and Policy[M]. New York：Oxford University Press for the World Bank .

Stiglitz J E，Weiss A. 1981. Credit rationing in markets with imperfect information[J]. The American Economic Review，71（3）：393-410.

第六章　利率市场化弱化“利率限制铁律”的经验证据

财富与禀赋等在农户中的非均匀分布及农村金融市场严重信息不对称问题的存在，使得任何农村金融改革都可能给不同类型的农户带来不同的福利后果。在第五章，本书以数理推导的形式剖析了利率市场化在理论上存在的三种影响效应（名义收益效应、借款人类型结构效应和技术内生效应），并讨论了三种效应叠加下利率市场化对“利率限制铁律”的影响。然而，数理推导的三种效应在现实中是否存在？三种效应叠加下利率市场化弱化“利率限制铁律”的结论能否得到经验事实的支持？针对以上问题，本章将从实证的角度对上述疑问做出回答。在逻辑上，本章首先凝练了利率市场化影响“利率限制铁律”的总体假说，并提出了假说成立下的两个当有结论，以及总体假说下的两个当有机理。接着，针对当有结论与机理构建计量检验模型，并通过考察当有结论与机理是否得到经验证据支持来实证检验第五章的理论拓展模型是否成立。在结构上，本章第一节将详细讨论验证利率市场化与“利率限制铁律”的实证方法与数据来源，第二节将对利率市场化弱化“利率限制铁律”的总体结论进行实证检验。

第一节　利率市场化与“利率限制铁律”：实证方法

一、假说与计量模型

（一）假说

在农村金融市场存在严重信息不对称和农户分层的情况，不仅风险而且金融机构解决信息不对称的技术能力也内生于利率市场化过程。因而，对金融机构的贷款供给而言，利率市场化改革具有名义收益、借款人类型结构和技术内生三种效应，而且，利率市场化改革的总效应是这三种效应的叠加结果。从相对关系看，在利率市场化初期，名义收益与技术内生效应对正规金融机构贷款成本的正向叠加效应相对占优，相反在后期，借款人类型结构的负效应相对占优。由于三种效应中受影响最大的均为小农户，故利率市场化改革影响不同阶层农户的信贷获取应具有如下特点：在渐进利率市场化初期，小农户会逐渐受到正规金融机构的偏爱，贷款获取能力增强，但在后期，理性正规金融机构会重新偏好风险更低的大农户。在这个过程中，相对于标准的信贷配给理论，金融机构解决信息不对称技术能力的内生化，会延迟小农户贷款获取重新降低的时间。

（二）验证假说的逻辑

按照逻辑，假说的成立有赖于两个结论与两个机制。

结论 6-1：利率市场化改革对于不同阶层农户信贷获取的影响是非线性的，小农户的信贷获取先增加后减少，大农户则相反。

结论 6-2：金融机构解决信息不对称技术能力内生化使小农户贷款减少的转折点被延迟。

机制 6-1：金融机构解决信息不对称技术能力内生于利率市场化过程，并随之不断增强，而且这种技术能力增强的速度是边际递减的。

机制 6-2：农村正规金融机构的信贷供给受名义收益效应、借款人类型结构效应、技术内生效应三种效应的叠加影响，且随着利率市场化进程推进，名义收益效应和技术内生效应对正规信贷供给的正向影响逐渐削弱，相反，借款人类型结构效应的负向影响逐渐加强。

验证结论的计量模型设定的基本思想是：对于结论 6-1，由于大小农户的贷款获取难易程度有随利率市场化呈“U”形和倒“U”形变化的特征，据此可利用加入农户类型虚拟变量的抛物线函数，来检验利率市场化与大小农户贷款量的关系是否与结论 6-1 相吻合。针对结论 6-2，通过在上述基准模型中逐步加入表示三个效应的代理变量的方法予以验证。如果在加入正规金融机构信息不对称的内生处理技术能力这一变量后，参数估计结果显示此时小农户倒“U”形的转折点位于只考虑前两种效应时的转折点的右方，则可说明结论 6-2 在统计上成立。

针对机制验证问题，计量建模的基本思想是：关于机制 6-1，由于正规金融机构处理信息不对称的技术能力是利率的增函数，但边际递减，因此，可以用对关注解释变量取半对数的模型来刻画这一逻辑。对于机制 6-2，为了验证在利率市场化进程中三种效应对信贷供给的影响趋势，在解释变量中引入利率市场化阶段变量分别与三种效应变量的交叉项，通过比较利率市场化前后阶段三种效应影响信贷供给的参数差异，来说明机制 6-2 结论的正确性。

（三）验证假说结论的模型设定

1. 有关结论 6-1 的计量检验模型

$$\text{easy}=\alpha_0+\alpha_1\text{lib}+\alpha_2\text{lib}^2+\alpha_3\text{typ}+\alpha_4\text{lib}^2\times\text{typ}+\mu \tag{6.1}$$

其中，easy 表示农户信贷获取难易程度变化的虚拟变量，更容易时为 1，否则为 0；由于存在信贷供给的配给，故农户信贷获取难易程度即可反映需求的被满足程度，即信贷获取量的大小；lib 为农村利率市场化水平；typ 为借款农户类型的虚拟变量，小农户时记为 0，否则为 1；$\text{lib}^2\times\text{typ}$ 为利率市场化水平的平方与借款农户类型变量的交叉项。式（6.1）是一个线性概率模型，有

$$P(\text{easy}=1|X)=\alpha_0+\alpha_1\text{lib}+\alpha_2\text{lib}^2+\alpha_3\text{typ}+\alpha_4\text{lib}^2\times\text{typ}$$

因此，如果结论成立，则下述结果应显著成立：$\alpha_2<0$ 且 $\alpha_2+\alpha_4>0$。

2. 有关结论 6-2 的计量检验模型

首先，我们将式（6.1）加以拓展，加入名义收益效应和两种借款人类型结构效应

$$\begin{aligned}\text{easy}=&\alpha_0+\alpha_1\text{lib}+\alpha_2\text{lib}^2+\alpha_3\text{typ}+\alpha_4\text{lib}^2\times\text{typ}+\alpha_5\text{ret}\\&+\alpha_6\text{stru}+\alpha_7\text{ret}\times\text{typ}+\alpha_8\text{stru}\times\text{typ}+\mu\end{aligned} \tag{6.2}$$

其中，ret 表示名义收益能力，它反映的是正规金融机构可以在多大程度上通过贷

款利率的提高，而获得对贷款或有风险的补偿。stru 表示农户借款人中高风险类型借款者的占比。如果小农户在名义收益效应及借款人类型结构效应中受到的影响均大于大农户的结论成立，那么应有：$\alpha_5>0$、$\alpha_7<0$ 且 $\alpha_6<0$、$\alpha_8>0$。

然后，在式（6.2）中再引入正规金融机构处理信息不对称的技术内生效应的代理变量 tech，得

$$\begin{aligned}\text{easy} &= \alpha_0 + \alpha_1\text{lib} + \alpha_2\text{lib}^2 + \alpha_3\text{typ} + \alpha_4\text{lib}^2 \times \text{typ} + \alpha_5\text{ret} + \alpha_6\text{stru} \\ &\quad + \alpha_7\text{tech} + \alpha_8\text{ret} \times \text{typ} + \alpha_9\text{stru} \times \text{typ} + \alpha_{10}\text{tech} \times \text{typ} + \mu\end{aligned} \tag{6.3}$$

其中，tech 表示金融机构的技术内生效应。如果技术内生效应对农户贷款规模具有正向影响，且小农户受益更大，则应有 $\alpha_7>0$、$\alpha_{10}<0$。进一步地，如果技术内生效应使得小农户贷款减少的转折点被延迟，则式（6.3）函数的转折点 $-\dfrac{\alpha_1}{2\alpha_2}$ 应在式（6.2）所对应的函数的转折点的右方。

（四）验证假说机制的模型设定

1. 有关机制 6-1 的计量检验模型

验证机制 6-1 的计量模型采取如下的半对数形式

$$\text{tech} = \beta_0 + \beta_1 \ln r + \mu \tag{6.4}$$

其中，tech 为正规金融机构处理信息不对称的技术能力；r 为金融机构贷款利率。如果正规金融机构处理信息不对称的技术能力内生于利率市场化改革中，且随着利率市场化改革的推进而增强，但其边际效应递减，那么考虑到利率市场化改革是一个利率逐步提高的过程，tech 应当内生于 r 且随 r 的增大而增大，但其增量边际递减。故应有 β_1 显著，且大于 0。

2. 有关机制 6-2 的计量检验模型

验证机制 6-2 的计量模型设定如下：

$$\begin{aligned}\text{credit} &= \gamma_0 + \gamma_1\text{ret} + \gamma_2\text{stru} + \gamma_3\text{tech} + \gamma_4\text{ret} \times \text{stage} + \gamma_5\text{stru} \times \text{stage} \\ &\quad + \gamma_6\text{tech} \times \text{stage} + \gamma_7\text{wage} + \mu\end{aligned} \tag{6.5}$$

其中，credit 表示农村正规金融机构的信贷供给；stage 为反映利率市场化阶段的虚拟变量，若处于利率市场化改革前期，stage 为 0，否则为 1；wage 是控制变量，表示借款农户的年收入水平。如果机制 6-2 存在，则有：$\gamma_1>0$、$\gamma_2<0$、$\gamma_3>0$ 且 $\gamma_4<0$、$\gamma_5<0$、$\gamma_6<0$。

二、数据来源及变量定义

（一）数据来源

宏观数据来自历年《中国统计年鉴》《中国金融年鉴》，其他微观数据均来自2014年和2015年组织的农户田野调查。调查共发放问卷1 500份，收回有效问卷1 143份，其中，涉及浙江省地区的问卷占70%，具体包括杭州、金华、绍兴、宁波、温州、湖州等地市的农村地区，其余问卷涉及江苏、安徽、山东、河南、湖北等省份。由于贷款期限是影响借贷规模及难易程度的重要因素，故为保证模型的稳健性，只筛选了借款期限在6～12个月的农户数据，借款年份在2005～2015年，共340户，占总样本的29.75%。

（二）变量定义

利率市场化水平：从现有文献看，国内学者主要以三种方式衡量利率市场化水平：一是直接选取一种存贷基准利率作为代理变量（金中夏等，2013），但这一指标变动所反映的信息很多时候不是利率市场化，而是货币政策的短期调整；二是采用时间虚拟变量来度量（王东静和张祥建，2007；张宗益等，2012），这一方法的缺陷是指标相对粗略；三是主要依据利率允许的浮动范围进行考察，适当结合存贷款的基准利率加以调整（张孝岩和梁琪，2010）。这种方法所反映的信息更为全面。本章将主要依据第三种方式度量利率市场化水平。具体的，我们使用调研数据中农户实际借款利率与当年金融机构短期（6～12个月）贷款基准利率之差作为利率市场化水平的代理变量[①]。表6.1给出了2005～2015年利率市场化水平的加权平均值。

表6.1 2005～2015年利率市场化水平加权平均值

年份	2005	2006	2007	2008	2009	2010	2011	2012	2013	2014	2015
利率市场化水平加权平均值	1.62	1.05	0.81	1.11	1.32	1.14	1.08	0.82	1.12	1.33	1.63
样本量	7	6	9	30	16	36	16	38	72	68	42

注：由于2005～2007年的样本量相对较少，表中该部分数据是利用后向移动平滑法调整后的lib加权平均值

农户类型：农户之间的异质性是全方面多维度的，从操作性及收入的关键

① 若一年中有多次借款，则按时段长度对利率进行加权平均。

特征出发，依据调研数据中借款农户的年收入水平对农户类型进行划分。将家庭年收入低于 40 000 元的借款者归为小农户，共 164 户，占 48.24%；将其余的农户划分为大农户，共 176 户，占 51.76%。当借款农户为大农户时，typ 取 1，否则取 0。

三种效应：一是名义收益程度用实际贷款利率与一年期国债收益率的差值来反映。这是因为，名义收益指的是贷款人因承担投资风险而要求的超过货币时间价值的额外报酬，这里用一年期国债收益率代表 6～12 个月贷款的无风险收益。二是用商业银行不良贷款拨备覆盖率作为农户借款人中高风险类型的占比的代理变量，这是基于拨备覆盖率是贷款损失准备对不良贷款的比率，是衡量正规金融机构贷款风险防范能力的重要指标之一，理论上当高风险类型借款人的占比增长时，金融机构的拨备覆盖率应当会增加。三是用全国正规金融分支机构数[①]作为技术内生效应的代理变量，这是由于农村正规金融机构创新金融服务解决信息不对称能力的动力主要来自农村正规金融的竞争压力，当市场竞争增强，可能导致正规金融机构通过优化内部的组织激励机制或采用可以更有效节约交易成本的技术，来提高解决信息不对称的能力。由于全国正规金融分支机构数从一定程度反映了农村正规金融市场的竞争激烈程度，故我们将其作为技术内生效应的代理变量。

正规金融机构信贷供给：用样本农户的实际贷款获取量表示。这是因为，虽然农户实际贷款量一般是供求共同作用的结果，但考虑到严重的金融抑制是中国农村金融市场的基本特征（何广文，1999；高帆，2002；房德东等，2004），因而农户的正规信贷获取量更多体现的是正规金融机构的供给意愿。

利率市场化阶段：基于开篇对利率市场化的历程回顾与阶段特征总结，将 2005～2012 年 stage 设为 0，2013～2015 年为 1。该变量设立的目的是基于利率市场化影响不同类型农户信贷获取的结论，试图进一步在时间维度上考察利率市场化进程前后阶段中三种效应影响信贷供给的趋势变化，从而验证结论形成的内在机理，因此，该变量是上文利率市场化变量的时间维度表示。为此，将利率市场化水平加权平均值处于波动调整的 2005～2012 年视为利率市场化前期，将 2013 年以后迅速提高的阶段视为利率市场化后期。该趋势背后可能的原因是自 2013 年 7 月 20 日起，金融机构贷款利率管制全面放开，我国农村利率市场化进程进入加速阶段。

综上所述，相关变量的定义如表 6.2 所示。

---

① 由于本章微观采集数据中涉及浙江省、江苏省和安徽省地区的问卷占比合计超过 88%，故采用上述三省正规金融机构分支机构数的合计数代表全国正规金融分支机构数。

表6.2　变量定义

变量类型	变量名称	变量定义
被解释变量	信贷获取难易程度变化	农户贷款感觉更容易时为 1，否则为 0
	金融机构信息处理技术内生效应	全国正规金融分支机构数
	农村正规金融机构的农户信贷供给	排序变量，1 万及以下时取 1；1 万～5 万（含）取 2；5 万～10 万（含）取 3；10 万～30 万（含）取 4；30 万以上取 5
解释变量	利率市场化水平	农户实际贷款利率–当年贷款基准利率
	农户类型	虚拟变量，弱势农户或小生产者取 0，富裕农户或大生产者取 1
	名义收益程度	实际贷款利率–1 年期国债收益率
	农户借款人中高风险类型的占比	商业银行不良贷款拨备覆盖率
	金融机构信息处理技术内生效应	全国正规金融分支机构数
	贷款利率的对数值	贷款利率取对数
	利率市场化阶段	虚拟变量，2005～2012 年为 0，2013～2015 年为 1

为了更充分地展示数据特征，此处对主要变量的具体数据做了描述性统计，相关结果如表 6.3 所示。

表6.3　主要变量描述性统计结果

变量名	均值	最大值	最小值	标准差	偏度	峰度
lib	1.263 5	12.390 0	0.000 0	1.683 2	2.991 5	15.678 9
ret	2.847 0	7.726 3	−0.757 1	1.310 4	1.117 4	4.976 3
stru	218.637 9	290.770 0	24.800 0	77.610 8	−1.108 2	3.277 2
tech	30 545.14	34 109.00	25 386.00	2 706.754	−0.555 4	2.146 9
ln*r*	1.765 5	2.873 6	0.182 3	0.284 1	−0.183 3	9.575 3

第二节　利率市场化弱化“利率限制铁律”：经验证据

一、关于结论的经验证据

（一）结论 6-1 的经验证据

表 6.4 给出了式（6.1）四种估计方法的回归结果。基于稳健性考虑，除 lib

外，我们另用当年农户贷款的利率均值与短期贷款基准利率之差（flo）来作为利率市场化水平的替代变量，并同时用两个变量分别回归。由于农户贷款成功的个体差异性较强，故我们进一步采用当年农户贷款的利率均值与短期贷款基准利率之差反映利率市场化的平均水平①。根据假说，如果结论 6-1 成立，则有利率市场化平方项的系数显著且符号为负，同时，该系数同利率市场化平方项与农户类型交叉项的系数之和符号为正。由表 6.4 可知，从 Probit 模型、Logit 模型、Extreme 模型和线性概率模型回归结果的比较来看，虽然各模型回归结果的 lib^2、flo^2 系数符号为负、lib^2 与 $lib^2\times typ$ 的 typ 系数之和及 flo^2 与 $flo^2\times typ$ 的系数之和符号为正，均与预期相同，但是，唯有 Probit 模型的回归系数是相对显著的，这与限值因变量模型中反映农户贷款难易心理评价的潜变量应当更符合正态分布的直观判断一致，因此下面选用 Probit 模型回归结果作为分析的依据。

表6.4　关于结论6-1的实证结果

被解释变量	easy							
模型	模型 1				模型 2			
解释变量	Probit	Logit	Extreme	OLS	Probit	Logit	Extreme	OLS
lib	0.305 5** (0.112 2)	0.483 4** (0.178 7)	0.341 0** (0.130 1)	0.116 3** (0.041 8)				
lib^2	−0.043 6* (0.026 9)	−0.048 3 (0.042 9)	−0.049 9 (0.030 4)	−0.016 4 (0.010 2)				
typ	0.058 1* (0.023 3)	0.098 6 (0.248 5)	0.047 2 (0.159 6)	0.023 1 (0.058 7)	0.065 6** (0.016 2)	0.111 3 (0.350 6)	0.052 4 (0.225 5)	0.026 0 (0.083 2)
$lib^2\times typ$	0.059 0** (0.019 8)	0.059 6 (0.031 7)	0.051 3 (0.021 8)	0.027 1 (0.007 6)				
flo					0.344 4** (0.161 0)	0.544 6** (0.257 1)	0.385 5** (0.187 6)	0.130 2** (0.059 8)
flo^2					−0.041 2* (0.028 4)	−0.040 3 (0.061 4)	−0.048 6 (0.043 5)	−0.019 2 (0.014 6)
$flo^2\times typ$					0.053 3* (0.028 3)	0.056 3 (0.045 3)	0.056 1 (0.031 1)	0.028 7 (0.010 8)
constant	−0.502 5*** (0.127 4)	−0.806 2*** (0.207 5)	−0.169 4 (0.130 4)	0.305 4*** (0.048 2)	−0.524 2*** (0.181 0)	−0.841 0*** (0.295 3)	−0.191 8 (0.184 9)	−0.297 9*** (0.068 6)
样本量	340	340	340	340	340	340	340	340
麦克法登调整拟合优度	0.221	0.220	0.215	0.299	0.265	0.264	0.257	0.358
LR/*F* 统计量	10.192 0	10.142 1	9.898 6	2.583 7	6.155 7	6.117 2	5.972 7	1.538 7
对数似然值	−225.25	−225.28	−225.40	−236.23	−112.98	−113.00	−113.07	−118.50

***、**、*分别表示在 1%、5%、10%的显著性水平上显著

注：括号内为标准差

① 基于稳健性考虑，还另行采用大小农户比例接近四六分的划分标准进行了稳健性检验，实证结果与用 typ 变量回归的结果一致。

由表 6.4 可知，首先，从小农户来看，利率市场化水平的两个代理变量 lib^2 和 flo^2 系数均显著为负，表明小农户信贷获取更为容易的概率大小与利率市场化水平呈倒“U”形（此时 typ = 0），即小农户信贷获取容易程度先增强后降低。其次，对于大农户而言，lib^2 与 $lib^2\times typ$ 的系数之和及 flo^2 与 $flo^2\times typ$ 的系数之和都为正（此时 typ=1），表明大农户信贷获取更为容易的概率大小与利率市场化水平表现为“U”形，说明渐进利率市场化改革使大农户的信贷获取容易程度先降低后增强，这支持了结论 6-1 的正确性。另外，由于二值因变量模型的不同，解释变量系数估值的大小，反映的是解释变量对被解释变量影响的相对效应，故根据表 6.4 的结果可以看出，相对于农户的类型，利率市场化的推进对于解决农户融资约束的效应要大得多，后者是前者的 5～6 倍。也就是说，利率市场化改革使得农户类型对于农户贷款获得与否，变得不是那么重要，农村金融机构对于农户类型识别的注意力会显著下降，这从侧面进一步支持了利率市场化有助于弱化农村信贷配给“利率限制铁律”的判断。

（二）结论 6-2 的经验证据

与前面类似，基于稳健性考虑，在式（6.2）、式（6.3）中，除名义收益程度、农户借款人中高风险类型占比和金融机构信息处理技术内生效应外，我们用农户贷款利率与当年农户贷款利率平均水平的差值（ret2）作为 ret 的替代变量，这是基于当年农户贷款利率的平均水平基本反映了该年向农户贷款的平均风险水平，而与实际贷款利率的差值就反映了向该农户放贷较平均风险水平所需的风险补偿大小；用农林渔业贷款的不良贷款率（stru2）作为 stru 的替代变量，不良贷款率指金融机构不良贷款占贷款总额的比重，是评价金融机构信贷资产安全状况的重要指标之一，理论上高风险类型借款人的增加将导致金融机构贷款风险上涨，引起不良贷款率攀升，鉴于农户的正规贷款主要用于农林渔业的生产所需，故采用农林渔业贷款的不良贷款率作为替代变量；用全国正规金融机构从业人员数（tech2）作为 tech 的替代变量，这是基于农村信贷市场往往具有分散性，不仅是正规金融的分支机构数，而且机构的从业人员数量也能反映农村正规金融市场的竞争程度。估计结果见表 6.5、表 6.6。对比表 6.5 和表 6.6，可以发现如下特点：一是同一模型不同估计方法的系数显著性与系数符号都很相似；二是不同模型变量系数的显著性存在一些差异；三是系数估计值的大小和符号在不同模型中差异很小。总体来看，由于表 6.5 中 Probit 模型的回归系数显著性和拟合优度均更高，故下面以其作为分析的依据。

表6.5　关于结论6-2的实证结果

被解释变量	easy							
模型	模型（6.2）				模型（6.3）			
解释变量	Probit	Logit	Extreme	OLS	Probit	Logit	Extreme	OLS
lib	0.375 5 （0.267 8）	0.598 3 （0.431 6）	0.426 3 （0.290 6）	0.139 3 （0.099 3）	0.488 4 （0.274 9）	0.706 9 （0.440 7）	0.545 8 （0.338 3）	0.157 8 （0.098 4）
lib^2	−0.092 8* （0.055 8）	−0.148 1* （0.089 9）	−0.106 0* （0.062 5）	−0.034 9* （0.020 8）	−0.119 0** （0.058 1）	−0.187 3** （0.093 7）	−0.142 9** （0.069 8）	−0.042 1** （0.020 8）
typ	0.966 4* （0.542 6）	1.531 0* （0.887 0）	1.055 2* （0.600 2）	0.353 4* （0.204 8）	8.100 6*** （2.357 1）	13.298 2*** （3.931 5）	11.347 1** （3.105 2）	2.923 2*** （0.847 0）
lib×typ	−0.840 0*** （0.302 2）	−1.334 5*** （0.488 6）	−0.974 7*** （0.336 3）	−0.310 5*** （0.111 2）	−0.897 2*** （0.310 0）	−1.426 2*** （0.499 0）	−1.097 5*** （0.374 3）	−0.319 1*** （0.110 3）
lib^2×typ	0.131 8** （0.057 7）	0.209 7** （0.092 9）	0.153 3** （0.064 7）	0.049 1** （0.021 4）	0.154 5*** （0.050 0）	0.246 6** （0.096 7）	0.186 7*** （0.071 9）	0.055 2** （0.021 3）
ret	0.003 8 （0.078 3）	0.004 1 （0.127 2）	0.023 2 （0.089 5）	0.001 9 （0.029 6）	0.026 5 （0.078 7）	0.042 1 （0.130 1）	0.021 5 （0.088 6）	0.009 2 （0.029 5）
ret×typ	−0.014 3 （0.115 7）	−0.025 7 （0.188 1）	−0.014 9 （0.135 4）	−0.005 2 （0.043 5）	−0.017 4 （0.117 5）	−0.021 5 （0.191 9）	−0.003 7 （0.133 3）	−0.003 4 （0.043 2）
stru	−0.001 5 （0.001 3）	−0.002 4 （0.002 1）	−0.001 7 （0.001 4）	−0.000 6 （0.000 5）	−0.001 9 （0.002 0）	−0.003 2 （0.003 2）	−0.003 0 （0.002 6）	−0.000 7 （0.000 7）
stru×typ	0.002 6 （0.011 8）	0.004 2 （0.003 0）	0.002 8 （0.002 0）	0.001 0 （0.000 7）	0.003 1 （0.002 6）	0.002 1 （0.004 3）	0.004 5 （0.003 4）	0.001 1 （0.001 0）
tech					0.000 43** （0.000 19）	0.000 70*** （0.000 31）	0.000 6** （0.000 3）	0.000 2** （6.57×10^{-5}）
tech×typ					−0.000 7*** （0.000 24）	−0.001 2*** （0.000 39）	−0.001 0*** （0.000 3）	−0.000 3*** （8.50×10^{-5}）
constant	−0.187 4 （0.391 9）	0.295 5 （0.632 1）	0.648 3 （0.462 5）	0.566 7*** （0.149 9）	−4.307 8** （1.833 5）	−7.109 4** （3.080 3）	−5.505 1** （2.504 3）	−1.037 9 （0.650 4）
样本量	340	340	340	340	340	340	340	340
麦克法登调整拟合优度	0.418	0.413	0.421	0.556	0.635	0.632	0.693	0.829
LR/*F* 统计量	19.258 6	19.047 4	19.388 3	2.158 2	29.268 7	29.136 1	31.919 4	2.696 6
对数似然值	−220.72	−220.82	−220.65	−231.67	−215.71	−215.78	−214.39	−226.67

***、**、*分别表示在1%、5%、10%的显著性水平上显著

注：括号内为标准差

表6.6　关于结论6-2的稳健性检验

被解释变量	easy							
模型	模型（6.2）				模型（6.3）			
解释变量	Probit	Logit	Extreme	OLS	Probit	Logit	Extreme	OLS
lib	0.314 7 （0.266 2）	0.496 1 （0.424 4）	0.382 9 （0.304 1）	0.117 4 （0.099 5）	0.524 0* （0.284 4）	0.835 7* （0.457 1）	0.681 9* （0.349 4）	0.183 9* （0.099 7）
lib^2	−0.086 7 （0.060 1）	−0.137 5 （0.096 1）	−0.103 5 （0.070 5）	−0.032 7 （0.022 5）	−0.138 2** （0.064 4）	−0.221 0** （0.104 0）	−0.180 5** （0.077 7）	−0.049 1** （0.022 7）

续表

被解释变量	easy							
模型	模型（6.2）				模型（6.3）			
解释变量	Probit	Logit	Extreme	OLS	Probit	Logit	Extreme	OLS
typ	0.356 8 （0.245 6）	0.568 8 （0.397 2）	0.400 2 （0.266 4）	0.131 7 （0.093 1）	9.703 3*** （2.341 4）	16.005 0*** （3.939 4）	13.374 3*** （3.008 8）	3.513 2*** （0.835 9）
lib×typ	−0.754 3** （0.297 3）	−1.196 8 （0.476 2）	−0.887 9*** （0.343 3）	−0.279 8** （0.110 2）	−0.962 0*** （0.316 2）	−1.534 3*** （0.510 3）	−1.210 5*** （0.382 4）	−0.336 0*** （0.109 9）
lib^2×typ	0.129 5** （0.061 9）	0.204 0** （0.099 1）	0.163 9** （0.072 5）	0.047 9** （0.023 1）	0.180 1*** （0.066 4）	0.287 1*** （0.107 3）	0.227 8*** （0.079 8）	0.063 1*** （0.023 2）
ret2	0.036 9 （0.084 6）	0.058 5 （0.137 1）	0.052 4 （0.096 7）	0.013 3 （0.032 2）	0.037 8 （0.085 0）	0.058 9 （0.139 4）	0.058 0 （0.101 2）	0.013 3 （0.031 5）
ret2×typ	−0.089 8 （0.115 7）	−0.143 9 （0.186 8）	−0.119 6 （0.133 8）	−0.032 3 （0.043 6）	−0.112 7 （0.117 4）	−0.174 1 （0.191 1）	−0.130 7 （0.138 2）	−0.035 6 （0.042 7）
stru2	−0.004 2 （0.008 4）	−0.007 3 （0.014 0）	−0.003 0 （0.008 5）	−0.001 6 （0.003 1）	−0.019 7** （0.009 9）	−0.032 7* （0.016 8）	−0.028 6** （0.014 2）	−0.007 3** （0.003 6）
stru2×typ	0.003 4 （0.011 7）	0.006 2 （0.019 3）	0.002 1 （0.012 0）	0.001 4 （0.004 4）	0.033 2** （0.013 4）	0.055 9** （0.023 4）	0.048 8** （0.019 0）	0.012 2** （0.005 1）
tech2					0.000 4*** （0.000 1）	0.000 7*** （0.000 2）	0.000 6*** （0.000 2）	0.000 2*** （5.21×10^{-5}）
tech2×typ					−0.000 8*** （0.000 2）	−0.001 3*** （0.000 3）	−0.001 1*** （0.000 3）	−0.000 3*** （7.15×10^{-5}）
constant	−0.166 0 （0.179 9）	−0.269 2 （0.288 6）	0.195 6 （0.200 8）	0.432 5*** （0.068 8）	−5.006 8*** （1.705 9）	−8.137 4*** （2.812 7）	−6.2116*** （2.087 9）	−1.331 7** （0.609 5）
样本量	340	340	340	340	340	340	340	340
麦克法登调整拟合优度	0.290	0.287	0.293	0.421	0.554	0.552	0.625	0.778
LR/*F* 统计量	17.980 0	17.843 0	18.102 8	2.015 3	34.724 5	34.654 0	38.021 7	3.233 2
对数似然值	−221.36	−221.43	−221.30	−232.29	−212.99	−213.02	−211.34	−223.89

***、**、*分别表示在1%、5%、10%的显著性水平上显著

注：括号内为标准差

从表 6.5 中式（6.2）的估计结果看，三种效应对不同阶层农户信贷获取的影响结果如下：①关于名义收益效应。由于风险补偿程度系数为正，说明利率市场化改革带来的风险补偿效应对小农户的信贷获取具有正向影响。此外，ret×typ 的系数显著为负表明，相对大农户（typ = 1）而言，小农户从名义收益效应中获益更多。②关于借款人类型结构效应。由于农户借款人中高风险类型的占比 stru 系数为负，说明借款人中高风险人群的增加不利于小农户的信贷获取。stru×typ 的系数为正，则表明大农户在该效应中受到的负向影响相对更轻。③关于技术内生效应。其系数显著为正，表明小农户在技术内生效应中所受影响为正。利率市场化改革所内生的信息不对称处理技术提高，增强了农村正规金融机构对农户的风险识别，弱化了对农户类型的敏感性，提高了在收入、抵押品等方面存在相对劣势

的小农户的信贷可能性。此外，tech×typ 的系数显著为负，说明小农户从技术内生效应中受益更大。

那么，实证结果是如何反映技术内生效应对不同层次农户信贷获取难易程度在时点上的动态变化的影响的呢？对此，将加入反映技术内生能力变量 tech 和 tech×typ 后的式（6.3）与式（6.2）比较可知，在式（6.2）中，小农户信贷获取容易程度的转折点为 $\frac{-0.375\,5}{2\times(-0.092\,8)}=2.023\,2$，在式（6.3）中则为 $\frac{-0.488\,4}{2\times(-0.119\,0)}=2.0521$，这说明技术内生效应的引入使小农户贷款变难的时间略有延迟，这在一定程度上支持了理论预期。对于大农户而言，式（6.2）估计结果中大农户信贷获取容易程度的转折点为 $\frac{-(0.375\,5-0.840\,0)}{2\times(-0.092\,8+0.131\,8)}=5.9551$，式（6.3）对应的转折点则为 $\frac{-(0.488\,4-0.897\,2)}{2\times(-0.119\,0+0.154\,5)}=5.757\,7$，显然，技术内生效应也同样使得大农户重新获得农村正规金融机构偏爱的时间点提前。这说明，无论是小农户还是大农户，都可以从农村正规金融机构信息技术内生能力提高中获益。

二、关于机制的经验证据

（一）机制 6-1 的经验证据

表 6.7 给出了式（6.4）的估计结果。出于稳健性考虑，被解释变量我们同时选择 tech 和 tech 的替代变量——全国正规金融机构从业人员数（tech2）来反映金融机构的信息不对称解决能力，解释变量则同时选择农户贷款利率的对数（ln（r））和利率市场化的对数（ln（lib））来刻画利率市场化改革进程，并据此进行多角度的回归估计。根据假说，如果机制 6-1 成立，则有 ln（r）和 ln（lib）的系数符号为正。由表 6.7 中的结果，各类模型的关注参数系数的估计符号基本一致，但相较而言，表 6.7 中模型 1 的系数估计显著性更强，因此我们选择模型 1 作为分析机制 6-1 是否成立的依据。

表6.7　关于机制6-1的实证结果

被解释变量	tech		tech2	
模型	模型 1	模型 2	模型 3	模型 4
解释变量	OLS	OLS	OLS	OLS
ln（r）	345.243 1** （167.527 5）		8 940.651 （8 414.746）	

续表

被解释变量	tech		tech2	
模型	模型 1	模型 2	模型 3	模型 4
解释变量	OLS	OLS	OLS	OLS
ln（lib）		22.664 1 （49.613 5）		1 354.309 （2 498.488）
constant	10 720.22*** （299.557 1）	11 285.72*** （53.301 0）	196 166.0*** （15 073.5）	210 611.4*** （2 671.773）
样本量	340	340	340	340
拟合优度	0.012 4	0.000 7	0.006 7	0.002 0
F 统计量	4.247 0	0.208 7	1.128 9	0.295 9

***、**、*分别表示在 1%、5%、10%的显著性水平上显著

注：括号内为标准差

根据表 6.7，贷款利率对数值 ln（*r*）的系数显著为正，说明利率市场化改革通过贷款利率的上浮，对机构信息不对称解决能力的增强确实产生了积极的影响。回归结果显示，利率市场化水平每提高 1%，全国正规金融机构分支数将增加约 345 个。如前所述，金融机构分支数的增加意味着正规金融市场竞争的越发激烈，而市场竞争程度的增强，有可能导致正规金融机构通过优化内部的组织激励机制，或采用可以更有效节约交易成本的技术，来提高解决信息不对称的能力，这一实证结果对此结论提供了经验支持。

（二）机制 6-2 的经验证据

表 6.8 给出了式（6.3）的估计结果。与结论 6-2 的验证过程类似，基于稳健性考虑，我们分别用农户贷款利率与当年农户贷款利率平均水平的差值（ret2）、农林牧渔业贷款的不良贷款率（stru2）和正规金融机构从业人员数（tech2）作为 ret、stru 和 tech 的替代变量进行稳健性检验。如果机制 6-2 的假说成立，则应有 ret、tech 的系数符号为正，且其与利率市场化阶段交叉项 ret×stage、tech×stage 的符号为负，以及 stru 与 stru×stage 的系数符号也为负。实证结果表明，模型 1、2 的结果均与预期一致，考虑到被解释变量 credit 代表有限分类个数，我们选择模型 1 的 Ordered 潜变量模型作为进一步分析的依据。

表6.8　关于机制6-2的回归结果

被解释变量	credit					
模型	模型 1			模型 2		
解释变量	Ordered-Probit	Ordered-Logit	OLS	Ordered-Probit	Ordered-Logit	OLS
ret	0.060 8 （0.069 3）	0.114 2 （0.116 0）	0.047 4 （0.056 2）			

续表

被解释变量	credit					
模型	模型 1			模型 2		
解释变量	Ordered-Probit	Ordered-Logit	OLS	Ordered-Probit	Ordered-Logit	OLS
stru	−0.004 851** (0.002 072)	−0.008 729** (0.003 590)	−0.005 6*** (0.001 6)			
tech	0.000 702** (0.000 322)	0.001 22** (0.000 57)	0.000 8*** (0.000 2)			
ret×stage	−0.028 03 (0.094 75)	−0.101 9 (0.173 4)	−0.008 2 (0.075 2)			
stru×stage	−0.005 564 (0.004 325)	−0.011 40 (0.007 56)	−0.008 3** (0.003 4)			
tech×stage	−0.000 197* (0.000 116)	−0.000 362* (0.000 203)	−0.000 3* (9.11×10^{-5})			
ret2				0.032 4 (0.073 2)	0.091 4 (0.132 6)	0.011 3 (0.056 4)
stru2				−0.034 9*** (0.011 5)	−0.059 9*** (0.019 8)	−0.033 5*** (0.008 7)
tech2				1.92×10^{-5}** (8.30×10^{-6})	3.18×10^{-5}** (1.45×10^{-5})	1.45×10^{-5}** (6.25×10^{-6})
ret2×stage				−0.161 4* (0.095 7)	−0.319 2* (0.174 0)	−0.119 9* (0.071 4)
stru2×stage				−1.971 3 (2.022 9)	−4.459 0 (3.543 4)	−1.480 6 (1.561 1)
tech2×stage				-1.66×10^{-5} (2.07×10^{-5})	-4.04×10^{-5} (3.62×10^{-5})	-1.26×10^{-5} (1.60×10^{-5})
wage	1.89×10^{-6}*** (3.75×10^{-7})	3.31×10^{-6}*** (7.30×10^{-7})	1.59×10^{-6}*** (2.83×10^{-7})	2.52×10^{-6}*** (6.75×10^{-7})	4.73×10^{-6}*** (1.37×10^{-7})	1.67×10^{-6}*** (4.12×10^{-7})
constant			−5.078 1** (2.460 1)			−0.381 3 (1.239 6)
样本量	340	340	340	340	340	340
拟合优度	0.050 7	0.047 8	0.116 9	0.081 8	0.079 6	0.180 7
LR/*F* 统计量	42.299 3	39.848 7	7.407 9	34.039 7	33.111 3	6.325 6

***、**、*分别表示在 1%、5%、10%的显著性水平上显著

注：括号内为标准差

由表 6.8，我们分析三种效应在利率市场化改革的不同时期对农村正规借贷供给的影响有何变化，结果如下：①关于名义收益效应与技术内生效应。由于风险补偿程度 ret 和金融机构信息处理技术内生能力 tech 的系数符号均为正（此时 stage=0），而其与利率市场化阶段交叉项 ret×stage 和 tech×stage 的系数为负（此时 stage=1），说明随着利率市场化的推进，名义收益效应和技术内生效应对农村正规借贷供给的正向影响边际减弱。②借款人类型结构效应。由于农户借款人中高风险类型占比 stru（此时 stage=0）与 stru×stage（此时 stage=1）的系数均为负，表明在利率市场化进程中，借款人类型结构对正规借贷供给的负向效应持续增强。

这在一定程度上验证了机制 6-2 的合理性。也就是说，随着利率市场化的推进，农村正规金融机构的贷款供给决策是在利率提高所带来的名义收益效应、借款人类型结构效应和金融机构信息不对称技术内生效应三者之间权衡的结果。

（三）结论

本章利用田野调查数据，对农村利率市场化改革是否改变了“利率限制铁律”的命题进行了实证检验。结果表明：利率市场化改革有效弱化了农村“利率限制铁律”。财富与禀赋等在农户中的非均匀分布及农村金融市场严重信息不对称问题的存在，使得任何的农村金融改革都可能给不同分层的农户带来不同的福利后果，农村金融市场的利率市场化改革也不例外。

在经验分析中，本章首先将假说的验证分解为两个当有结论与机制的验证。经验验证的逻辑是尝试从田野调查数据中，找到支持相关结论与机制的证据。经验证据表明：首先，在利率市场化改革推进中，小农户从金融机构内生信息不对称技术处理能力提高中获益更多；其次，利率市场化的技术内生效应，比较明显地延迟了正规金融机构对大农户偏好的时间；最后，在后期名义收益效应和技术内生效应对农村正规借贷供给的正向影响边际减弱，而借款人类型结构效应对正规借贷供给的负向效应则持续增强。上述实证检验结果，均在一定程度上支持了理论框架中的假说。

本章的实证结果具有明确的政策含义。利率市场化改革能够在一定程度上比较有效地打破“利率限制铁律”的经验结果表明，应进一步完善与推进农村利率市场化改革，并以此来增强小农户的贷款获取能力。但是，农村正规金融机构贷款决策是三种效应叠加，且在农村利率市场化不同阶段效应大小不一的机制发生过程表明，利率市场化改革的效应具有动态阶段性特征，利率市场化的效果相当大程度上取决于利率市场化是否能有效促进农村正规金融机构提高解决信息不对称技术的能力。由于这又与农村金融市场的竞争程度密切相关，故这意味着强化农村金融市场的竞争是重要的。

本章小结

本章分为两节。首先，详细探讨了有关利率市场化改革影响“利率限制铁律”的实证方法；其次，全面使用 Probit 模型、Logit 模型、Extreme 模型和线性概率模型对利率市场化改革影响“利率限制铁律”的问题进行实证研究。从实证看，

Probit 模型在处理该问题上要优于其他模型。本章的主要结论如下。

第一，从统计角度看，Probit 模型在处理该问题上要优于 Logit 模型和 Extreme 模型等其他模型。

第二，经验证据表明，利率市场化改革带来的名义收益效应、借款人类型结构效应和技术内生效应，有效弱化了农村金融市场上的“利率限制铁律”，有助于推动农村地区普惠金融发展。

第三，利率市场化改革的效应具有动态阶段性特征，利率市场化的效果相当大程度上取决于利率市场化是否能有效促进农村正规金融机构提高解决信息不对称技术的能力。

参考文献

房德东，王嘉秀，杨秀艳. 2004. 试论我国农村领域的金融抑制问题[J]. 金融理论与教学，3：27-28.

高帆. 2002. 我国农村中的需求型金融抑制及其解除[J]. 中国农村经济，12：68-72.

何广文. 1999. 从农村居民资金借贷行为看农村金融抑制与金融深化[J]. 中国农村经济，10：42-48.

金中夏，洪浩，李宏瑾. 2013. 利率市场化对货币政策有效性和经济结构调整的影响[J]. 经济研究，48（4）：69-82.

王东静，张祥建. 2007. 利率市场化、企业融资与金融机构信贷行为研究[J]. 世界经济，2：50-59.

张孝岩，梁琪. 2010. 中国利率市场化的效果研究——基于我国农村经济数据的实证分析[J]. 数量经济技术经济研究，6：35-46.

张宗益，吴恒宇，吴俊. 2012. 商业银行价格竞争与风险行为关系——基于贷款利率市场化的经验研究[J]. 金融研究，7：1-14.

第七章　利率市场化影响农村非正规金融的理论框架

非正规金融与正规金融并存，是农村金融体系的一个普遍特征。特别地，我国历史文化悠久，社会关系网络复杂，以文化习俗、血缘地缘等为基础的非正规金融在我国有着悠久的发展历史和曲折的发展历程。目前，我国仍处于市场机制建设完善期，由于存在金融摩擦和市场信息严重不对称等问题，我国农村金融体系不仅具有非正规金融与正规金融并存的典型特征，而且非正规金融在其中扮演的角色极其重要。考察非正规金融的演变历史、发展规律和未来趋势，对深化农村金融改革和完善农村金融体系具有重要的理论和实践意义。从发展经济学的角度看，制度与技术是影响农村金融体系演变的两个极其重要的因素。本章将基于利率市场化改革的角度，在理论层面上考察制度冲击对农村非正规金融的影响。利率市场化改革作为近年来农村金融领域遭受的最具代表性的制度性冲击，势必会对农村金融体系中的非正规金融产生一定影响。那么，利率市场化改革对农村非正规金融的地位及其经济绩效究竟产生了什么样的影响？影响的机理及理论依据又有哪些？

本章将在历程回顾、特征总结和构建拓展模型的基础上，对以上问题做出回答与解释，并在建立完整理论分析框架后，提出相应的假说并予以讨论。在组织结构上，首先，本章将对我国农村非正规金融的发展历史进行回顾，并对其特征予以总结。其次，在对经典理论进行总结和评述的基础上，构建一个拓展模型，用以在理论层面上揭示利率市场化改革影响农村非正规金融的逻辑。最后，本章将在整体理论框架指导下，提出二元转型大背景下利率市场化改革影响农村非正规金融的三个重要假说，并对其内涵和逻辑予以讨论。

第一节　农村非正规金融发展：历史回顾与特征总结

一、农村非正规金融发展历史回顾

我国民间借贷历史悠久，其萌芽可追溯到原始公社末期氏族之间的借贷行为。至今，大致经历了萌芽与兴起、兴盛、由盛转衰、政府取缔、重新认识和快速发展六个阶段。

（一）萌芽与兴起阶段

原始公社末期，随着社会剩余价值和私有财产的产生，社会出现了两极分化的现象，落后的氏族与富裕的氏族之间随之发生了借贷的行为。由于当时还没有货币，借贷形式主要以实物借贷为主。在这之后，借贷的范围也自然地随着货币的产生而从实物的借贷发展到货币的借贷。

西周时期，随着游耕制向耕作制的社会变革，奴隶向农奴转变。此时，农奴拥有了自己的土地、生产工具等，从而就有了借贷的要求和还贷的条件。自然而然地，农奴之间出现了借贷现象，并且这些借贷基本不要求抵押物，主要是依靠个人信用，而且借贷双方一般具有一定的血缘关系或社会关系。

南北朝时期，寺庙在统治阶级的支持下变得十分富有，并逐步形成了一个存放款的固定场所。在这之后，民间自由借贷变得越来越普遍。

（二）兴盛阶段

唐朝时期，民间自由借贷有了进一步发展，并且以抵押放贷为多数。而且，随着社会经济的繁荣发展，典当业也迅速地兴盛起来，一部分有组织结构的金融中介开始萌芽，出现了质库、解库、典库、解当铺、印子铺等不同名称的当铺。不过，由于是刚刚起步，该行业的借贷主体范围还比较小。

宋朝时期，典当行业随着社会经济的发展向前迈了一大步。当时的当铺称为长生库，主要由富商大贾、官府、军队、大地主经营，以一定物品作为抵押开展放贷业务，抵押品的种类也十分多样，除了一般的货物外，还包括家奴、家养的牲畜、生产工具等。长生库放贷的时间比较短，但是利息却比较高，而且有时抵押的物品价格还任意被压低，主动权完全在于放贷者，借款如到期无法收回，则没收抵押品。

从明朝开始，民间自由借贷被王公贵族、官僚政客作为收取高额利息的途径，对社会造成了极其不良的影响，这种高利息民间借贷开始受到管制。与此同时，典当业有了更进一步的发展。典当行业中，民营当铺的发展最为兴旺，各地的商人和商帮纷纷涉足该行业。相比之前，明代当铺的普及性更高，业务范围也更大，除了放贷以外，还涉及兑换银钱、办理军装军粮的买卖、代行贿赂和买官晋爵等。此外，在明代末期还出现了钱庄这一独立经营的金融组织，这种组织不仅经营货币兑换，还办理各种放贷，签发银钱票等业务。

清朝时期，无论是当铺的资本额、数量，还是当铺的规模、类型，都是空前的。此时的当铺业务已经不仅仅限于经营抵押放贷，同时还涉及信用放贷、存款和货币兑换等，业务覆盖范围远远超出以前。此外，这个时期的钱庄也有了初步的发展，涉及的业务范围也不断地扩大，真正具有了银行化的功能，承担着民间资金往来的对冲和调剂任务。

（三）由盛转衰阶段

在由兴盛转向衰落阶段，农村非正规金融的发展遇到了前所未有的瓶颈。该时期由于国内银行业的兴起，农村非正规金融所处的发展环境越来越恶劣，规模逐渐萎缩，一大批钱庄、典当等非正规金融纷纷倒闭。

鸦片战争以后，中国由闭关锁国逐渐地对外开放，与国际列强的交往也日益密切，商品经济发展迅速。由于鸦片的输入引起大量白银的外流，典当行业的地位发生了动摇，当铺的数量不断减少。不过，此时的钱庄发展很快，其数量、资本额、规模、业务范围等都有一定的增长和扩大。到19世纪60年代，钱庄继续以庄票作为抵押，向银行拆借资金办理汇兑、票据清算等业务。在城镇，与之后兴起的银行业相比，钱庄实力依旧相对较小，资本相对比较分散，竞争力弱，因而在金融风潮中纷纷倒闭。当城镇钱庄衰败的时候，农村的钱庄却恰恰处于成长期，农村的钱庄逐渐取代典当业。从区域差异看，农村钱庄主要分布在商品交换比较频繁、商品流通比较发达及商人队伍比较强大的地区，发展的情况也大有不同。

民国时期，国民政府在各地增设了各种新式的金融机构，农村的典当行在银行、钱庄的夹缝中艰难发展。此时，典当业主要面向下层社会的农民放贷，因为这些农民一般不容易从银行和钱庄得到贷款。随着20世纪30年代银行业在农村的扩散，以及币制改革全面推行，农村钱庄也和城镇钱庄一样急速衰落，很多地区的钱庄甚至完全消失。需要特别指出的是，该时期还出现了合会这一互助式的农村金融组织，这是一种小规模互助性的，以短中期借贷为主的金融组织，参会者主要是乡邻和亲友，且合会的汇款利率很低，但这种组织在法律法规上的认可程度和保护程度也非常的低。

（四）政府取缔阶段

中华人民共和国成立之初，为了快速积累资本、集中力量发展重工业，政府取缔了典当行业。此外，对于一些私营的钱庄，政府也通过和平赎买等方式将其收归国有，一系列的政策实施初步确立了国家垄断的金融体系。

在这之后，农村非正规金融的发展受到了很大的限制。特别地，在农业合作化和对私营工商业的社会主义改造完成后，公有制的主体地位进一步夯实，此时除了发生在亲友之间的资金融通以外的非正规金融形式基本已经销声匿迹。不过，信用合作社在这段时期得到了非常快速的发展，但是其产权还比较模糊，并不能将其视为非正规金融的组织形式，甚至从某种意义上其应当属于正规金融组织。

（五）重新认识阶段

党的十一届三中全会之后，改革开放在全国上下如火如荼地开展起来。在农村，家庭联产承包责任制的实施使农村的生产力得到了很好的恢复，农村经济也得到了繁荣的发展，一批非国有经济也逐渐发展起来。与此同时，农村个体工商户等主体对于资金的需求也日趋增多，而在农村正规金融机构无法满足其需求的情况下，农村非正规金融又抓住了发展的机遇，私人钱庄、合会等非正规金融组织形式又发展起来。在政策层面上，出于对非国有经济的鼓励，政府鼓励支持在农村地区设立农村合作基金会和农村合作银行，同时，禁止私人钱庄、合会等非正规金融机构组织形式从事金融业务。

总的来说，该时期政府对于农村非正规金融的发展政策有所放宽，农村非正规金融也得到了一定的恢复和发展，规模有所壮大，信用形式也不断完善成熟，越来越成为正规金融的一个良好补充，且获得了广大民众的认可。

（六）快速发展阶段

在重新认识阶段之后，农村非正规金融得到了前所未有的发展，其在金融体系中的重要性也越来越高，对于中国农村金融发展的贡献也越来越大，并表现出以下典型特征。

第一，组织形式丰富。农村非正规金融的组织形式十分丰富，涵盖了自由借贷、合会、私人钱庄、小贷公司等，而农村合作基金会这一组织形式则由于管理混乱而被政府取缔。

第二，参与主体多样。农村非正规金融的参与主体越来越复杂，特别地，很多正规金融的参与主体出于利益考虑而不断加入到非正规金融的队伍中。

第三，认可程度提升。随着农村非正规金融的影响范围不断扩大，农村非正规金融与正规金融相互补充，农村非正规金融对于农村经济发展起着不可或缺的作用等观念也越来越深入人心。

二、我国农村非正规金融特征总结

从国际发展经验看，发展中国家的一些欠发达区域由于存在严重的信息不对称、合约的有限责任与国家对利率上限的控制等问题，正规金融机构往往不是最重要的资金供给者。相反，非正规金融凭借其距离优势与信息优势，能为各种类型的客户提供贷款，其在农村金融市场中扮演着举足轻重的角色。因此，正规与非正规金融机构的共存是农村金融市场的基本特征（Bose，1998；Guirkinger，2008）。就我国农村非正规金融发展而言，一个显著的特征是起源较早且发展曲折（存在政府取缔与重新认识阶段），不过考虑到这一特征在前文已有详细阐述，本部分将主要对其他一些重要特征予以总结。

首先，农村非正规金融的规模较大，非正规金融融资是农户融资的重要渠道。据农业发展基金的研究报告，我国农民来自非正规金融市场的借贷大约为来自正规金融市场的 4 倍，非正规金融市场的重要性要远远超过正规金融市场。在国内研究方面，陈锡文（2004）估计，我国 2.4 亿个农户中，大约只有 15%的农户从正规金融机构获得贷款，而 85%左右的农户是从非正规金融渠道来解决贷款的问题；苏士儒等（2006）基于宁夏农村非正规金融的实证研究表明，通过非正规金融实现借贷的农户占比为 71%。此外，全国农村固定观察点调查数据显示，2007 年农户在正规金融的融资额度仅占贷款总量的 26.1%，相反，农户 70%以上的贷款均来自非正规金融。可见，在金融摩擦普遍存在、信息不对称问题严重及农户担保体系不够健全等现实背景下，通过农村非正规金融融资是农户融资的重要方式。主要是因为农村非正规金融在以下几方面存在明显优势。第一，农村非正规金融降低了借贷的门槛，因为借贷双方信息较为对称，非正规金融对抵押品的要求不严格，这给大量没有固定资产的农民打开了享受金融服务的大门；第二，在从非正规金融融资时，借款者往往会受到更多的社会因素制约，从而降低了违约率（洪正等，2010）；第三，农村非正规金融效率较高、成本较低（高艳，2007；

王擎和田娇，2014），农村非正规金融的贷款者无须花费太多精力和金钱对借款者进行考察，借款者也不用经过重重审核就可以快速得到贷款，此外，违约率较低的农村非正规金融市场也减少了贷款者在催收方面所花费的时间和成本；第四，农村非正规金融相对于正规金融可以更合理地在借款者与贷款者间分配风险，从而获得农户的认同。

其次，农村非正规金融市场的利率普遍高于正规金融市场利率，且利率弹性大，同时存在高利率与零利率并存的双利率现象。在21世纪初期，农村非正规金融利率水平较高是普遍现象。相关调查研究显示，那一时期民间借贷年利率普遍在10%～15%（温铁军，1999）。伴随着利率市场化改革与金融体系健全，农村非正规金融利率水平明显下降，但仍存在利率普遍高于正规金融市场利率的现象。课题组的田野调查数据显示，目前农户民间借贷利率月息普遍在1%左右，高于正规金融贷款利率水平。特别地，农村非正规金融利率波动区间大，利率水平分布分散，存在高利率与零利率并存的双利率现象。在农村非正规金融融资中，向亲朋好友借款经常是无息借款，部分研究将其产生的“人情债”作为隐性利率，不过隐性利率实际估算难度大，可计算性差。究其原因，导致农村非正规金融融资利率普遍较高且利率弹性大的原因主要有以下几方面：首先，农村非正规金融利率普遍较高，是因为向非正规金融融资的农户往往是被正规金融所排斥的借款者，融资渠道的减少往往使其被迫接受高利率水平；其次，农村非正规金融主体丰富，范围广，各主体在成本、利益和动机方面有所差异，使得农村非正规金融利率弹性大，造成了高利率与零利率并存的双利率的现象；最后，社会关系网在农村非正规金融体系中扮演着非常重要的角色，因而“人情债”等隐性利率的出现，使得农村非正规融资利率的分布更广，弹性更大。

最后，农村非正规金融形式灵活，没有太多制度性的障碍。与之相反，虽然农村正规金融历史较久，但竞争不足，存在明显的经营僵化问题（杨坤等，2015）。正规金融过于庞大的层级结构和定式思维严重影响到了其成本和效率，也使得正规金融很难根据需求变化及时进行调整。从内涵看，综合高艳（2007）及苏士儒等（2006）学者的相关研究，农村非正规金融可以界定为发生在我国农村地区的，由非法定金融组织提供或依靠习俗惯例、血缘地缘关系的一种金融组织和金融活动，并且该金融组织和金融活动不在中国人民银行和银监会等机构的监控范围之内。从形式上看，农村非正规金融不仅包括组织化的农户之间的民间借贷行为，还包括自由借贷、私人钱庄、合会、典当业信用、农村合作基金会及其他非正式金融组织融资形式。概括地讲，农村非正规金融更偏向依靠习俗惯例、血缘地缘关系，其形式更灵活，并且由于不在中国人民银行和银监会等机构的监控范围之内，相对没有太多制度性障碍。

第二节 利率市场化与农村非正规金融的理论框架

一、经典农村金融理论

农村金融是金融学的重要分支，伴随着金融发展理论的成熟与完善，农村金融理论也得到了深入发展。整体上看，围绕政府与市场究竟谁在农村金融发展中处于主要地位，农村金融理论形成了三种主要流派，即：农村信贷补贴理论、农村金融市场理论及农村不完全竞争市场理论。

（一）农村信贷补贴理论

农村信贷补贴理论是最早形成的农村金融理论。该理论以极其落后的农业国家为研究对象，发现农村居民尤其是弱势农民由于低水平的收入，在勉强维持温饱条件后，没有多余的资金进行简单再生产或扩大再生产，也没有能力进行储蓄行为，最终使得农村经济的发展受到了抑制。也正因如此，农村居民缺乏可靠的抵押品，还贷能力不确定，还贷周期较长，从而使得农村居民无法从商业银行获得贷款融资。据此，该理论提出应当加大政策性资金对农村的投入，使得农村经济发展的瓶颈被打破。对于非正规金融，农村信贷补贴理论认为，由于农村非正规金融具有高利贷的性质，加重了农户的经济负担，削弱了农户扩大再生产的能力，所以要根除农村非正规金融，设立如政策性金融机构、信用社合作组织等，向农村注入大量低利率政策性资金。在实践方面，农村补贴信贷的作用十分有限，短期内会产生一定的政策效果，但长期来看会使得农村商业金融活动被挤出，从而发生逆向选择的问题，最终会造成农村金融市场的扭曲。究其原因，该理论忽略了农户的储蓄能力。政策性资金的低利率一方面使得农村金融机构依赖于来自政府的便宜资金而缺少开拓资金来源的内在压力，另一方面使得农户因低利率而不愿意储蓄，很难通过储蓄发展农村资金自身的循环。此外，由于政策性资金不以营利为目的，且农村金融机构又未能有效地监督借款者的资金使用和偿债能力，从而出现了资金回收率低、资金使用效率低等问题。同时，这些问题会使农村金融机构更愿意向富裕的且资金需求量较大的农户提供贷款，使得富裕的农户享受了更多贷款补贴的好处，而本该受益的弱势农户却无法获得帮助。总的来说，农村信贷补贴理论有实践方面的缺陷，但是其依然为农村金融市场理论的形成提供了经验和借鉴。

（二）农村金融市场理论

农村金融市场理论的前提与农村信贷补贴理论完全相反，该理论认为有效的激励机制是农户储蓄意愿形成的关键，而政府管制和利率控制恰恰是抑制农户储蓄意愿的重要因素。农村金融市场理论认为，农户储蓄能力低并不是导致农村金融机构的资金来源不足，以致农村地区资金缺乏的原因。该理论认为应当实行市场化的农村金融体制改革，减少政府的干预作用，充分发挥金融市场自身的作用。当利率可以反映转让资金使用权的收益时，农户的储蓄意愿就会被激发，最终实现农村资金供给和需求的平衡。此外，该理论认为非正规金融和正规金融之间存在的是一种有效的补充关系，从而应当保留农村非正规金融，并且发展农村金融市场应该完全依靠市场机制，防止政策性金融对农村金融市场的扭曲，推动自由化的农村金融改革。可以说，农村金融市场理论是自由市场经济理论在农村金融方面的实践，一定程度上减少了政府对农村金融改革的干预。然而，在一些农村经济社会发展比较落后的发展中国家，由于缺少完备的法律制度环境，农村金融理论在实践中缺乏制度前提以使农村金融市场机制有效运行。此时，尽管政府减少了对金融市场改革的干预，但有效的金融市场机制却在短期内很难形成，从而造成了无序和动荡的金融市场。

（三）农村不完全竞争市场理论

农村不完全竞争市场理论将焦点放在了农村金融市场存在严重信息不对称的问题上，认为农村金融市场上的信息不对称会导致市场机制失效，引起道德风险和逆向选择的问题，即放款人由于缺乏对借款人的了解而产生逆向选择，以及借款人充分了解自身的情况而在借款后产生道德风险。据此，仅靠市场机制本身并无法使农村金融市场高效运作。而在农村金融市场出现机制失灵的情况时，政府的适当干预能够促进农村金融市场的稳健高效发展。此外，不完全竞争市场理论也适用于新模式的小额信贷，有效解决了金融市场中逆向选择的问题，主要就是政府在农村商业性金融机构发放小额贷款的过程中通过担保或借款人合作互助等形式提供支持。总的来说，政府对农村金融市场的适当干预，可以提高商业性农村金融机构资金利用的效率，同时还加强了农村金融体系的可持续性，使得政府扶持农业发展的目标更易于实现。

二、经典理论模型拓展

Stiglitz 和 Weiss（1981）针对信息不对称问题提出的信贷配给模型是本章的基础理论。根据经典信贷配给模型，利率的提高会引发两种效应：一是名义收益效应，即利率的提高会使得正规金融机构的名义收益相应增加；二是借款人类型结构效应，即利率的提高会诱发道德风险和逆向选择问题加剧，使得高风险借款者的比例上升，低风险借款者的比例下降，最终导致借款人类型结构恶化。并且，在利率提高的初期，名义收益效应的作用将大于借款人类型结构恶化效应的作用，部分借款者将从非正规金融转向正规金融；而在利率提高的后期，借款人类型结构恶化效应的作用逐渐超过名义收益效应，使得借款者又从正规金融转向非正规金融。名义收益效应和借款人类型结构恶化效应的叠加效果 L_1 如图 7.1 所示。

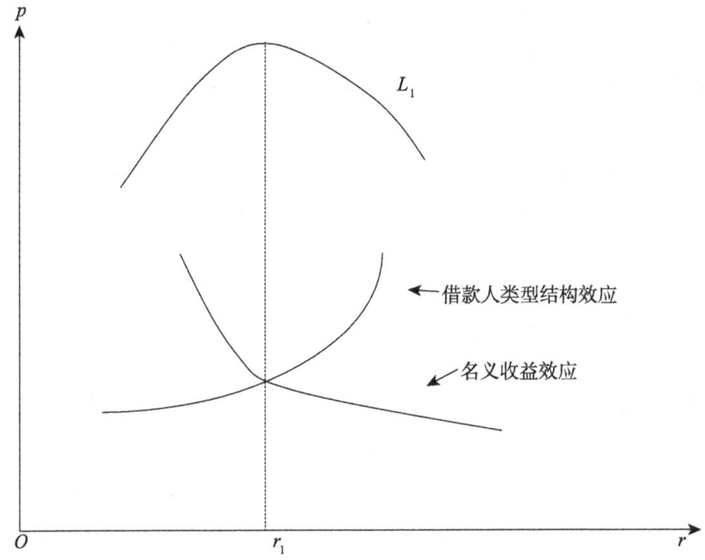

图 7.1　利率提高后正规金融双效应的叠加

在经典信贷配给模型的基础上，许月丽等（2017）对该模型进行了拓展，提出技术内生效应，即随着利率的放开，正规金融机构会由于利益的驱动寻求技术提高自身识别借款人类型和解决信息不对称问题的能力。特别地，正规金融机构处理信息不对称能力的提升，是内生于利率市场化改革过程中的。因而，概括地讲，利率市场化改革下的利率放开会诱发名义收益效应、借款人类型结构效应和技术内生效应这三种效应，从而使得借款人在正规金融和非正规金融之间发生变动。具体地，在利率提高的初期，借款人类型结构恶化效应小于名义收益效应和技术内生效应，提高了农村正规金融机构的相对优势，使得一部分原来从非正规金融借款的低风险借款者转向正规金融借款；在利率提高的中期，利率的提高使得正规金融失去了一部分低风险借款人的同时，又吸引了一部分高风险借款人，最终使得正规金融还是获得了一部分借款者，并且此时，借款人类型结构恶化效应会由于技术内生效应而弱化，借款人类型结构恶化效应的作用也会发生延迟；在利率提高的后期，借款人类型结构恶化效应的作用处于了主导地位，使得技术内生效应无法弥补借款人类型结构恶化效应所带来的风险，降低了农村正规金融的优势，此时借款人将更多地能够获得来自非正规金融的借款。三种效应的叠加效果如图 7.2 所示，其中，L_1 为仅考虑名义收益效应和借款人类型结构恶化效应的曲线，L_2 为进一步叠加了技术内生效应的曲线。而且，L_2 曲线的拐点位置更靠右。

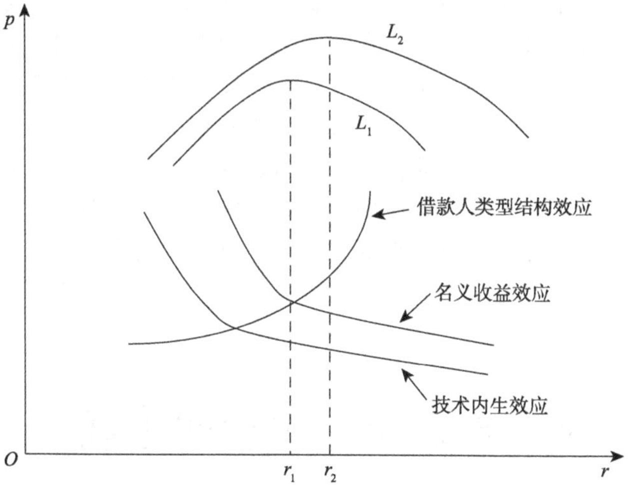

图 7.2　利率提高后正规金融三效应的叠加

而对于非正规金融，利率提高所引发的三个效应将带来与正规金融完全相反的作用，具体效果如图 7.3 所示。同样的，L_1 为仅考虑名义收益效应和借款人类型结构恶化效应的曲线，L_2 为进一步叠加了技术内生效应的曲线。而且，L_2 曲线的拐点位置更靠右。

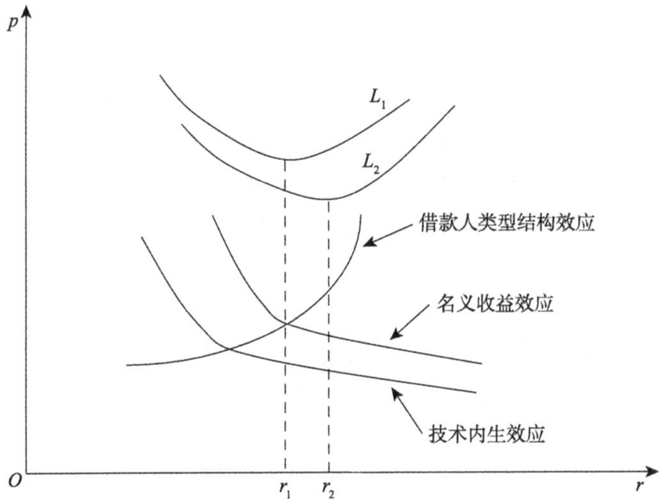

图 7.3　利率提高后非正规金融三效应的叠加

具体地，在利率提高的初期，正规金融机构的借款人类型结构恶化效应小于名义收益效应和技术内生效应，增强了农村正规金融机构的相对优势，使得低风险借款者从非正规金融体系流出；在利率提高的中期，对正规金融机构而言，叠加在一起的具有正向作用的技术内生效应和名义收益效应同借款人类型结构恶化效应基本持平，此时，农村正规金融机构无法从利率市场化改革中获得相对优势的进一步提升，相应地，农村非正规金融出现谷底；在利率提高的后期，正规金融机构的借款人类型结构恶化效应居于绝对主导地位，使得技术内生效应无法弥补借款人类型结构恶化效应所带来的风险，此时借款人将能够更多地获得来自非正规金融的借款，与之相应，农村非正规金融地位在谷底后迎来攀升。

第三节　利率市场化与农村非正规金融：假说

基于经典信贷配给理论及其拓展模型，从本章的研究主题出发，本节围绕利率市场化是否影响农村非正规金融地位、是否会改变农村正规与非正规金融面临的借款人类型及利率市场化与农村经济二元转型究竟谁居主导地位作三方面假设。

假说 7-1：利率市场化会降低农村非正规金融在农村金融体系中的地位。

在正规金融与非正规金融存在替代关系的情况下，农村利率市场化的发展会增加农户对农村正规金融的借款，减少对农村非正规金融的借款，这会降低非正规金融在农村金融体系中的地位和作用。农村非正规金融的发展在一定程度上解决了农村金融市场上信息不对称等问题，弥补了正规金融所出现的一些不足。不过，利率市场化改革下的利率放开给农村正规金融产生了具有正向作用的名义收益效应和技术内生效应，在一定程度上强化了正规金融的地位而弱化非正规金融的地位，使得农户从农村非正规金融的借款减少。

不过，由于正规金融和非正规金融之间存在的可能是替代也可能是互补的关系，农村利率市场化的发展可能弱化也可能强化了农村非正规金融对农户消费流动性约束的作用。农户是否面临流动性约束，可以通过观察农户当期消费与当期收入、长期收入的关系来判断。农户当期消费与当期收入的相关性越弱，表明农户所受的消费流动性约束越弱。当农村正规金融和非正规金融之间存在着互为替代的关系时，农村非正规金融的发展会使农户在消费时面临的借贷变得有限，使得农户的现期消费对长期收入的依赖性越弱，对当期收入的依赖性越强，即农户消费的流动性约束将增强。但由于利率市场化将使得农村非正规金融的地位降低，从而对农村非正规金融的上述作用发生一定程度上的弱化；而当农村正规金融和非正规金融之间存在着互补的关系时，将出现与上述相反的情况。

此外，剖析利率市场化改革对农村非正规金融的影响时，还可以从农户投资流动性约束角度考察。如果农村利率市场化改革确实弱化了农村非正规金融的地位和作用，那么，农村利率市场化也会弱化农村非正规金融对农户投资的促进作用。在不借贷的情况下，农户投资与其所拥有的储蓄有比较大的相关性。由于农村非正规金融的发展将使得农户拥有更广泛的渠道进行借贷，农户可以通过外来借款进行投资，从而农户投资与其储蓄的相关性将变小；而农村利率市场化的发展一定程度上弱化了农村非正规金融在农村金融体系中的地位，农户来自农村非正规金融的借款将减少，此时农户投资与其储蓄的相关性又将相对变大。

假说 7-2：利率市场化会优化农村正规金融的借款人类型，恶化农村非正规金融的借款人类型。

利率市场化影响农村非正规金融的机制，是其对农村非正规金融借款人的结构类型与规模产生了显著的影响，从而影响了农村非正规金融的绩效。这一影响的机理是，利率市场化对农村正规金融通过提高价格产生的名义收益效应及竞争导致的技术内生效应，使得农村正规金融机构能够吸引到更多的借款人，并提高了农村正规金融机构对借款人类型的识别能力，最终减少了农村非正规金融机构的借款人规模，但同时也恶化了借款人的类型。

假说 7-3：相对于利率市场化改革，农村经济二元转型对农村非正规金融的影响更大，并且影响农村利率市场化对农村非正规金融的作用。

农村经济的二元转型带来了农村金融市场的全方位变化，使得农村传统社会资本被破坏，而这正是农村非正规金融相较于农村正规金融的优势之处。与此同时，相比于农村利率市场化，农村经济二元转型在农村金融市场信息不对称等问题的解决方面也更具实质性的作用，从而更大程度上削弱了农村非正规金融在农村金融市场的地位。城市与农村在发展水平和生产组织形式上的二元分割是发展中国家的典型特征，而通过城乡要素与产品的互动交流实现二元转型，则被认为是发展中国家走向现代化的必由之路与经济现代化的标志。理论上讲，二元转型起码会通过以下四个渠道对农村金融体系产生影响：一是反映劳动转移的农村劳动力变化；二是体现要素与产品互动工农产品相对价格的变化；三是农村社区资本的变化；四是农业新的经营组织形式的出现与发展。简言之，二元转型下的农村劳动力变化、城乡要素互动、社区资本变化与新型经营组织发展会从根本上改变农村金融市场的不完全程度，而且这种影响是长期的。因而，二元转型会影响农村利率市场化对农村非正规金融的作用。

本章小结

本章分为三节。首先，对非正规金融在我国的发展历程进行了回顾，并将其细分为六大阶段，之后，对农村非正规金融的特征进行了总结；其次，在总结梳理农村金融理论的基础上，提出利率市场化影响农村非正规金融的理论框架；最后，基于拓展的信贷配给模型，提出利率市场化影响农村非正规金融的相关假说。本章的主要结论有以下几点。

第一，我国历史文化悠久，社会关系网络复杂，以文化习俗、血缘地缘等为基础的非正规金融在我国有着悠久的发展历史和曲折的发展历程。就其发展历史而言，我国农村非正规金融发展可以简单地被划分为萌芽与兴起、兴盛、由盛转衰、政府取缔、重新认识和快速发展六个阶段。

第二，从特征来看，我国农村非正规金融具有以下三个典型特征：一是农村非正规金融的规模较大，非正规金融融资是农户融资的重要渠道；二是农村非正规金融市场的利率普遍高于正规金融市场利率，且利率弹性大，同时存在高利率与零利率并存的双利率现象；三是农村非正规金融形式灵活，没有太多制度性的障碍。

第三，在农村非正规金融与正规金融具有替代关系的情况下，由于农村正规金融受利率市场化改革的三大效应影响呈倒“U”形发展轨迹，农村非正规金融则出现“U”形发展轨迹。综合考虑利率市场化改革不同阶段下名义收益效应、借款人类型结构效应和技术内生效应的相对特征，利率市场化改革对农村非正规金融的影响表现出阶段性差异。在利率市场化初期，利率水平相对较低，利率市场化改革的推进会弱化农村非正规金融的地位和作用。不过，当利率攀升到一定高度后，随着农村正规金融机构所面临的借款人类型结构急剧恶化，农村非正规金融再次获得发展机会。

第四，考虑到金融市场不完全和信息不对称，基于经典信贷配给理论及其拓展模型，本章有如下三个重要假说：一是利率市场化会降低农村非正规金融在农村金融体系中的地位；二是利率市场化会优化农村正规金融的借款人类型，恶化农村非正规金融的借款人类型；三是相对于利率市场化改革，农村经济二元转型对农村非正规金融的影响更大，并且影响农村利率市场化对农村非正规金融的作用。

参考文献

曹龙骐，郑建明. 2000. 我国利率政策有效性探讨[J]. 金融研究，4：23-33.

陈鹏，刘锡良. 2009. 当前农村金融利率机制是有效的吗？[J]. 中国农村经济，11：39-49，59.

陈时兴. 2009. 农村地方金融结构、地方政府行为与支农绩效[J]. 数量经济技术经济研究，3：81-90，105.

陈锡文. 2004. 资源配置与中国农村发展[J]. 中国农村经济，1：4-9.

褚保金，卢亚娟，张龙耀. 2006. 信贷配给下农户借贷的福利效果分析[J]. 中国农村经济，6：51-61.

董积生. 2003. “乡村银行”利率行为对我国农村信用社利率构建的启示[J]. 决策探索，4：59.

高艳. 2007. 我国农村非正规金融的绩效分析[J]. 金融研究，12：242-246.

洪正，王万峰，周轶海. 2010. 道德风险、监督结构与农村融资机制设计——兼论我国农村金融体系改革[J]. 金融研究，6：189-206.

胡维雄. 2001. 利率理论与政策[M]. 上海：上海财经大学出版社.

黄惠春，李静. 2015. 利率市场化、市场势力与农村金融市场效率损失——以江苏为例[J]. 南京农业大学学报（社会科学版），1：32-40，124.

康继军，陈喆男，王翠. 2010. 各地区金融市场化对农民收入影响空间分析[J]. 会计之友（上旬刊），35-38.

孔哲礼，李兴中. 2014. 贷款利率、农户违约风险与农村信用社可持续发展能力[J]. 农业技术经济，12：76-83.

李秉龙，刘丽敏. 2006. 中国农村居民储蓄行为影响因素分析[J]. 中国农村经济，3：53-58.

李崇岩，张海鹏. 2001. 对我国利率下调政策的有效性分析[J]. 北方经贸，1：141-142.

李锐，项海容. 2006. 基于两期生命周期模型的农户金融行为的计量分析[J]. 管理世界，9：33-37.
李焰. 1999. 关于利率与我国居民储蓄关系的探讨[J]. 经济研究，11：39-46.
刘广明. 2010. 农村金融市场化改革的理论检讨[J]. 中国城市经济，9：62-64.
刘西川，陈立辉，杨奇明. 2014. 农户正规信贷需求与利率：基于 Tobit Ⅲ模型的经验考察[J]. 管理世界，3：75-91.
骆家奇. 2003. 农村信用社利率市场化的可行性研究[J]. 新疆金融，4：28-31.
吕士伟. 2003. 农村利率市场化改革可行性个案研究：兼对 HMS 模型的实证检验[J]. 金融研究，1：104-108.
马九杰，吴本健. 2012. 利率浮动政策、差别定价策略与金融机构对农户的信贷配给[J]. 金融研究，4：155-168.
钱水土. 2009. 中国农村金融体制三十年改革的回顾与评价[J]. 浙江工商大学学报，2：5-13.
钱文荣，安海燕. 2017. 利率对农户参与土地承包经营权抵押贷款意愿的影响分析[J]. 浙江大学学报（人文社会科学版），3：132-143.
任常青. 2007. 农村金融利率市场化问题探讨[J]. 中国农村信用合作，7：25-26.
苏士儒，段城东，李文靖，等. 2006. 农村非正规金融发展与金融体系建设[J]. 金融研究，5：167-180.
王擎，田娇. 2014. 非正规金融与中国经济增长效率——基于省级面板数据的实证研究[J]. 财经科学，3：11-20.
温铁军. 1999. 农业与国民经济的累积矛盾及深化农村改革的主要措施[J]. 经济研究参考，95：4-7.
谢平，袁沁敔. 2003. 我国近年利率政策的效果分析[J]. 金融研究，5：1-13.
徐忠. 2006. 小额信贷：国际经验及其对我国启示[J]. 上海金融，8：50-53.
徐忠，程恩江. 2004. 利率政策、农村金融机构行为与农村信贷短缺[J]. 金融研究，12：34-44.
许承明，张建军. 2012. 利率市场化影响农业信贷配置效率研究——基于信贷配给视角[J]. 金融研究，10：111-124.
许奇挺. 2001. 农业银行内部利率市场化运作探讨[J]. 农村金融研究，2：30-32.
许月丽，李文，肖奎喜. 2017. 渐进利率市场化改革是否打破了“利率限制铁律”？——来自中国农户田野调查的证据[J]. 金融研究，6：50-63.
许月丽，伍凤华，张晓倩. 2014. 二元转型、信息流动变异与农村借贷合约的激励设计[J]. 财经研究，3：85-93.
许月丽，张忠根，战明华. 2013. 社会资本视角下的利率市场化与农村正规金融的经济绩效[J]. 世界经济，5：112-134.
杨菁. 2005. 利率市场化对农村信贷市场供求主体的影响[D]. 中国农业大学博士学位论文.
杨军，罗琳. 2012. 利率市场化条件下中国农村金融改革问题研究[J]. 扬州大学学报（人文社会科学版），5：40-45.
杨坤，曹晖，孙宁华. 2015. 非正规金融、利率双轨制与信贷政策效果[J]. 管理世界，5：41-51.
易金平，杨涛. 2003. 利率市场化与农村信用社改革的对策[J]. 统计与决策，5：66-67.
易小兰，钟甫宁. 2011. 农户贷款利率改革的福利分析——以江苏、河南与甘肃农村信用社为例[J]. 农业经济问题，4：42-48，111.

张朝洋. 2015. 利率市场化促进了农村金融发展吗？——基于城乡异质与地区差异[J]. 金融与经济，2：10-15.

张龙耀，江春. 2011. 中国农村金融市场中非价格信贷配给的理论和实证分析[J]. 金融研究，7：98-113.

张孝岩，梁琪. 2010. 中国利率市场化的效果研究——基于我国农村经济数据的实证分析[J]. 数量经济技术经济研究，6：35-46.

周立，林荣华. 2005. 新一轮农村利率改革成效与经济解释——闽东地区调查与垄断市场分析[J]. 财贸经济，5：7-13.

周孟亮，文春晖. 2010. 我国农村金融适应性成长模式研究[J]. 经济学家，5：102-104.

朱喜，李子奈. 2006. 改革以来我国农村信贷的效率分析[J]. 管理世界，7：68-76.

Adams D W，Graham D H，von Pischke J D. 1984. Undermining rural development with cheap credit[J]. Political and Economic Development，5：1-7.

Aleem I. 1990. Imperfect information，screening，and the costs of informal lending：A study of a rural credit market in Pakistan [J]. World Bank Economic Review，4（3）：329-349.

Balmaceda F，Fischer R D，Ramirez F. 2014. Financial liberalization，market structure and credit penetration[J]. Journal of Financial Intermediation，1：47-75.

Bose P. 1998. Formal-informal sector interaction in rural credit markets[J]. Journal of Development Economics，56（2）：265-280.

Deininger K. 2003. Land Policies for Growth and Poverty Reduction[M]. Washington，D.C.：World Bank and Oxford University Press.

Gormley T A. 2010. The impact of foreign bank entry in emerging markets：evidence from India[J]. Journal of Financial Intermediation，19（1）：26-51.

Guirkinger C. 2008.Understanding the coexistence of formal and informal credit markets in Piura，Peru[J]. World Development，36（8）：1436-1452.

Mckinnon R I. 1973. Money and Capital in Economic Development[M]. Washington D.C.：Brookings Institution.

Ngugi R W. 2001. An empirical analysis of interest rate spread in Kenya[J]. AERC Research Paper.

Stiglitz J，Weiss A. 1981. Credit Rationing in Markets with Imperfect Information[J]. The American Economic Review，71（3）：393-410.

von Pischke J D，Donald G，Adams D W. 1983. Rural Financial Markets in Developing Countries：Their Use & Abuse[M]. Baltimore：Johns Hopkins University Press.

第八章　利率市场化对农村非正规金融的影响

理论上，如果农村非正规金融与正规金融之间存在明显的替代关系，那么，受利率市场化改革名义收益效应、借款人类型结构效应和技术内生效应的影响，农村非正规金融发展与利率市场化改革之间应当存在“U”形关系。在第七章，本书已经构建了一个拓展的可用于研究利率市场化改革影响农村非正规金融发展的理论模型，并提出了三个相关假说。在本章，将从实证的角度考察理论模型下的相关假说能否得到经验证据的支持。

内容上，本章主要围绕两个具体问题展开实证研究：一是利率市场化改革是否改变了非正规金融在农村金融体系中的地位；二是利率市场化是否影响了农村非正规金融体系在解决农户融资问题方面的作用效果。在评估利率市场化程度时，本章创新性地提出了一种通过估计贷款额与贷款利率相关度测算利率市场化水平的方法，并将其作为利率市场化程度代理变量纳入对农村非正规金融体系地位变化的考察中。此外，本章将从农户消费流动性约束和农户投资流动性约束两个方面，考察利率市场化改革对农村非正规金融作用效果的影响。在结构安排上：第一节详细讨论农村非正规金融发展水平的测度问题，并对其进行测算；第二节详细讨论利率市场化程度的测度问题，并基于残差理论和相关经济理论创新提出一种新方法对利率市场化程度进行测算；第三节将在指标测算的基础上，对利率市场化改革影响农村非正规金融地位及其作用效果的问题展开计量检验。

第一节　农村非正规金融发展指标及其测算

一、指标选取

就如何测度我国农村非正规金融的发展水平这一问题，不同学者基于不同研究假设与研究视角提出了诸多方法（郭沛，2004；姚耀军和陈德付，2005；胡宗义和李鹏，2012；程龙，2013）。整体上，可以将农村金融发展水平测度分为绝对水平测度和相对水平测度。绝对水平测度关注农村非正规金融的发展规模，其中，将农村个体、私营企业及农户的非正规借款额加总是估算我国农村非正规金融发展规模的一个有效方法（郭沛，2004；程龙，2013）。相比之下，相对水平测度方法更为灵活。例如，姚耀军和陈德付（2005）认为可以用农户从非正规金融渠道借款的人均年末余额与农户人均年纯收入之比来衡量农村非正规金融的发展水平；冉光和和汤芳桦（2012）认为，可以用农村居民投资资金来源中的自筹资金和其他资金之和，与第一产业增加值的比例来衡量农村非正规金融的发展水平。

同时考虑方法的可行性及数据的可得性，本节将采用郭沛（2004）和程龙（2013）所使用的绝对水平测度方法测算农村非正规金融发展水平。同样地，在具体测算之前做出如下假设：首先，农村个体、私营企业和农户是农村非正规金融的参与主体；其次，农村个体、私营企业的资金融资主要用于固定资产投资；最后，农户的非正规借贷比例保持不变。基于上述假设，我们可以得到以下农村非正规金融发展水平的估算公式：

农村非正规金融发展水平

=农村个体、私营企业非正规金融融资额+农户非正规金融借款额

农村个体、私营企业非正规金融融资额

=农村个体、私营企业固定资产融资额×非正规金融融资比例

农户非正规金融借款额

=农户户均年度累计非正规金融借款额×农村农户数

=农户户均年度累计借款额×全国农村农户数×非正规借贷比例

在上述估算公式中，关于相关比例的测算问题，本章采用程龙（2013）所使用的方法对相关比例进行设定。其中，2003 年以前的非正规金融融资比例，将根据林汉川等（2003）对全国 14 000 家个体、私营企业的调查研究结果而设定为 26%；

2003 年以后的非正规金融融资比例，则根据中央财经大学金融学院课题组的调查研究结果而设定为 28.9%。而关于非正规借贷比例，中央财经大学课题组研究认为农户来自非正规金融渠道的借贷超过了 55%。另外，清华大学经管学院课题组调查发现农户 54.9%的借贷来源于非正规金融的渠道。因此，最终将非正规借贷比例设定为 55%。

二、农村非正规金融发展水平测度

（一）数据来源

本节所使用的样本数据来自《中国统计年鉴》（1995～2016）《全国农村固定观察点调查数据汇编》（1995～2009）等。同时，由于统计年鉴中统计口径变动、农村非正规金融数据获取难度较大等原因，关于部分数据的使用，在此还需要做出如下几点说明：第一，通过对比历年的农村个体、私营企业固定资产融资额与农村农户固定资产投资额，可以发现二者的差异比不是很大，甚至大部分年份的值是相同的，因此此处将使用 2013～2015 年的农村农户固定资产投资额作为农村个体、私营企业固定资产融资额的替代变量；第二，由于中国农户借贷的相关数据不易获得，故在零散数据收集的基础上，通过平滑法对部分数据进行补充，并对样本数据做了必要的技术处理。

（二）农村非正规金融发展水平测算结果

基于郭沛（2004）和程龙（2013）的测算方法，本节首先对农村个体、私营企业非正规金融融资额进行了估算，具体估算结果如表 8.1 所示。

表8.1　农村个体、私营企业非正规金融融资额

年份	农村个体、私营企业固定资产融资额/亿元	农村个体、私营企业非正规融资额/亿元
1995	2 007.85	522.04
1996	2 544.03	661.45
1997	2 691.16	699.70
1998	2 681.52	697.20
1999	2 779.59	722.69
2000	2 904.26	755.11
2001	2 976.56	773.91
2002	3 123.23	812.04

续表

年份	农村个体、私营企业固定资产融资额/亿元	农村个体、私营企业非正规融资额/亿元
2003	3 200.96	925.08
2004	3 362.67	971.81
2005	3 940.61	1 138.84
2006	4 436.20	1 282.06
2007	5 123.29	1 480.63
2008	5 951.80	1 720.07
2009	7 434.51	2 148.57
2010	7 885.97	2 279.05
2011	9 089.07	2 626.74
2012	9 840.59	2 843.93
2013	10 546.66	3 047.98
2014	10 755.78	3 108.42
2015	10 409.79	3 008.43

其次，对农户非正规金融借款额进行估算，具体估算结果如表 8.2 所示。

表8.2　农户非正规金融借款额

年份	农户户均年内累计借款额/元	全国农村户数/亿户	农户非正规借款额/亿元
1995	628.9	2.33	805.94
1996	827.6	2.34	1 065.12
1997	934.8	2.34	1 203.09
1998	1 064.1	2.37	1 387.05
1999	880.3	2.38	1 152.31
2000	1 450.4	2.41	1 922.51
2001	1 477.7	2.44	1 983.07
2002	1 416.0	2.46	1 915.85
2003	1 709.9	2.48	2 332.30
2004	1 643.5	2.50	2 259.81
2005	1 716.5	2.52	2 379.07
2006	1 784.4	2.53	2 482.99
2007	1 669.3	2.54	2 332.01
2008	2 125.2	2.57	3 003.97
2009	2 384.3	2.60	3 409.55
2010	2 369.2	2.64	3 440.08
2011	2 505.6	2.66	3 665.75
2012	2 657.6	2.68	3 917.30
2013	2 928.2	2.70	4 351.28
2014	3 226.3	2.72	4 830.84
2015	3 554.8	2.74	5 359.39

基于以上对农村个体、私营企业非正规金融融资额及农户非正规金融借款额的估算结果，可以估算出中国农村非正规金融发展水平，具体估算结果如表 8.3 所示。

表8.3　中国农村非正规金融发展水平

年份	农村非正规金融发展水平	年份	农村非正规金融发展水平
1995	1 327.98	2006	3 765.05
1996	1 726.57	2007	3 812.64
1997	1 902.79	2008	4 724.04
1998	2 084.25	2009	5 558.12
1999	1 875.01	2010	5 719.12
2000	2 677.61	2011	6 292.49
2001	2 756.98	2012	6 761.23
2002	2 727.89	2013	7 399.27
2003	3 257.38	2014	7 939.26
2004	3 231.62	2015	8 367.82
2005	3 517.91		

从测算结果看，1995～2015 年，我国农村非正规金融的发展水平尽管在个别年份（1999 年、2002 年和 2004 年）出现了小幅度下降或者发展平缓的现象，但整体上还是呈现快速上升的趋势，区间累计涨幅超 5 倍。为了进一步揭示数据特征，表 8.4 展示了我国农村非正规金融发展指标的描述性统计结果。

表8.4　中国农村非正规金融发展指标描述性统计结果

平均值	中间值	最大值	最小值	标准差	偏度	峰度
4 163.097	3 517.910	8 367.820	1 327.980	2 186.871	0.564 467	2.038 712

第二节　利率市场化水平指标及其测算

一、指标选取

对于如何衡量利率市场化水平的问题，从现有文献看，国内学者主要有以下几种衡量方式：一是通过时间虚拟变量来度量利率市场化的发展（王东静和张祥建，2007；王道平，2016），这种方法刻画起来比较简单，其缺点在于利率市场化是一个循序渐进的过程，这种方法在时间节点选择上具有一定的主观性；

二是直接选取一种存贷款基准利率作为代理变量（金中夏等，2013），这种方法其本身涵盖了利率市场化的信息，具有一定的合理性，其缺点在于这一指标变动更多的是反映了货币政策的短期调整，并不能全面体现利率市场化的效果；三是在存贷款基准利率的基础上嵌入存贷款利率的浮动范围（张孝岩和梁琪，2010），相较于直接选取一种存贷款基准利率作为衡量指标的方法，这种方法能更全面地反映利率市场化改革的信息；四是选取实际利率水平、利率决定方式及利率浮动范围和幅度三个指标测度利率市场化（陶雄华和陈明珏，2013；黄晓薇等，2016），其优点在于多角度考虑了利率市场化改革，并且简单平均的做法也更加易懂。

在相关研究的基础上，本章利用一种新的办法来构建反映利率市场化程度的代理变量。具体的指标构建逻辑是：构建相关估计模型并获得该模型的残差值，计算残差值的绝对值占被解释变量波动程度的比重，并以此作为利率市场化水平的代理变量。在模型设定中对影响贷款需求变化的因素进行控制，主要做法是在模型中引入我国 GDP 作为需求因素的代理变量。在此基础上，如果我国利率市场化的发展水平越高，贷款额与贷款利率的相关度就越高。具体估计模型如下：

$$\ln\left(\text{LOAN}\right)=\beta_0+\beta_1\times\ln\text{GDP}+\beta_3\times R+\mu \tag{8.1}$$

其中，LOAN 为贷款额；GDP 为国内生产总值；R 为借款利率；μ 为残差。通过回归获得式（8.1）的残差值 μ 后，再利用式（8.2）估算利率市场化发展水平（LIB）。

$$\text{LIB}=\frac{|\mu|}{\left|\ln\left(\text{LOAN}\right)-\overline{\ln\left(\text{LOAN}\right)}\right|} \tag{8.2}$$

二、利率市场化水平测度

（一）数据来源

本章将分别对全国及农村地区的利率市场化发展水平进行测算，涉及的指标主要有金融机构贷款年余额、GDP、农村贷款余额、农村 GDP 及六个月内短期贷款利率。来源方面，使用的所有样本数据主要来自 Wind 数据库、《中国统计年鉴》（1995～2016）、《中国金融年鉴》（1995～2016）和《中国农村绿皮书》（1995～2016）等。其中，农村贷款余额为乡镇企业贷款余额与农业贷款余额之和（姚耀军，2004）；农村人均 GDP 为农村 GDP 与农村人口的比值；而农村 GDP 将通过全国 GDP 与农村 GDP 占全国 GDP 的比重计算而得（姚耀军，2004）。此外需要说明的是，对于无法获得年度数据的指标，此处通过该指标的月度数据简单加权平均获得年度数据。对于样本数据中缺失的少量数据，则通过平滑法推出。最后，为了降低样本数据的变动幅度，对相关变量作对数处理。

（二）利率市场化发展水平测算结果

基于前文提出的指标构建方法，首先对我国利率市场化水平进行测度，具体结果如表 8.5 所示。

表8.5　全国利率市场化水平

年份	利率市场化水平	年份	利率市场化水平
1995	0.071 618 136	2006	0.032 935 477
1996	0.034 174 954	2007	0.018 956 956
1997	0.096 283 050	2008	0.022 719 005
1998	0.065 431 755	2009	0.021 985 697
1999	0.074 871 037	2010	0.043 734 644
2000	0.011 432 859	2011	0.019 614 817
2001	0.023 452 314	2012	0.014 665 751
2002	0.021 985 697	2013	0.026 738 677
2003	0.046 804 524	2014	0.056 150 036
2004	0.048 909 452	2015	0.067 268 767
2005	0.039 434 732		

从数据看，1995～2015 年，我国整体利率市场化程度有了显著的提升。此外，虽然在个别时间点或时间区间上利率市场化程度出现了一些反复，但整体呈上升趋势，而且趋势十分明显。这说明，在“先外币、再本币；先贷款、再存款；先农村、再城市；先大额、再小额；先划定浮动范围、再完全放开”的改革思路下，国家所采取的诸如放开银行间同业拆借市场利率、放开金融机构贷款利率下限管制及调整存款利率浮动区间等举措，确实提升了全国层面上的利率市场化程度。基于计量模型测算的利率市场化程度指标，同基于经济理论与政策实践的主观判断基本一致，可以视为支持利率市场改革举措有效提升了利率市场化水平的一个经验证据。

出于对本书研究主题与研究目的的考虑，应当对农村利率市场化水平进行测算。理论上讲，农村金融市场作为我国金融市场的重要组成部分，其利率市场化水平应当与全国层面的利率市场化水平具有基本的一致性。具体地，有关农村利率市场化水平的测算结果如表 8.6 所示。

表8.6　农村利率市场化发展水平

年份	农村利率市场化水平	年份	农村利率市场化水平
1995	0.061 931 217	2006	0.062 597 372
1996	0.013 915 713	2007	0.043 171 150
1997	0.139 697 431	2008	0.028 220 801
1998	0.079 470 851	2009	0.032 343 134
1999	0.066 722 344	2010	0.086 179 412
2000	0.101 449 817	2011	0.038 298 254
2001	0.058 121 499	2012	0.047 333 848
2002	0.028 220 801	2013	0.034 797 765
2003	0.078 947 124	2014	0.089 895 457
2004	0.066 797 062	2015	0.051 505 842
2005	0.063 628 615		

从测度结果看，1995～2015 年，我国农村利率市场化水平指标同全国整体指标有着大致相同的发展趋势，二者均呈现波动增长的特点。特别地，从波动角度看，农村利率市场化发展水平指标的波动幅度大于全国利率市场化发展水平的波动幅度。

第三节　利率市场化对农村非正规金融的影响效应

基于本章的研究主体，本部分将围绕农村利率市场化影响农村非正规金融发展、农村利率市场化影响农户的消费流动性约束及农村利率市场化影响农户的投资流动性约束三个方面，实证研究农村利率市场化对农村非正规金融的影响。在内容安排上，本节首先针对不同的研究问题有针对性地构建计量模型，接着对变量选择与数据来源做出说明，最后给出估计结果并阐述其含义与启示。

一、模型设定

（一）农村利率市场化影响农村非正规金融发展的计量检验模型

为了验证利率市场化是否对农村非正规金融发展产生了影响，本节构建如下计量检验模型：

$$\frac{\text{INF}}{\text{TLO}}=b_0+b_1\times\text{RLIB}+b_2\times\ln\text{FL}+b_3\times\ln\text{INC}+b_4\times\frac{\text{ARC}}{\text{GDP}}+\mu \quad (8.3)$$

其中，INF 为农村非正规金融的融资总量；TLO 为农村融资总量；INF/TLO 为农村非正规金融融资量占农村总融资量的比重；RLIB 为农村利率市场化程度指标；FL 为农村部门对正规金融借贷总量；INC 为农村居民收入。如果农村利率市场化程度的提高弱化了农村非正规金融的地位，那么模型中的系数 b_1 应该显著为负。如果农村非正规金融与正规金融之间存在紧密联系，那么系数 b_2 应当显著，其符号取决于农村正规金融与非正规金融之间是替代还是互补关系。那么，农村正规金融和非正规金融之间具有怎样的关系？一种学术观点是二者之间存在替代关系（周先波和罗连化，2015），另一种观点是二者之间存在互补关系（张兵和张宁，2012；刘西川等，2014），因此模型中的系数 b_2 可能显著为正也可能显著为负。理论上，农户的收入增加增强了其抵押能力，从而增加了其获得农村正规金融贷款的可能性，农户在农村非正规金融的贷款也会有所减少，因此模型中的系数 b_3 应该显著为负。ARC 为农业产值，GDP 为国内生产总值，ARC/GDP 为农业占 GDP 的比重，该比重的增加意味着农村经济的发展，农村贷款的抵押能力也增强，从而更加容易从正规金融获得贷款，来自非正规金融的贷款也就自然而然地减少了，因此模型中的系数 b_4 显著为负。

（二）农村利率市场化影响农户消费流动性约束的计量检验模型

为了验证利率市场化是否弱化了农村非正规金融对农户消费的流动性约束，本节构建如下计量检验模型：

$$\begin{aligned}\ln\text{CON}=&\,b_0+b_1\times\text{RLIB}+b_2\times\ln\text{FL}+b_3\times\ln\text{INC}+b_4\times\text{RLIB}\times\ln\text{INF}\times\ln\text{INC}\\&+b_5\times\text{RLIB}\times\ln\text{INF}\times\ln\text{INCL}+\mu\end{aligned} \quad (8.4)$$

其中，CON 为农户当期消费；RLIB 为农村利率市场化程度指标；FL 为农村部门对正规金融借贷总量；INF 为农村非正规金融的融资总量；INC 为农村居民收入；INCL 为农户长期收入。理论上，如果农村利率市场化程度提高使农村正规金融通过风险补偿增加向农户的贷款，从而当期消费有所增加，即农户消费的流动性约束将有所弱化，那么模型中的系数 b_1 应该显著为正。此外，贷款总量的增加会使得农户当期可支配收入增加，从而弱化农户消费流动性约束，因此，模型中的系数 b_2 应该显著为正。最后，收入也是影响消费的重要因素，而且二者之间存在正相关关系。需要说明的是，在研究收入对消费的影响时，一般会对当期收入和长期收入做区分。模型中 INC 为农村居民当期收入，农户的收入增加自然而然地将增加农户的消费，农户消费的流动性约束会减弱，因此，模型中的系数 b_3 应该显著为正。

特别地，对于模型中的两个交叉项，需要分两种情况讨论：一方面，如果农村正规金融和非正规金融之间存在替代关系，即农村非正规金融越发达则正规金融越不发达，那么，农村非正规金融的发展会使农户在消费时面临的借贷来源渠道变得有限。从而，农户的现期消费对长期收入依赖性更弱，对当期收入的依赖性更强。这种情况下，对于模型中的两个交叉项而言，当去掉 RLIB 项时，应当有 b_4 显著为正，而 b_5 则为不显著。但在加入 RLIB 项后，由于利率市场化的发展将弱化农村非正规金融的地位，此时应当有 b_4 变得比原来小，且有可能是不显著的，而 b_5 则可能变得显著且为正。另一方面，如果农村正规金融和非正规金融之间存在互补关系，那么，农村非正规金融的发展为农户提供了更加广阔的借贷渠道，从而使得农户在消费时不依赖于当期收入，更依赖于长期收入。此时，所有的结果将与上述情况相反。

（三）农村利率市场化对农户投资流动性约束的影响模型设定

为了验证利率市场化是否弱化了农村非正规金融对农户投资的流动性约束，构建如下计量检验模型：

$$\ln\text{INV} = b_0 + b_1 \times \text{RLIB} + b_2 \times \ln\text{FL} + b_3 \times \ln\text{INF} + b_4 \times \text{RLIB} \times \ln\text{INF} \times \ln\text{DEP} + \mu \tag{8.5}$$

其中，INV 为农户投资；RLIB 为农村利率市场化程度指标；FL 为农村部门对正规金融借贷总量；INF 为农村非正规金融的融资总量；DEP 为农户储蓄。理论上，利率市场化改革下的利率放开会通过名义收益效应增加农村正规金融机构对农户的贷款，使得农户拥有更多的投资资金，因此模型中的利率市场化程度变量的系数 b_1 应该显著为正。此外，FL 为农村部门对正规金融的借贷总量，它的增加将使农户拥有更多可以进行投资的资金，从而增加农户投资，因此模型中的系数 b_2 应该显著为正。最后，由于农村非正规金融的发展会使得农户拥有更宽广的借贷渠道，通过借款进行投资，因此模型中体现这一关系的系数 b_3 应该显著为正。

特别地，对于模型中涉及利率市场化指标（RLIB）、农村非正规金融的融资总量（INF）和农户储蓄指标（DEP）的交叉项有如下说明。在没有借款的情况下，农户投资同其所拥有的储蓄额有很大的关系。如果农户拥有的储蓄额越多，那么他所能够投资的资金也越多。因此，对于模型中的三项交叉项，当去掉 RLIB 项和 lnINF 项时，应当有 b_4 显著为正；在加入 lnINF 项后，农村非正规金融的发展使得农户能够通过广泛的借贷渠道贷款投资，从而弱化了农户投资与其储蓄之间的相关性。因此，对于模型中的三项交叉项，当去掉 RLIB 项时，此时的 b_4 较加入 lnINF 项之前应该相对变小或不显著；在加入 RLIB 项后，由于利率市场化的发展一定程度上弱化了农村非正规金融在农村金融体系中的地位，农户得到的借款额相对变少，从而农户投资与其储蓄的相关性有所提高。因此，对于模型中的三项交叉项，此时的 b_4 较加入 lnINF 项之后应该显著变大。

二、变量定义、数据来源与估计方法

在构建了检验利率市场化对农村非正规金融影响效应的计量模型后，本部分将对模型中相关变量的代理变量及数据来源进行说明。

（一）变量定义

本章用到的主要变量有农村非正规金融融资额、农村融资额、农村居民收入、利率市场化程度、农户当期消费、农户投资、农户储蓄及农户长期收入等，结合统计数据的可得性，代理变量选择结果如表 8.7 所示。

表8.7　相关代理变量说明

变量	代理变量
农村非正规金融融资额/农村融资额	农村非正规金融融资额=农村个体、私营企业非正规金融融资额+农户非正规金融借款额 农村贷款余额=乡镇企业贷款余额+农业贷款余额
利率市场化程度	测算
农村部门对正规金融借贷总量	农村正规金融借贷总额=农村贷款余额−农村非正规金融融资额
农村居民收入	农村人均纯收入
农业产值/GDP	第一产业增加值/GDP
农户当期消费	农户人均消费额
农户长期收入	农村三年平均收入水平
农户投资	农户固定资产投资额
农户储蓄	农户储蓄存款余额

（二）数据来源与估计方法

本章的数据主要来自 Wind 数据库、《中国统计年鉴》（1995～2016）、《中国金融年鉴》(1995～2016)、《中国农村绿皮书》(1995～2016)和《全国农村固定观察点调查数据汇编》(1995～2009)。此外，为了能够有比较明显的对比，以便观察估计结果是否稳健，将使用普通最小二乘法及分位数回归两种方法进行估计。

三、估计结果

首先需要说明的是，为了能够有比较明显的对比，以便观察实证结果的稳健性，本节将使用普通最小二乘法及分位数回归两种方法。此外，为了去除时间趋势的影响，本节还将在部分模型中加入时间趋势项。

（一）农村利率市场化影响农村非正规金融发展的估计结果

为了方便观察估计结果是否稳健，分别使用 OLS 和 QREG 两种方法对计量模型（8.3）进行回归，具体估计结果如表 8.8 所示。

表8.8 农村利率市场化影响农村非正规金融发展的估计结果

被解释变量	INF/TLO							
回归方法	OLS				QREG			
解释变量	(1)	(2)	(3)	(4)	(1)	(2)	(3)	(4)
RLIB	−0.009 6 (0.144 3)	−0.008 8 (0.148 8)	−0.104 8 (0.236 2)	−0.101 9 (0.244 9)	−0.006 9 (0.177 1)	−0.018 7 (0.178 1)	−0.073 7 (0.300 1)	−0.147 7 (0.350 9)
lnFL	−0.155 6*** (0.041 6)	−0.159 6*** (0.046 1)	−0.160 5*** (0.043 2)	−0.163 2*** (0.047 6)	−0.115 8* (0.067 6)	−0.108 5 (0.079 3)	−0.116 8* (0.067 9)	−0.115 4 (0.093 1)
lnINC	−0.092 0*** (0.033 6)	−0.079 7 (0.062 6)	−0.095 9** (0.034 9)	−0.086 9 (0.065 3)	−0.065 9 (0.050 7)	−0.069 0 (0.073 1)	−0.068 2 (0.051 2)	−0.081 0 (0.089 9)
ARC/GDP	−0.899 7*** (0.345 9)	−0.768 6 (0.661 7)	−0.945 6*** (0.360 5)	−0.849 8 (0.691 5)	−0.512 7 (0.572 3)	−0.578 5 (0.865 0)	−0.491 9 (0.573 8)	−0.586 3 (1.006 2)
T		0.002 3 (0.009 9)		0.001 7 (0.010 2)		−0.001 5 (0.013 4)		−0.001 8 (0.015 7)
$RLIB^2$			1.515 5 (2.448 1)	1.469 0 (2.547 4)			0.520 2 (2.884 8)	1.133 1 (3.491 0)
C	1.048 9*** (0.199 4)	1.146 4*** (0.462 6)	1.070 2*** (0.206 2)	1.139 7** (0.473 4)	0.831 5** (0.335 3)	0.760 9 (0.707 7)	0.821 0** (0.336 6)	0.735 0 (0.825 7)
样本量	21	21	21	21	21	21	21	21
麦克法登调整拟合优度	0.826 0	0.815 1	0.819 1	0.806 5	0.640 9	0.617 4	0.620 4	0.596 4
LR/F统计量	24.742 8	18.636 6	19.107 9	14.894 9	43.679 4	43.043 4	43.256 0	36.277 9
对数似然值	65.676 6	65.715 2	65.941 4	65.961 7				

***、**、*分别表示在 1%、5%、10%的显著性水平上显著

注：括号内为标准差

从估计结果看，在各模型下利率市场化程度指标的系数估计结果均为负，说明农村利率市场化对于农村非正规金融发展存在一定的负向影响，不过该影响不是很显著。此外，代表了正规金融影响的 lnFL 的系数估计结果普遍显著为负，说明从经验证据看，农村非正规金融与正规金融之间具有一定的替代性。这意味着，在假定贷款规模的条件下，农村正规金融的发展将对非正规金融产生挤出效应。最后，回归结果还有如下特征：首先，各变量系数估计结果符合预期，而且分别使用最小二乘回归与分位数回归估计的结果是基本一致的，说明估计结果是稳健的；其次，相对于分位数回归，在 OLS 回归结果中变量的显著性及调整拟合优度表现更优；最后，不引入趋势项的回归结果优于引入趋势项的回归结果。因此，在考察农村利率市场化对农村非正规金融发展的影响时，选择使用不引入时间趋势项的 OLS 回归模型整体效果更好。

为何农村利率市场化并不能有效促进农村非正规金融发展？由于存在着严重的信息不对称和金融摩擦问题，农村的贷款供给曲线不同于完全市场经济条件下的供给曲线，而是向后弯曲，从而在该供给曲线上存在一个极大值。如果在完全放开贷款利率前，农村市场的均衡利率水平已处于较高的位置，那么放开贷款利率的控制，并不会改变农村正规金融的供给，因此也就不会对农村非正规金融产生影响。首先，在模型当中引入农村利率市场化的平方项，再观察极大值处所对应的农村利率市场化发展水平，如果极大值处的农村利率市场化发展水平不大于农村利率市场化发展的最高水平，则上述解释得到验证。观察表 8.8，在极大值处的利率市场化水平为 0.034 576（$-\frac{-0.1048}{2\times1.5155}=0.034576$），小于利率市场化发展的最高水平 0.089 895，解释得到验证。

除此之外，表 8.8 还表明农村正规金融的发展、农户收入的增加及农村经济的发展均对农村非正规金融的发展有着显著的负向影响。从原因来看，农村正规金融的发展对非正规金融的发展有负向作用，二者之间存在替代关系。此外，农户收入增加和农村经济发展均显著弱化了农村非正规金融的发展，这是由于这两个因素提高了农户在正规金融机构的信贷可得性。而且，农户收入增加、农村经济发展和城乡二元转型是密不可分的，这也从侧面反映出二元转型对农村非正规金融发展及农村金融体系有重要影响和作用。

（二）农村利率市场化影响农户消费流动性约束的估计结果

分别使用 OLS 和 QREG 两种方法对计量模型（8.4）进行回归，具体估计结果如表 8.9 所示。

表8.9　农村利率市场化对农户消费流动性约束的影响的估计结果

被解释变量	lnCON			
回归方法	OLS		QREG	
解释变量	（1）	（2）	（1）	（2）
RLIB	0.148 0* （0.510 8）	0.334 7* （0.777 2）	0.404 7 （0.826 3）	0.916 1 （1.114 7）
lnFL	0.156 9* （0.096 9）	0.173 4** （0.082 0）	0.170 6** （0.132 4）	0.220 9* （0.116 5）
lnINC	1.147 3*** （0.220 2）	1.237 0*** （0.097 6）	1.113 5*** （0.294 6）	1.310 1*** （0.138 0）
lnINF×lnINC	0.744 1 （0.637 5）		0.520 9 （0.355 0）	
RLIB×lnINF×lnINC		0.534 9 （0.431 9）		0.495 3 （0.640 9）
lnINF×lnINCL	0.403 9 （0.302 2）		0.136 3 （0.063 3）	
RLIB×lnINF×lnINCL		0.545 1 （0.435 8）		0.509 9 （0.645 8）
C	−0.273 1** （1.017 6）	−0.536 7** （0.136 8）	−0.180 7*** （1.317 8）	−0.676 2*** （0.221 2）
样本量	21	21	21	21
麦克法登调整拟合优度	0.995 1	0.995 2	0.936 3	0.933 1
LR/*F* 统计量	816.251 9	825.220 3	305.708 4	301.691 9
对数似然值	39.687 4	39.801 7		

***、**、*分别表示在 1%、5%、10%的显著性水平上显著

注：括号内为标准差

从估计结果看，所有变量的系数估计结果均与预期一致，且利用两种估计方法得出的结论基本一致，说明估计结果是稳健的。此外，OLS 回归结果在显著性和拟合优度等方面都优于分位数回归结果，因此，后面的分析主要是基于 OLS 回归估计结果做出的判断。

表 8.9 表明，在农村正规金融和非正规金融之间存在相互替代关系的情况下，农村利率市场化水平的提高在一定程度上弱化了农村非正规金融对农户消费的流动性约束，但这个弱化的作用并不是很明显。从交叉项看，在加入农村利率市场化变量后，当期收入交叉项的相关系数从 0.744 1 下降到了 0.534 9，长期收入交叉项的系数从 0.403 9 上升到了 0.545 1，说明在利率市场化改革的背景下，农村非正规金融使农户在消费时对当期收入的依赖性越来越弱，而对于长期收入的依赖性则越来越强，即农村利率市场化的发展弱化了农村非正规金融对农户消费的流动性约束。另外，在加入农村利率市场化的发展前后，两个交叉项回归结果的显著性水平依次为 0.254 2、0.234 6、0.202 5 及 0.230 1，出现小幅提升。

最后，和预期一致，估计结果表明农村利率市场化的发展、农村正规金融的

发展及农户收入的增加分别在 10%、10%及 1%的水平下显著，且均为正。其中，农户收入的增加对于农户消费变动的影响程度最大，在弱化农户消费的流动性约束上作用也最大。由此可见，虽然农村正规金融发展及利率市场化推进均能弱化农户消费的流动性约束，但是诸如增加农户收入等直接改变农户经济特征的因素，在弱化农户消费的流动性约束方面有着更明显的作用。

（三）农村利率市场化影响农户投资流动性约束的估计结果

为了方便观察估计结果是否稳健，分别使用 OLS 和 QREG 两种方法对计量模型（8.5）进行回归，具体估计结果如表 8.10 所示。

表8.10　农村利率市场化对农户投资流动性约束的影响的估计结果

被解释变量	lnINV					
回归方法	OLS			QREG		
解释变量	（1）	（2）	（3）	（1）	（2）	（3）
RLIB	2.026 6 （1.324 5）	2.004 8 （1.236 2）	12.143 5 （7.591 5）	1.132 8 （2.065 0）	1.291 5 （1.818 3）	14.087 4 （10.863 8）
lnFL	0.114 3 （0.326 5）	0.111 9** （0.279 2）	0.477 4 （0.255 7）	−0.070 3 （0.670 8）	0.041 9* （0.443 6）	0.530 9 （0.353 2）
lnINF	0.221 9** （0.332 1）	0.188 7* （0.383 7）	0.249 2* （0.346 1）	−0.098 2 （0.543 0）	−0.495 1 （0.671 1）	0.111 0* （0.485 9）
lnDEP	0.380 7* （0.219 3）			0.698 0* （0.604 2）		
lnINF×lnDEP		0.043 9** （0.018 4）			0.059 7 （0.039 0）	
RLIB×lnINF×lnDEP			0.065 3 （0.038 0）			0.145 4* （0.123 9）
C	1.749 5** （0.756 1）	5.328 4*** （1.987 1）	1.925 5* （1.047 2）	2.876 8* （1.968 7）	7.142 6* （4.200 6）	2.513 8 （1.552 4）
样本量	21	21	21	21	21	21
麦克法登调整拟合优度	0.956 9	0.962 2	0.953 7	0.797 7	0.819 4	0.782 1
LR/*F* 统计量	111.914 1	128.209 7	104.007 8	90.509 7	101.687 8	85.086 4
对数似然值	18.039 2	19.420 4	17.297 4			

***、**、*分别表示在 1%、5%、10%的显著性水平上显著

注：括号内为标准差

从表 8.10 看，估计结果同预期基本一致，而且是稳健的。同样地，相比而言，OLS 回归的估计结果在显著性和拟合优度等方面都优于分位数回归。因此，后面的分析主要是基于 OLS 回归估计结果做出的判断。

估计结果表明，利率市场化对于弱化非正规金融对农户投资的约束具有显著的作用。从交叉项看，在农村利率市场化改革之前，农村非正规金融的发展

使得农户投资与储蓄额之间的相关程度从 0.380 7 减小到 0.043 9，并且分别在10%和 5%水平上显著，表明农村非正规金融的发展能够让农户更多地通过借款进行投资，从而降低对自有储蓄的依赖度。引入农村利率市场化改革后，农户投资和储蓄额之间的相关度从0.043 9上升到了0.065 3，并且在13%水平上显著，说明农村利率市场化水平提高在一定程度上弱化了农村非正规金融对农户投资的作用。不过，估计结果显示，农村非正规金融的发展对农户投资所带来的促进作用大于农村利率市场化所带来的弱化作用。其原因在于，农村非正规金融的社会资本优势提高了其在识别农户借款类型上的能力，能更好地解决我国农村金融市场上存在的严重信息不对称和金融摩擦问题，因此，农村非正规金融在农村金融市场上具有无法替代的地位，对农户投资流动性约束有着更为重要的影响。

本章小结

本章分为三节。首先，梳理总结有关农村非正规金融发展水平的测度方法，从绝对水平测度的角度，构建农村非正规金融发展指标并进行测度；其次，梳理总结有关农村非正规金融发展水平的测度方法，并从统计角度，提出一种新的测度利率市场化水平的方法，并基于新方法对利率市场化程度进行测度；最后，在相关指标构建与测算的基础上，实证检验农村利率市场化对农村非正规金融发展及农户消费和投资流动性约束的影响。本章的主要结论有以下几点。

第一，从绝对水平测度的角度看，我国农村非正规金融的发展水平尽管在个别年份（1999 年、2002 年和 2004 年）出现了小幅度下降或者发展平缓的现象，但整体上还是呈现快速上升的趋势，区间累计涨幅超 5 倍。

第二，我国利率市场化的发展水平越高则贷款额与贷款利率的相关度就越高，通过构建相关估计模型并获得该模型的残差值，然后计算残差值的绝对值占被解释变量波动程度的比重来衡量利率市场化水平。测算结果表明，1995～2015 年，我国整体利率市场化程度有了显著的提升，而且我国农村地区利率市场化水平指标同全国整体指标有着大致相同的发展趋势。

第三，实证结果显示，农村非正规金融与正规金融之间具有一定的替代性，农村利率市场化对于农村非正规金融发展存在一定的负向影响，不过该影响不是很显著。其原因在于，在完全放开贷款利率前，农村市场的均衡利率水平已处于较高的位置，那么放开贷款利率的控制，并不会对农村非正规金融发展产生明显影响。

第四，经验证据还表明，在利率市场化改革的背景下，农村非正规金融使农户在消费时对当期收入的依赖性越来越弱，而对于长期收入的依赖性则越来越强，即农村利率市场化的发展弱化了农村非正规金融对农户消费的流动性约束。类似地，利率市场化对于弱化非正规金融对农户投资的作用具有显著影响。

参 考 文 献

程龙. 2013. 非正规金融与农村经济增长的关系研究[D]. 广西大学硕士学位论文.

郭沛. 2004. 中国农村非正规金融规模估算[J]. 中国农村观察，2：21-25.

胡宗义，李鹏. 2012. 财政扶持及金融联动对地方农民收入影响的空间计量分析[J]. 经济数学，4：60-66.

黄晓薇，郭敏，李莹华. 2016. 利率市场化进程中银行业竞争与风险的动态相关性研究[J]. 数量经济技术经济研究，33（1）：75-91.

金中夏，洪浩，李宏瑾. 2013. 利率市场化对货币政策有效性和经济结构调整的影响[J]. 经济研究，4：69-82.

林汉川，夏敏仁，何杰，等. 2003. 中小企业发展中所面临的问题——北京、辽宁、江苏、浙江、湖北、广东、云南问卷调查报告[J]. 中国社会科学，2：84-94，206.

刘西川，陈立辉，杨奇明. 2014. 农户正规信贷需求与利率：基于 Tobit Ⅲ模型的经验考察[J]. 管理世界，3：75-91.

冉光和，汤芳桦. 2012. 我国非正规金融发展与城乡居民收入差距——基于省级动态面板数据模型的实证研究[J]. 经济问题探索，1：185-190.

陶雄华，陈明珏. 2013. 中国利率市场化的进程测度与改革指向[J]. 中南财经政法大学学报，3：74-79.

王道平. 2016. 利率市场化、存款保险制度与系统性银行危机防范[J]. 金融研究，1：50-65.

王东静，张祥建. 2007. 利率市场化、企业融资与金融机构信贷行为研究[J]. 世界经济，2：50-59.

姚耀军. 2004. 中国农村金融发展水平及其金融结构分析[J]. 中国软科学，11：36-41.

姚耀军，陈德付. 2005. 中国农村非正规金融的兴起：理论及其实证研究[J]. 中国农村经济，8：45-51.

张兵，张宁. 2012. 农村非正规金融是否提高了农户的信贷可获性?——基于江苏 1202 户农户的调查[J]. 中国农村经济，10：58-68.

张孝岩，梁琪. 2010. 中国利率市场化的效果研究——基于我国农村经济数据的实证分析[J]. 数量经济技术经济研究，6：35-46.

周先波，罗连化. 2015. 中国农户正式和非正式借贷行为：竞争还是互补[J]. 中山大学学报（社会科学版），4：198-208.

第九章　利率市场化对农村非正规金融影响机理的经验证据

经验证据表明，利率市场化改革对农村非正规金融发展产生了一定的负面影响。在非正规金融与正规金融具有替代关系的条件下，利率市场化对农村正规金融机构的正向的名义收益效应和技术内生效应在前期能优化农村正规金融的借款人类型，相应地，这会减少农村非正规金融机构的借款人规模并恶化农村非正规金融机构的借款人类型。在第八章，有关利率市场化影响农村非正规金融地位的假说已经得到了经验证据的支持。在本章，将从实证的角度考察有关利率市场化对农村非正规金融影响机理的假设能否得到经验证据的支持。此外，考虑到二元经济是我国经济发展的一个典型特征，以及二元转型是影响农村金融市场发展、金融结构变迁、金融组织演进的基础性因素，本章还会检验农村经济二元转型是否比利率市场化改革对农村非正规金融产生了更大的影响。

在结构安排上：第一节对利率市场化影响农村非正规金融发展的机理进行实证检验；第二节将二元经济这一重要典型经济特征纳入考虑，实证识别在农村非正规金融发展过程中，二元转型与利率市场化改革哪个有更大的影响。

第一节　基 本 检 验

一、模型设定

本章主要针对第七章提出的假说 7-2 进行实证分析。为了验证利率市场化对农村非正规金融的影响机制，本节构建如下计量模型：

$$\frac{\mathrm{FL}}{\mathrm{TLO}} = b_0 + b_1 \times \mathrm{RLIB} + b_2 \times \mathrm{INDU} + b_3 \times \ln\mathrm{INC} + b_4 \times \mathrm{AGRP} + b_5 \times \mathrm{OLD} + b_6 \times \ln\mathrm{FL} \times \mathrm{RLIB} + \mu \tag{9.1}$$

其中，FL 为农村正规金融融资额；TLO 为农村总融资额；RLIB 为农村利率市场化程度指标；INDU 为农村产业结构变量；INC 为农村居民收入变量；AGRP 为农业从业人口变量；OLD 为农村老年人口变量。其中，INDU 为农村产业结构变量，用第一产业产值与第二、三产业产值的比值来衡量。就有关变量的系数而言，农村利率市场化程度提高，会通过名义收益效应和技术内生效应增加农村正规金融机构向农户的贷款，从而提高农村正规金融融资额在农村总融资额当中的比重，因此，模型中的系数 b_1 应该显著为正。这意味着，在假定农村金融市场贷款一定的情况下，利率市场化使得农村正规金融在农村贷款总额中的占比增加，农村非正规金融占比减少，即存在所谓的规模效应。因为相对于第一产业来说，第二、三产业的发展对于资金需求的密集度更大，因此模型中的系数 b_2 应该显著为负；考虑到农户的收入增加会增强抵押能力，进而提高农户从农村正规金融机构获得贷款的可能性，因此，模型中的系数 b_3 应该显著为正；农业人口的增加将使得对农村贷款量增加，而其中一部分贷款将来自农村正规金融，因此，模型中的系数 b_4 应该显著为正；最后，农村老年人数量上升会增加对农村贷款需求，因此，模型中的系数 b_5 应该显著为正。

如果借款人类型结构恶化效应存在，那么，应当有交叉项的系数 b_6 显著为正。也就是说，随着利率市场化水平的提高，农村正规金融的发展水平影响了利率市场化对农村正规金融占比的影响，且影响是正向的。总的来说，如果借款人类型结构恶化效应存在，那么利率市场化的推进，不仅对农村正规金融机构的贷款占比产生了线性的截面效应，还产生了非线性的边际效应。

二、变量定义、数据来源与估计方法

（一）变量定义

本节涉及的变量有农村正规金融发展变量、农村产业结构变量、农业从业人口变量及农村老年人口比重变量，相关变量的具体定义及其计算如表 9.1 所示。

表9.1　相关代理变量说明

变量	代理变量
农村正规金融发展	农村正规金融融资额占农村固定资产投资额的比重
农村产业结构	第一产业增加值占第二、三产业总增加值的比重
农业从业人口发展	农林牧渔业从业人口占农村总人口的比重
农村老年人口比重	65 岁以上人口比重

（二）数据来源与估计方法

本节的数据来自 Wind 数据库、《中国统计年鉴》(1995～2016)、《中国金融年鉴》(1995～2016)、《中国农村绿皮书》(1995～2016) 及《全国农村固定观察点调查数据汇编》(2000～2009、2010～2015)。此外，为了能够有比较明显的对比，以便观察估计结果是否稳健，将使用普通最小二乘法及分位数回归两种方法进行估计。

三、估计结果

出于稳健性考虑，分别使用 OLS 和 QREG 两种方法对计量模型（9.1）进行回归，具体估计结果如表 9.2 所示。

表9.2　假说7-2的估计结果

被解释变量	FL/TLO			
回归方法	OLS		QREG	
解释变量	(1)	(2)	(1)	(2)
RLIB	3.157 0* (3.566 8)	4.744 0* (4.957 7)	2.074 3* (5.515 1)	3.314 6 (4.843 4)
INDU	−0.104 4*** (0.030 5)	−0.103 2*** (0.031 9)	−0.111 6** (0.046 6)	−0.077 7* (0.044 2)
lnINC	3.880 6*** (1.228 3)	3.875 4*** (1.269 5)	4.585 1** (1.944 5)	3.870 0 (2.451 4)
AGRP	5.170 8 (13.401 5)	4.618 9 (14.082 2)	−8.358 8 (12.406 2)	5.349 7 (9.527 3)
OLD	1.881 8*** (0.661 3)	1.846 9*** (0.702 1)	2.357 1** (1.063 8)	−2.044 9 (1.723 1)

续表

被解释变量	FL/TLO			
回归方法	OLS		QREG	
解释变量	（1）	（2）	（1）	（2）
RLIB×lnFL		1.018 7 （4.713 1）		3.503 6 （9.853 9）
C	23.802 7*** （8.964 1）	23.800 5** （9.263 2）	31.294 6** （15.072 7）	22.072 3* （21.309 3）
样本量	21	21	21	21
麦克法登调整拟合优度	0.783 7	0.769 0	0.476 3	0.473 4
LR/*F* 统计量	15.490 9	12.096 5	25.767 5	29.112 1
对数似然值	−0.746 5	−0.711 5		

***、**、*分别表示在 1%、5%、10%的显著性水平上显著

注：括号内为标准差

从表 9.2 可知，所有变量的系数估计结果均与预期一致，且利用两种估计方法得出的结论基本一致说明估计结果是稳健的。此外，OLS 回归结果在显著性和拟合优度等方面都优于分位数回归结果，因此，后面的分析主要是基于 OLS 回归估计结果做出的判断。

从估计结果看，利率市场化程度指标（RLIB）的系数显著为正，说明利率市场化改革在一定前提下提高了农村正规金融的地位。由于存在名义收益效应和技术内生效应，农村利率市场化水平提高增加了从农村正规金融机构筹措资金的借款者，降低了农村非正规金融在农村总融资额中的比重，支持了规模效应存在的假说。此外，伴随着农村利率市场化推进，农村非正规金融中贷款农户的类型有所恶化，不过恶化效应并不是很显著。

首先，从表 9.2 看，农村利率市场化变量在 10%的显著性水平上对农村正规金融占比存在着影响，具体影响为 1 单位农村利率市场化水平的变化将带来 3.157 单位农村正规金融占比的变化。在假定农村金融市场贷款一定的情况下，农村非正规金融在农村金融市场中的地位将会随着农村正规金融地位提高而下降，也就是从农村非正规金融机构筹措资金的借款人减少，即规模效应的存在。

其次，表 9.2 还表明，随着农村利率市场化发展水平的提高，农村正规金融的发展正向影响了其在农村总融资额中的占比的边际效应，但是该影响并不是很显著，显著性水平仅为 25%左右，这意味着农村利率市场化的发展使农村非正规金融中贷款农户的类型有所恶化，但是恶化的程度并不显著。

最后，由表 9.2 可知，农村产业结构变化、农村社会总体经济发展水平、农业从业人口比例及农村老年人口比重也都在不同程度上影响农村正规金融占比。

除了农业从业人口比例的显著性水平不是很高以外，其余三个变量均在1%的显著性水平上对农村正规金融的占比产生影响，并且与农村利率市场化的影响相类似，此时农村非正规金融借款人也将会有比较明显的减少。

综上，由于农村非正规金融与正规金融存在明显的替代关系，农村正规金融受益于利率市场化改革的名义收益效应和技术内生效应的促进而实现发展，削弱了非正规金融在农村金融体系的中的地位。换言之，利率市场化改革对农村正规金融带来了规模增长，对农村非正规金融产生了挤出效应。另外，农村利率市场化的发展使得农村非正规金融中贷款农户的类型有所恶化，但结果并不十分显著。

第二节　二元视角的进一步分析

二元结构是我国经济的一个重要特征，二元转型是影响农村金融市场发展、金融结构变迁、金融组织演进的基础性因素。研究农村利率市场化对农村非正规金融的影响，应当充分重视二元结构变迁这一重要内生性因素对农村非正规金融的影响，以期明确农村利率市场化是否是影响农村非正规金融发展的最重要因素。

一、模型设定

本节主要对第七章的假说 7-3 进行验证。为了验证农村经济二元转型是否比农村利率市场化对农村非正规金融产生更大的影响，在前文研究农村利率市场化对农村非正规金融产生影响的模型基础上，构建如下计量模型：

$$\frac{\mathrm{INF}}{\mathrm{TLO}}=b_0+b_1\times\mathrm{RLIB}+b_2\times\ln\mathrm{FL}+b_3\times\ln\mathrm{INC}+b_4\times\mathrm{DT}+b_5\times\mathrm{DT}\times\mathrm{RLIB}+\mu \quad (9.2)$$

其中，INF 为农村非正规金融的融资总量；TLO 为农村融资总量，RLIB 为农村利率市场化的程度指标；FL 为农村部门对正规金融借贷总量；INC 为农村居民收入；DT 是农村经济二元转型变量；INF/TLO 衡量了农村非正规金融融资量在农村总融资量中的占比。

对于农村二元经济转型变量 DT 的选取，从现有文献来看，衡量二元转型的方法主要有以下六种：第一，二元对比系数（陈宗胜，1994），即用农业部门劳动生产率比上非农业部门劳动生产率；第二，比较劳动生产率，即用工农部门产值的比率比上工农部门劳动力的比率；第三，二元经济结构转化度（石磊和高帆，2006），即用第二、第三产业产值的比率比上第二、第三产业劳动力的比率；第四，相对综合二元反差指数（高帆，2007），即农业与非农部门的劳动生产率的比率与劳动力的比率的相对比值；第五，简单二元反差指数，即两部门产值比重与劳动力比重之差的绝对值均值；第六，非农产值与总产值之比（许月丽等，2014）。上述指标对于刻画经济二元转型都具有一定的合理性，考虑到前五种方法主要关注的是经济二元转型的效率，第六种方法主要关注的是经济二元转型的绝对发展水平，结合本节的研究目的，决定选用第六种方法测度我国农村经济二元转型情况。

如果农村二元转型变量的加入，显著提高了模型的 R^2，且又对其他变量的正负号及显著性影响不大，则说明农村二元转型的确是对农村非正规金融产生重大影响的变量，且系数 b_4 应当显著为负。而在引入交叉项后，如果交叉项是显著的，则说明农村二元转型改变了农村利率市场化对农村非正规金融的边际效应。同时，如果总体模型的 R^2 变高，但是农村利率市场化变量的显著性水平降低，则说明农村利率市场化作用的发挥与农村二元转型所处的阶段是相关的。

二、数据来源与估计方法

本节的数据均来自 Wind 数据库、《中国统计年鉴》（1995～2016）、《中国金融年鉴》（1995～2016）、《中国农村绿皮书》（1995～2016）和《全国农村固定观察点调查数据汇编》（1995～2009）。此外，为了能够有比较明显的对比，以便观察估计结果是否稳健，将使用普通最小二乘法及分位数回归两种方法进行估计。

三、估计结果

为了方便观察估计结果是否稳健，分别使用 OLS 和 QREG 两种方法对计量模型（9.2）进行回归，具体估计结果如表 9.3 所示。

表9.3　假说7-3的估计结果

被解释变量	INF/TLO					
回归方法	OLS			QREG		
解释变量	（1）	（2）	（3）	（1）	（2）	（3）
RLIB	−0.101 8** （0.159 5）	−0.009 6* （0.144 3）	−2.490 4 （3.066 0）	−0.094 1* （0.170 7）	−0.007 0 （0.177 1）	−1.801 6 （3.293 0）
lnFL	−0.060 4*** （0.022 9）	−0.155 6*** （0.041 6）	−0.151 4*** （0.042 4）	−0.070 7** （0.025 5）	−0.115 7* （0.067 6）	−0.108 1* （0065 2）
lnINC	−0.029 1* （0.027 1）	−0.092 0*** （0.033 6）	−0.087 0** （0.034 5）	−0.042 1* （0.030 2）	−0.065 9 （0.050 7）	0.059 4 （0.049 0）
DT		−0.899 9*** （0.345 9）	−0.750 7* （0.394 4）		0.512 7* （0.572 3）	0.368 6 （0.598 5）
DT×RLIB			−2.859 1* （3.502 3）			1.976 8 （3.741 2）
C	0.540 1*** （0.044 5）	0.149 1* （0.155 1）	0.279 8* （0.224 0）	0.530 7*** （0.052 3）	0.318 8* （0.246 0）	0.428 0* （0.294 5）
样本量	21	21	21	21	21	21
麦克法登调整拟合优度	0.767 1	0.826 1	0.832 4	0.591 5	0.640 9	0.653 5
LR/*F* 统计量	22.952 0	24.748 9	19.519 6	37.848 0	43.685 2	46.013 8
对数似然值	61.973 9	65.678 8	66.135 2			

***、**、*分别表示在1%、5%、10%的显著性水平上显著

注：括号内为标准差

表 9.3 显示，主要变量的估计结果均与预期一致，且利用两种估计方法得出的结论基本一致说明估计结果是稳健的。此外，OLS 回归结果在显著性和拟合优度等方面都优于分位数回归结果，因此，后面的分析主要是基于 OLS 回归估计结果做出的判断。

从表 9.3 看，首先，从 OLS 估计下模型（2）的结果看，二元转型变量（DT）的系数显著为负，且绝对值水平远大于利率市场化指标（RLIB）的系数绝对值。这说明，一方面，二元转型是影响农村非正规金融的一个重要因素；另一方面，相对于农村利率市场化改革而言，二元转型对农村非正规金融产生的影响更大。而且，二者系数均显著为负，说明利率市场化改革与二元转型均会弱化非正规金融在农村金融体系中的作用。利率市场化改革会弱化农村非正规金融地位，主要是因为利率市场化改革在一定条件下对农村正规金融的促进作用对农村非正规金融产生了一定的挤出效应。而二元转型之所以会弱化非正规金融在农村金融体系中的作用，主要是二元转型过程会不断地动态改变农村金融市场的不完全性。农村金融发展是一个长期动态的问题，政策制定与实施必须充分考虑农村金融市场不完全性的动态特征，而这一动态特征与二元转型过程密切相关，因而有必要将农村金融发展问题置于二元转型的过程之中来考虑，而且，实证结果也表明，二元转型相对于利率市场化改革对农村非正规金融有着更显著的影响。

其次，从 OLS 估计下模型（3）的结果看，二元转型与利率市场化程度变量的交叉项（DT × RLIB）的系数为−2.859 1，说明二元转型影响了农村利率市场化对农村非正规金融的作用。二元转型是发展中国家经济的典型特征，是决定农村金融市场不完全性和风险特征的重要因素，因而对利率市场化改革的作用效果产生了影响。通过贸易品与要素间的经济互动，城乡之间经济组织形式和运行机制的二元化向现代一元化市场机制的转型，是发展中国家农村金融发展长期面临的一个最重要的基本背景，而这一过程所引起的微观经济主体资产负债表变化和生产经营组织形式变化，以及整体经济环境变化，必然极大地影响农村金融市场的不完全程度，从而影响农业与农村面临的融资约束状况。因而，农村经济二元转型改变了农村利率市场化对农村非正规金融的边际效应，农村利率市场化作用的发挥与农村二元转型所处的阶段是息息相关的。

本 章 小 结

本章分为两节。首先，实证检验利率市场化影响农村非正规金融的机制机理，考察是否存在农村正规金融对非正规金融的挤出效应，以及农村非正规金融面临的借款人类型结构恶化效应；其次，将二元转型这一关键经济特征纳入考虑，比较利率市场化与二元转型的相对效力，并考察利率市场化的作用效果与二元转型所处阶段的关系。本章的主要实证结论有：

第一，农村利率市场化改革对农村非正规金融产生了挤出效应。由于农村非正规金融与正规金融存在明显的替代关系，农村正规金融受益于利率市场化改革的名义收益效应和技术内生效应的促进而得到发展，削弱了非正规金融在农村金融体系中的地位。另外，农村利率市场化的发展使得农村非正规金融中贷款农户的类型有所恶化，但结果并不十分显著。

第二，二元转型是影响农村非正规金融发展的更为重要的因素。类似于利率市场化改革的影响，二元转型同样会弱化非正规金融在农村金融体系中的作用，而且二元转型对农村非正规金融产生的影响更大。不过二者的作用机制有明显差异，二元转型会弱化非正规金融在农村金融体系中的作用，主要是因为二元转型过程会不断地动态改变农村金融市场的不完全性。

第三，二元转型程度会影响农村利率市场化对农村非正规金融的作用效果。从实证结果看，计量模型中二元转型与利率市场化程度变量的交叉项的系数显著为负，说明二元转型影响了农村利率市场化对农村非正规金融的作用。二元转型极大地影响了农村金融市场的不完全程度，而利率市场化改革的作用效果又与农村金融市场不完全程度和信息不对称问题密切相关，因而二元转型影响了利率市场化改革对农村非正规金融的作用效果。换言之，利率市场化改革对农村非正规金融的影响对二元转型所处阶段是敏感的。

参考文献

陈宗胜. 1994. 失业保障及劳动市场[J]. 天津社会科学，6：10-15，89.
高帆. 2007. 中国各省区二元经济结构转换的同步性：一个实证研究[J]. 管理世界，9：27-47.
石磊，高帆. 2006. 地区经济差距：一个基于经济结构转变的实证研究[J]. 管理世界，5：35-44.
许月丽，伍凤华，张晓倩. 2014. 二元转型、信息流动变异与农村借贷合约的激励设计[J]. 财经研究，3：85-93.

下篇　互联网金融篇

第十章　互联网技术对农村正规金融市场的影响

改革开放以来，中国农村金融市场发展的关键动力一直是市场化制度变迁，包括农村金融组织机构的准入和利率市场化改革两个主要方面。制度改革改变了中国农村金融市场的结构和激励机制，从而改变了农村金融市场信息结构、金融机构结构和金融工具结构及由此衍生的农村金融资源的配置方式。但是，近些年来，互联网金融的兴起，从技术角度给中国农村金融的发展带来了全新的冲击。相比于其他金融市场，农村金融市场最大的特点是信息不对称程度更为严重，而互联网金融的发展，对解决农村金融市场的这一问题带来了全新的冲击。可以预计，互联网金融的兴起，对农村金融生态、金融结构和合约激励形式，均将产生深远的影响。本章在对农村金融市场信贷配给和农村互联网金融形式进行介绍总结的基础之上，从解决农村金融市场信息不对称角度，提出一个互联网金融影响农村金融市场的理论架构。

第一节　农村信贷配给状况

存贷款宏观数据可以在一定程度上揭示农村地区的信贷配给现状及农户融资约束问题，不过，为了从微观层面上更深入地把握农村信贷配给现状，本节将在宏观经济数据分析的基础上，引入田野调查数据做进一步分析。考虑到在全国范围内实施调查的难度大、可操作性差，本节选择浙江农村地区作为样本进行调研。多年以来，浙江的农村经济发展水平明显高于全国，城乡差距一直是全国最低，因此，总的来看，浙江农村的金融发展水平也优于全国，农户融资约束问题预期将明显弱于全国平均水平。于是，一个推论是，若浙江地区农户受到显著的融资约束问题，则全国大部分农村地区将受到更为严重的信贷配给问题。

一、农村正规金融机构信贷配给基本状况

资金作为决定农业生产发展的核心要素，相比于土地和劳动力而言，对发展农村经济更为重要。改革开放以来，政府不断加大对农村地区经济发展的投入，支农政策不断完善，农村地区的投融资环境有所改善。但财政转移支付有限，农户贷款难、融资难等问题一直存在，并成为限制农村经济发展的重要瓶颈。本节以浙江省为例，研究分析浙江正规金融机构信贷配给及农户融资约束现状等问题，如表 10.1 所示。

表10.1 浙江省农村合作机构存贷款情况 单位：亿元

年份	各项存款	各项贷款	存贷差
2005	3 170.60	2 310.36	860.24
2006	3 761.56	2 764.94	996.62
2007	4 335.26	3 195.91	1 139.35
2008	5 182.75	3 674.53	1 508.22
2009	6 416.68	4 565.97	1 850.71
2010	7 744.29	5 459.70	2 284.59
2011	8 898.34	6 391.90	2 506.44
2012	10 170.58	7 283.34	2 887.24
2013	11 746.16	8 295.01	3 451.15
2014	13 040.97	9 303.96	3 737.01
2015	14 475.48	10 435.63	4 039.85

注：农村合作机构包括农村商业银行、农村合作银行、农信社。数据来自《浙江统计年鉴》《浙江金融年鉴》

由表 10.1 可知，近年来浙江省农村合作机构存贷差不断扩大，由 2005 年的 860.24 亿元扩大到 2015 年的 4 039.85 亿元，十年间扩大到了 4.69 倍。此外，就 2015 年而言，全省生产总值达 42 886.49 亿元，第一产业（包括农林牧渔业）生产总值 1 832.91 亿元，占比 4.27%（图 10.1）；而同年的全省各项贷款总额为 74 070.20 亿元，农林牧渔业贷款额仅 1 340.67 亿元，占比 1.81%（图 10.2）。可见农户获得的贷款占全省贷款的比例远小于第一产业生产总值占全省生产总值的比例，表明浙江农村地区存在大量的资金外逃或闲置，存在严重的农户融资约束问题。

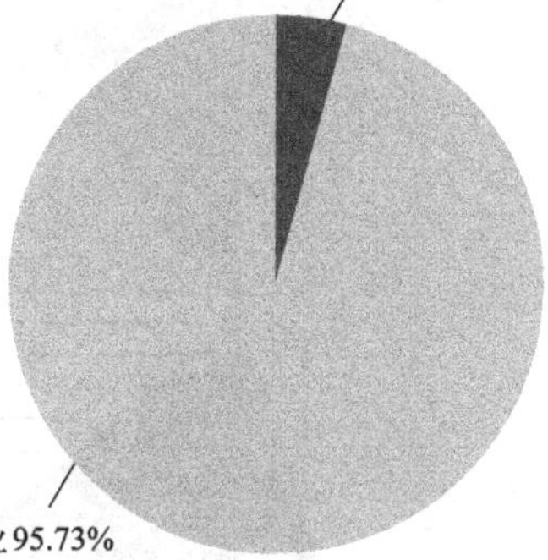

图 10.1　2015 年浙江省生产总值构成

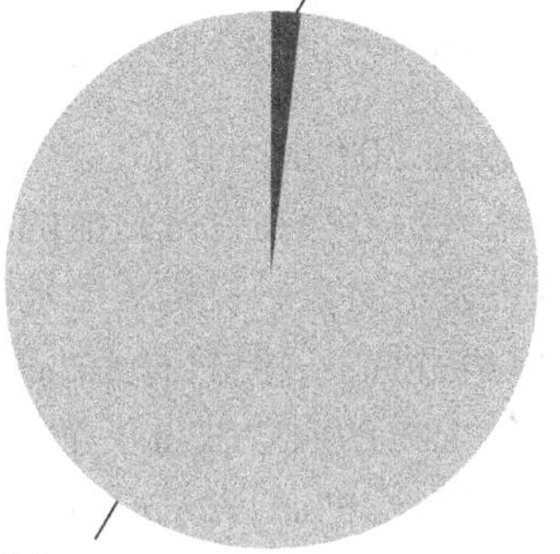

图 10.2　2015 年浙江省各项贷款构成

二、农村正规金融机构信贷配给微观数据

本部分的数据来自两个途径，一是发放网上调查问卷；二是组织学生收集的农户田野调查数据。调查问卷共发放 302 份，收回有效问卷 270 份，涉及杭州市、宁波市、温州市、嘉兴市、湖州市、绍兴市、金华市、衢州市、台州市、丽水市共计 10 个地级市，具体如表 10.2、图 10.3 所示。

表10.2　浙江省10市调研地区样本分布

地区	杭州	宁波	温州	嘉兴	湖州	绍兴	金华	衢州	台州	丽水	合计
户数	43	38	42	21	20	19	27	18	27	15	270
比重	15.93%	14.07%	15.56%	7.78%	7.41%	7.04%	10.00%	6.67%	10.00%	5.54%	100%

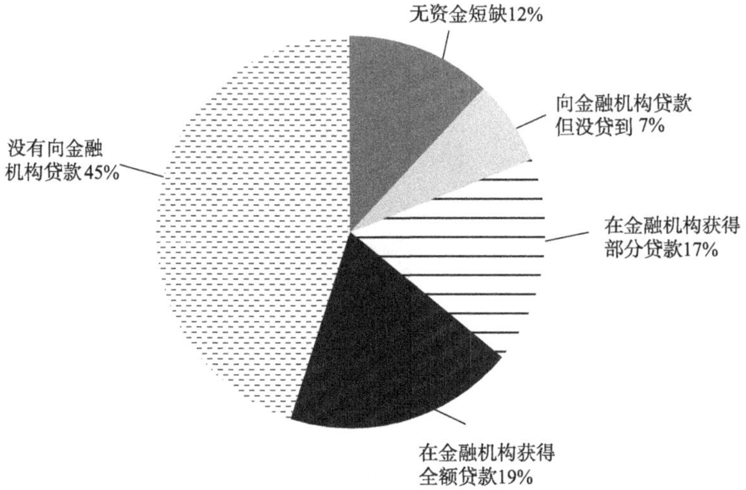

图 10.3 资金短缺情况占比

如图 10.3 所示，在发放的 302 份问卷中，有 32 份问卷无效，在剩下的 270 份问卷中，只有 12%的农户表示不存在资金短缺的状况。在近期出现过资金短缺的 237 户农户中，有 117 户表示向金融机构（当地农信社、村镇银行、邮政储蓄银行、农村商业银行等）申请过贷款，但只有 36%的农户获得了贷款，其中，17%的农户获得部分贷款，只有 19%的农户获得了全额贷款，还有 7%的农户表示申请了但没有获得任何贷款，剩余 45%的农户通过亲朋好友等其他渠道弥补资金短缺情况，并没有向正规金融机构提出过贷款申请。这部分有资金短缺，并没有获得全额贷款的农户都受到了正规金融机构的信贷配给，具体可分为两种情况：其一，资金短缺但因为各种原因没有向正规金融机构提出贷款需求，即存在需求型信贷配给；其二，农户出现资金短缺并向金融机构提出贷款申请，但申请被驳回或者只能获得部分贷款，即存在供给型信贷配给。由此看来，浙江省农村地区存在严重的融资约束状况，只有 19%的农户在发生资金短缺时能从正规金融机构获得全额贷款，大部分农户受到农村正规金融机构的信贷配给。

通过调查发现，农户在实际融资过程中面临着各种问题，既有来自农户自身的需求型融资约束，也有金融机构供给型的信贷配给。如表 10.3 所示，调查样本中除去 33 户无资金短缺的农户和 50 户能获得全额贷款的农户，剩下的 187 户农户中，有 41.71%的农户表示有其他资金来源，如向亲戚朋友借款等；还有 39.04%的农户表示没有抵押品或害怕失去抵押品，这可能是农村地区“三权”分置不健全导致的。另外，在调查中发现，部分农村地区思想较保守，祖传老宅即使符合抵押条件，农户在资金短缺时也不会将其抵押；32.09%的农户认为申请了也得不到贷款，部分农户在金融机构没有熟人等情况时直接放弃申请贷款；只有少数的

8.02%的农户是因为觉得自己没有还贷能力才选择不向金融机构申请贷款。除了农户自身的需求不足以外，农村正规金融机构也存在供给不足的情况：25.67%的农户认为贷款的利率太高，并且有时向亲朋好友借钱是零息的，在借款金额不大时更倾向于向亲朋好友借款；22.99%的农户认为贷款成本太高，这不仅仅是因为贷款利率过高引起的，其中还包括时间成本和人际成本，有农户认为金融机构借款期限有限，资金到位慢，并且还有农户表示向金融机构借款需要行贿等隐性成本，金融机构对贷款农户的资信考核也需要大量的人力物力，多方面的原因使贷款成本居高不下；还有 4.81%的农户认为向金融机构贷款需要提供大量的证书、产权证明等，贷款过程复杂，金融机构服务人员态度差，耗时耗力也并不一定通过最后的审核。

表10.3　农户融资时面临的问题

分类	有其他资金来源	没有抵押品	申请了也得不到	没有还贷能力	利率高	贷款成本高	程序复杂
合计/户	78	73	60	15	48	43	9
占比	41.71%	39.04%	32.09%	8.02%	25.67%	22.99%	4.81%

注：面临融资约束的农户有 187 户，但此题为多选，故占比合计超过 100%

在调查中，我们又对 50 户顺利在金融机构获得全额贷款的农户进行了深入调查，发现贷款金额在 5 万～10 万元的贷款农户占全部调查对象总数的 36%，位列第一；其次，贷款金额在 1 万～5 万元和 10 万～20 万元的农户占比相近，各占总体调查对象的 25%左右；贷款金额在 1 万元以下和 20 万元以上的农户较少，各占被调查总体的 7%左右。从图 10.4 中可以看出，贷款笔数随着贷款金额的增加呈现先增加后减少的倒“U”形变化趋势。

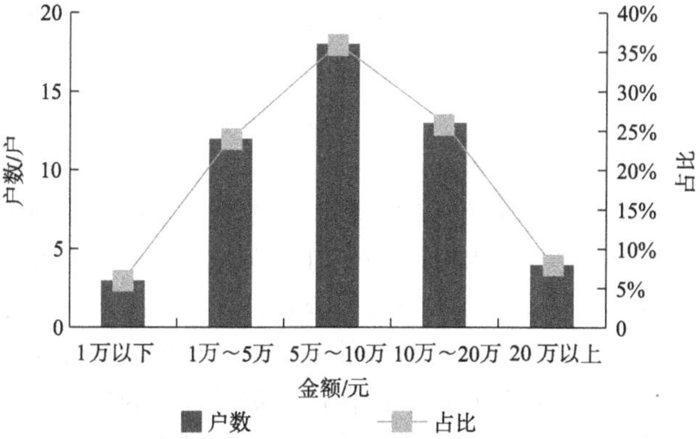

图 10.4　样本农户的正规贷款金额分组频数分布图

如表 10.4 所示，样本农户的贷款以短期和中长期贷款为主。其中，贷款期限在 6～12 个月的农户最多，包含的样本量共计 22 户，占调查样本总体的 44%，这可能是由于农业生产上投入与产出的时间差所造成的；其次，有 12 户贷款期限为 1～3 年的中长期贷款，与 6～12 个月贷款期限的农户合计占调查农户总体比重的 68%；三年以上的长期贷款比较少，仅有 7 户，据调查，这与贷款成本和农业生产无法预测的自然风险密切相关；贷款期限为 3 个月和 3～6 个月的农户占调查农户中的比重分别为 4%和 14%，占比较小。就贷款利率而言，自 2004 年起，农信社等金融机构的贷款利率自由浮动，样本总体的 50 户贷款中，贷款年利率最高为 12.4%，最低为 3.2%，基本年利率在 5%～7%。据了解，农村地区金融机构依据贷款用途的不同设定不同等级的贷款利率，一般用于农业生产的贷款利率较低，用于其他投资或消费性的贷款利率较高。正规金融机构作为以营利为目的的组织机构，不会设置过低的贷款利率，但同时，过高的贷款利率会使贷款流向富农甚至会导致道德风险和逆向选择等问题，所以也不会设置过高的贷款利率，从调查问卷中发现，正规金融机构贷款利率一般在 5%～7%。

表10.4 样本农户的贷款期限与贷款利率分布情况

贷款期限	户数/户	占比	贷款利率	户数/户	占比
3 个月	2	4%	1%～3%	3	6%
3～6 个月	7	14%	3%～5%	12	24%
6～12 个月	22	44%	5%～7%	23	46%
1～3 年	12	24%	7%～9%	11	22%
3 年以上	7	14%	10%以上	1	2%

此外，我们还对获得贷款的农户的资金用途进行了深入的调查，并根据调查数据绘制了图 10.5。从图 10.5 看，贷款用途中农业生产和买车建房合计占比 52%，其中农业生产贷款比重最大，占所调查农户总体样本的 32%，据调查，这是政府对大规模的农业，如大棚种植、新苗培育等方面的优惠性政策所导致的。相对于教育、看病等消费型贷款而言，农业生产贷款的申请更能获得农村正规金融机构的审批。位居第二的是占比 20%的买车建房贷款，据调查，越来越多的农户都拥有自家的私家车，主要有两方面原因：其一，随着农业机械化的不断完善，从事农业生产的农户到了丰收季容易出现租车难的问题；其二，随着城镇化进程的不断推进，很多农户都把子女送到城里接受教育，拥有私家车更方便进城接送。与此同时，也越来越多的农户不希望自己的下一代继续生活在农村，更愿意为子女在城镇购置他们的新房，而城镇高额的住房贷款是贷款的另一重要需求。排第三位的是做生意，做生意需要的资金多风险大，金融机构放贷要求高；紧接着是教育和看病的贷款需求，这两项的贷款户数占调查总体的 12%和 8%，占比较低。

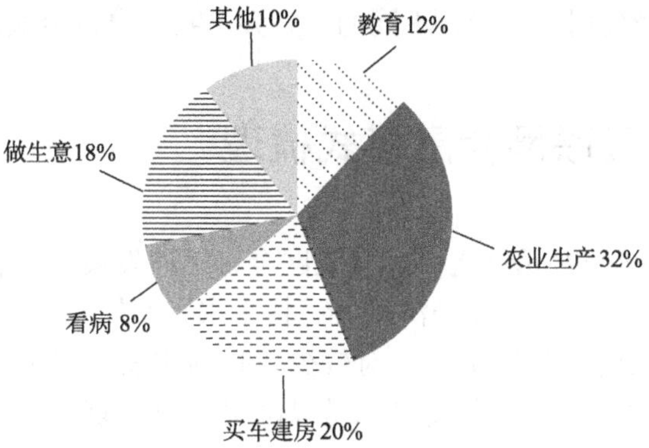

图 10.5　农村正规金融机构贷款资金用途结构分析图

三、现状总结

近年来，农村合作机构（包括农村商业银行、农村合作银行、农信社）的存贷差逐年扩大，并有继续扩大的趋势，表明金融机构的资金大量闲置或外流，不利于农村地区的经济发展。第一产业的贷款比重也远小于第一产业占全省生产总值的比重，浙江农村地区正规金融机构很可能存在信贷配给现象，农户存在严重的融资约束。更进一步，通过发放问卷和田野调查的方式，发现浙江省农村地区确实存在农户融资难的问题，只有少数农户表示没有出现资金短缺的问题，但大多农户在面临资金短缺时，只有四成的农户表示会向正规金融机构提出贷款申请，并且其中能顺利申请到全额贷款的少之又少，不到全体调查农户的 20%。农户存在资金短缺困扰，而正规金融机构又有资金闲置，农村正规金融机构存在严重的信贷配给现象。

第二节　农村互联网金融发展：模式总结与分析

互联网发展作为重要的外生性技术冲击，深刻影响了金融服务的供求模式，促进了我国金融体系变迁，本节着重研究农村地区互联网技术与金融业的融合发展模式。目前，我国农村互联网金融主要有三类主体，包括“三农”服务商、电商平台和 P2P 网贷公司，三者以不同的模式涉足我国农村金融市场。

一、农村互联网金融模式梳理

2013 年互联网金融元年之后，互联网金融迅速发展，显著改善了我国金融体系。不过，由于农村地区在经济发展、技术水平及知识理念等方面相对落后，进军农村金融市场的互联网金融相对较少，目前主要有以下三种模式：一是以村村乐为代表的“三农”服务商，二是以阿里巴巴、京东为代表的电商平台，三是以翼龙贷、宜农贷为代表的 P2P 网贷平台，具体如表 10.5 所示。

表10.5　农村互联网金融模式

互联网金融主体	代表企业	产品	特色
“三农”服务商	村村乐	村村贷	拥有 30 万线下村干部及多年“三农”服务的经验和数据积累，为农户贷款提供指导、对农户资信进行审查、对贷款资金进行监督，严格把控贷款风险。主要为农户提供生产经营及日常消费型贷款
电商平台	阿里巴巴	旺农贷	利用蚂蚁小贷、芝麻信用等线上数据及农村淘宝线下服务，通过“线上+线下”熟人模式，对农户提供贷款
	京东	京农贷	通过与大型农业企业合作，由熟悉农村市场的农业企业和经销商为农户贷款提供担保，农户申请贷款，贷款资金由担保人支配，如：为农户提供生产所需种子、农机等，最后由农户还贷，以把贷款镶嵌入产业供应链的方式提供贷款。主要为种植业、养殖业等生产经营提供贷款
P2P 网贷	宜信	宜农贷	与农村公益小额贷款机构合作的方式，由爱心出借人提供资金，采用村级信贷员和五户联保的方式，为农户提供贷款资金
	翼龙贷	翼龙贷	利用“同城 O2O”的模式为投资者和贷款农户提供线上线下服务。主要提供线上资金和项目的撮合，加盟商承担了项目发掘、风险控制、贷后管理、债权回购等线下服务

注：同城 O2O 为同城生活服务平台

二、农村互联网金融模式介绍

（一）以村村乐为代表的“三农”服务商

村村乐以提供“三农”服务为主营业务，它致力于推广乡村发展和提供农村动态，既是一个交流农村发展经验、传播致富信息的信息平台，也是一个提供产业发展新模式和解决方案的网络平台。村村乐是中国农村第一大社交网络，线上招募网络村干部、线下推广农村市场是其主要运营模式，拥有30万名村干部是其最为核心的竞争力。村村乐旗下的村村贷和村村融是针对农村金融市场最热门的互联网金融产品，其中惠农贷和恒商贷主要服务运营资本市场，用于申请人正常的生产经营活动；及时雨和幸福贷主要提供消费信贷，如婚丧嫁娶、子女读书、买房买车、就医看病等日常消费（表10.6）。

表10.6　村村贷农村互联网金融产品

农村互联网金融产品	额度范围	期限范围	费用说明	贷款用途
惠农贷	1万～10万	6～12月	月管理费2.0%，年利率6.49%	适用于申请人正常的生产经营活动所需
恒商贷	1万～50万	6～24月	月管理费2.3%，年利率6.7%	适用于申请人正常的生产经营活动所需
及时雨	1万～6万	12～24月	月管理费2.0%，年利率6.6%	适用于正常消费用途，如婚丧嫁娶、子女读书、买房买车、就医看病等消费类贷款
幸福贷	1万～20万	12～36月	月管理费2.3%，年利率6.7%	适用于正常消费用途，如婚丧嫁娶、子女读书、买房买车、就医看病等消费类贷款

资料来源：村村贷官网

如表10.6所示，惠农贷为贷款额度在1万～10万，贷款期限在1年以内的短期贷款，而同样用于生产经营用途的恒商贷的贷款金额较大，贷款期限更长，最大贷款金额可达50万元，借款期限最长可达两年。相比而言，用于消费用途的贷款额度较小，及时雨和幸福贷的最高贷款金额分别为6万元和20万元，最长贷款期限分别为2年和3年。贷款成本主要依据贷款时间和贷款期限的不同而收取不同的管理费和利率，贷款的时间越长收取的管理费越高。具体地，惠农贷的贷款年利率最低为6.49%，其次是及时雨的贷款年利率为6.6%，幸福贷和恒商贷由于贷款金额大且年限长，贷款利率最高为6.7%。相比较传统正规金融机构贷款利率而言，村村乐的贷款利率并不高，但除了代理利率以外，还需收取每月的管理费2.3%，而这是一笔不小的贷款成本。不过，虽然村村乐的贷款成本不低，但贷款申请门槛低，且程序简单，一般在申请复核后3天内即可获得贷款。村村贷要求贷款者月收入1 500元以上并提供近12个月的工资卡流水收入证明及个人征信证明，即可获得贷款，一般申请后3天内放贷，申请者主要以分期付款的方式还贷。

（二）以阿里巴巴、京东为代表的电商平台

随着物流体系的不断完善，电商平台也纷纷加入了抢夺农村市场的大军，旨在打造全产业链的农村金融平台，为农户提供金融服务的电商平台不断涌现。从

构成看，该模式主要由电商平台、资金需求方和资金供给方三个部分组成。充分利用互联性交易等大数据平台并与当地大型农业企业合作，是电商平台降低农户贷款风险的主要方式。具体地，阿里巴巴蚂蚁金服推出的蚂蚁小贷和旺农贷，以及京东商城推出的京东白条和京农贷是该种模式的典型代表。

1. 蚂蚁金服

阿里巴巴旗下的蚂蚁金服主要是通过互联网和金融机构合作为小微企业和个人消费提供普惠金融服务，蚂蚁金服旗下及相关业务包括支付宝、蚂蚁聚宝、蚂蚁金融云、芝麻信用及网商银行等。以网商银行为例，其推出的农村金融专属产品——旺农贷，是网商银行开拓农村金融市场的主要手段。旺农贷主要为“三农”用户提供专项用于购买农机农具、消费信贷产品为主的纯信用贷款。旺农贷最高可提供 50 万元的纯信用贷款，且无须抵押、无须担保，其贷款期限在 6～24 个月。在还款方式上，既可以选择按月付息到期还本，也可以选择等额本金还款。蚂蚁金服向与大型农业企业签有农产品回购协议的农户提供纯信用贷款，农户可以使用这笔贷款对应的额度，在农村淘宝定向购买农资农具。农产品丰收后，按照回购协议由大型农业企业进行收购，收购款项将优先偿还蚂蚁金服的贷款，农产品加工后由大型农业企业的天猫旗舰店销售（图 10.6）。截至 2016 年底，蚂蚁金服累计提供信贷资助农户超过 3 500 万户。

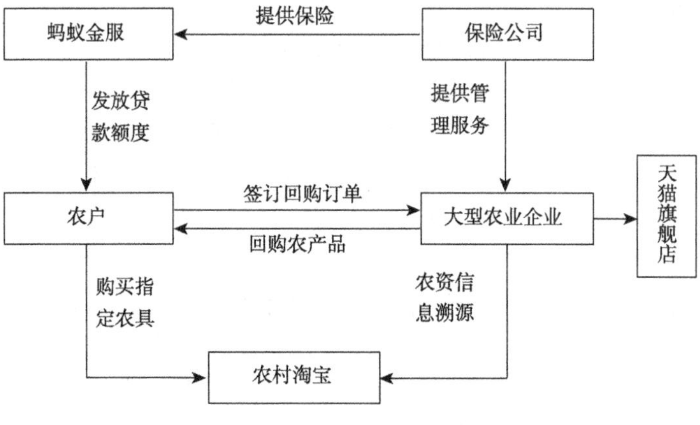

图 10.6　蚂蚁金服运行模式

2. 京东金融

京东金融为打开农村金融市场，于 2015 年 9 月推出农村信贷品牌京农贷，主要为农户和涉农企业提供贷款服务，京农贷的特色产品有先锋京农贷、仁寿京农贷和养殖贷。先锋京农贷是京东与杜邦先锋合作推出的产品，主要是为了满足农户种植所需资金，还款方式灵活，利息按天计算。仁寿京农贷的合作伙伴是京东特色涉农企业，主要依托农产品收购订单，为订单农户提供生产所需的流动资金贷款。与普惠担保、中华保险、希望六和合作的养殖贷则是为了满足养殖农户生产所需的流动资金和固定资产贷款而开发的产品。京农贷的贷款金额可高达500万元，贷款期限最长不超过12个月，贷款利率在0.54%～1%，具体如表10.7所示。

表10.7　京农贷特色产品

产品	用途	优势
先锋京农贷	兴农先锋，"粮"好服务；提供融资贷款，帮助农民增产增收	（1）满足扩大种植所需资金； （2）还贷非常灵活，利息以天计息
仁寿京农贷	依托农产品收购订单，为订单农户提供生产所需的流动资金贷款	（1）贷款者直接获得现金，灵活使用； （2）贷款者通过订单履约偿还贷款本息
养殖贷	探索"互联网信贷+保险+担保"的模式，为新希望六和产业链上下游的农户提供贷款支持	（1）满足养殖户生产所需的流动资金及固定资金； （2）还贷非常灵活，按天计算利息，到期本利结清； （3）保险和担保共同提供外部增信，提高风控能力

资料来源：京东商城官网

京农贷主要通过与大型涉农机构合作，利用合作机构及电商平台自身的数据了解农户的信用水平，然后授予相应的授信额度，并进行风险控制。如先锋京农贷，利用杜邦先锋及其经销商的数据掌握农户的资信状况，由杜邦先锋和经销商为农户提供贷款，由合作经销商严格控制资金的使用情况，要求贷款资金只能用于购买种子、化肥、农机等农资产品。此外，部分贷款由农户申请，但资金直接提供给杜邦先锋或经销商，由他们为农户提供农业生产所需种子、化肥等农资产品，间接防范了道德风险。农作物收成后，直接由经销商收购，形成将贷款资金直接嵌入产业链条，为农户贷款，让农户买东西，帮农户卖东西，最后再由农户还款的模式。

（三）以宜信、翼龙贷为代表的P2P平台

近年来，随着互联网金融的不断发展，P2P网络平台层出不穷，但大多是面向城镇地区的消费用户，进军农村市场的P2P平台较少，其中较为成功的案例有宜信基于公益模式的宜农贷和专门针对农村金融市场的翼龙贷。

1. 宜农贷

宜信公司秉持"穷人有信用，信用有价值"的理念，在2009年推出了宜农贷农村互联网金融产品。宜农贷这款公益性信贷产品主要面向农村地区60周岁以下的符合要求的"三农"妇女。爱心出借人在平台认购出借份额（每份100元），是宜农贷的资金筹措模式。宜信和农村公益性小额贷款机构采取五户联保的模式对

农户进行放贷，若其中有一户农户未能还贷，则由联保的其他四户承担还贷责任。在放贷前农村合作机构会利用自身本地农户的信息优势对贷款农户进行慎重的评估，以确保控制贷款风险。在资金回收方面，出借人并不需要自己去回收资金，而是由合作贷款机构协助完成资金的收回。具体地，贷款机构会在资金借出后的每周对贷款进行回收，而出借人会在次月初收到本金和利息，收到还款后，出借人可以选择是否继续出借。

2. 翼龙贷

翼龙贷通过“同城 O2O”模式为“三农”家庭、个体工商户和小微企业提供贷款资金，与其他主流的 P2P 平台不一样，翼龙贷 90%的用户是“三农”人群。由于农户信用体系数据缺乏，单笔贷款金额小，还贷风险大，缺乏抵押品等特点，大部分农户很难从农村正规金融机构获得贷款。翼龙贷为资金缺乏的农户和投资者提供平台，主要负责资金和项目的撮合。翼龙贷在全国范围建立运营中心，农户可在设有翼龙贷网点的城市申请贷款，再由加盟商对贷款农户完成以家庭为单位的贷前家访、多级审核、核实资金贷款用途、农户信用情况及还贷能力评估工作，最终，通过一系列考核合格的农户可以获得贷款。借款用户和贷款用户完全在线上交易。当农户无法偿还贷款时，由加盟商回购投资者手上的债权，即加盟商扮演着担保人的角色，为农户提供担保，而翼龙贷本身并不承担担保义务。加盟商承担了项目发掘、风险控制、贷后管理、债权回购等线下服务，翼龙贷负责资金和项目的撮合等线上工作。

（四）小结

村村乐旗下的村村贷和阿里巴巴旗下的旺农贷主要通过线上数据和线下服务人员的优势进军农村金融市场。村村贷拥有 30 万大学生村干部，这 30 万大学生村干部为农户信贷提供了技术上的指导，对农户资信审核、对农户还款能力的评估为村村贷的推行提供了核心力量；旺农贷则利用农村淘宝的推广人员及蚂蚁金服多年累积的网上数据对农户进行审核放贷。京东的京农贷和翼龙网的翼龙贷则是通过引入第三方担保的方式对农户进行放贷。京农贷主要和大型农业企业及经销商进行合作，由于农业企业和经销商对当地农户的资信情况及还贷能力更为熟悉，由他们为农户提供担保，贷款由农业企业和经销商直接获取，并为农户提供生产经营所需设备及器材，防止贷款后的道德风险，最后农户将产品卖于经销商或大型农业企业获得利润后还贷。翼龙贷则是为投资人和贷款者提供网络平台，负责资金和项目的撮合。宜农贷这种具有公益特色的农村互联网金融产品，则是利用农户之间的信用，构建联保制度进行放贷。在五户联保制度中，若出现农户贷款违约状况，由剩余四户为其偿还贷款，很好地控制了贷款风险。

第三节　互联网金融与农村正规金融关系：理论框架与假说

金融的本质是不确定条件下资源的跨期配置，配置的过程是借贷合约的形成和交易过程，借贷合约的结构则取决于金融机构解决信息不对称的能力与方式。因此，从功能的角度来看，经济中金融中介和金融技术的区别，关键在于这些不同的金融技术或中介机构发挥了不同的金融功能。与传统农村正规金融相比，互联网金融是一种新兴的金融技术，一般认为，由于提供了解决信息不对称问题的新技术，互联网金融给传统农村金融机构信贷配给问题的解决提供了契机，而严重的信贷配给是农村金融市场的一个基本特征。本节从正规金融市场的信贷配给条件下的供需曲线角度入手，对二者的关系做理论上的梳理。

一、基准模型

一般情况下，完全竞争市场的供给曲线是向右上方倾斜的，但在信息不对称的竞争性信贷市场条件下，信贷供给曲线是向后弯曲的（Stiglitz and Weiss，1981）。信贷市场存在一个均衡利率水平，均衡利率水平即银行的利息收入与贷款者的违约损失相抵消的利率水平。在此利率水平以下，随着利率水平的提高，贷款供给规模也不断提高；在此利率水平以上，随着利率的不断提高，贷款供给规模反而不断下降，这就是向后弯曲的贷款供给曲线。如图 10.7 所示，L_S为标准的市场供给曲线，A为曲线拐点；L_Z为正规金融机构的供给曲线，B为相应曲线拐点。为了实现预期收益最大化，银行会选择在拐点设置最优的贷款利率和供给量的组合，即更早地向后弯曲。图中横轴表示利率水平，纵轴表示贷款供给水平。

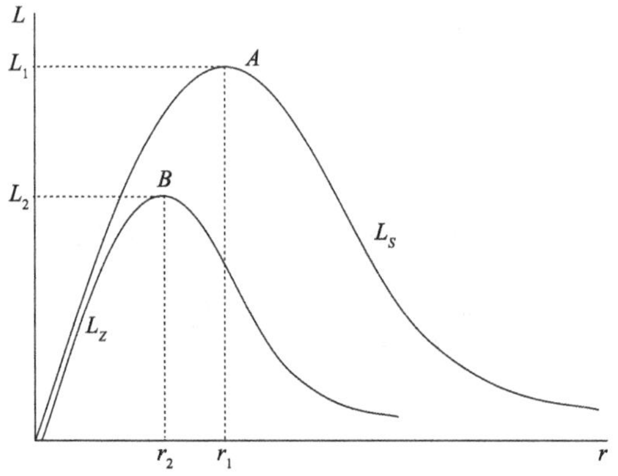

图 10.7　斯蒂格列茨信贷供给曲线

在信贷市场上，银行放贷时不仅关心利率水平的高低，还关心贷款供给水平。当利率水平较低时，银行会通过提高利率，增加贷款供给，从而获得更大的收益。银行通过提高利率水平来弥补借款人的结构恶化带来的风险损失。银行的贷款供给量随着利率水平的提高而不断上升，但由于市场信息的不对称，随着利率水平的不断提高，借款人结构会发生改变，即存在借款人的结构风险效应。由于市场信息不完全，银行无法区分好的项目和差的项目，利率水平的不断提高会出现逆向选择问题，好的项目的投资回报不足以让他们有向银行贷款的动机，因为他们的投资风险低，投资回报少；差的项目加入到贷款行列中，随着差的项目占总贷款量的比重不断增加，银行面临的偿债风险也不断加大，于是银行控制贷款供给，即随着贷款利率的不断提高，银行的贷款供给在下降。所以，银行贷款供给曲线是一条向后弯曲的供给曲线。

二、拓展模型

“互联网金融”由谢平和邹传伟（2012）首次提出，相对于传统正规金融而言，具有交易成本低（谢平，2014）、信息不对称程度低（谢平和邹传伟，2012）、源配置高、服务覆盖率高（巴曙松和谌鹏，2012；李扬，2014）、打破地域格局和时间限制、实现碎片化理财（高汉，2014）等特点，对传统金融机构产生了一定的冲击。首先，互联网金融通过互联网交易，相对于传统农村正规金融机构而言，更加了解借贷农户的资产负债情况，一定程度上缓解农村金融市场的信息不对称问题。以村村乐为代表的“三农”服务商为例，运用“站长”管理模式，掌握了农村新闻资讯、农产品的供应、土地流转等信息，大量的“三农”服务信息有助于农村信用体系的构建。此外，站长都是村里人，熟悉村里贷款者的经济情况，可以掌握村里农户的真实资金需求和贷款需要，并对贷款申请者的还款可能性做出风险评估，弥补传统正规金融机构对农户资产负债识别难的问题。其次，互联网金融通过互联网控制贷款风险，提高贷前风险识别能力、加强贷后事项监督、降低故意违约风险。如蚂蚁金服通过与农村淘宝及当地大型农业企业合作，提高互联网金融对农户贷款项目的风险识别能力。利用农村淘宝的工作人员及大型农业企业及经销商对农户的信息优势，实现“熟人”放款。此外，农户申请获得的贷款，只能使用贷款额度在农村淘宝上购买指定的农机、农具，这种“贷款换物”的形式一定程度上加强了对农户贷款项目用途的监督力度。此后，从农户回购的农产品直接在阿里巴巴零售事业群、农村淘宝等平台销售到全国各地，也可在天猫零售，由此实现生产过程的把控，盈利资金先偿还融资贷款，降低策略性违约风险。

基于以上分析，接下来从标准的市场供给曲线和正规金融机构供给曲线出发，推导农村正规金融供给曲线及市场供给曲线在农村互联网金融影响下的变化情况。

一是农户普遍缺乏合格的抵押品。Evans 和 Jovanovic（1989）、梁爽等（2014）指出“有限责任约束”是造成农户融资约束的主要原因，由于农业生产受自然条件和农产品市场条件的影响，以及投入与产出存在巨大的时间差，贷款风险大，农村正规金融机构要求农户提供合适的抵押品等手段来降低偿债风险。过高的抵押担保要求抑制了农户的信贷需求（楚尔鸣，2007），而且，农户往往缺乏合格的抵押品。无法提供有效的抵押担保，加大了农村正规金融机构对农户放贷的风险（朱喜和李子奈，2006）。因此，农村正规金融机构会严格控制贷款供给量，即使金融机构有闲置的资金，但为了控制风险，也不会放贷给农户，即农村供给曲线会更早地向后弯曲，如图 10.8 曲线 L_Z' 所示。但互联网金融大多为纯信用贷款，没有抵押品的限制，所以市场供给量会进一步提高，即在相同的利率水平下，市场愿意提供更多的资金供给，如图 10.8 曲线 L_S' 所示。图中 A、B 分别为曲线拐点，横轴为利率水平。

二是对农户贷款项目的事前风险识别难。由于农村金融市场的不确定性及农户资产的不透明性，农村正规金融机构很难实现项目风险的有效识别，也无法有效估计农户的还款意愿，只能通过利率和抵押品等信贷约束机制来控制风险提高收益（Boucher et al.，2008）。然而，利率的提高，使投资风险小投资回报率较低的农户无法足额偿还贷款，逐步退出信贷市场，最终导致正规金融机构面临贷款项目的违约风险进一步提高。面对较高的违约风险，银行更加惜贷，宁愿损失部分贷款收益来严格控制贷款风险，如图 10.9 曲线 L_Z' 所示，即在相同的利率水平下，农村正规金融机构会减少贷款供给量。但是互联网金融积累了大量的农户贷款项目的风险信息，相对于正规金融机构而言，能更好地事前识别农户贷款项目

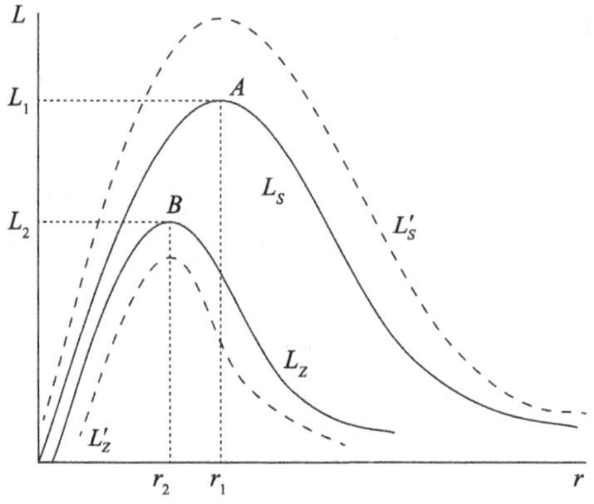

图 10.8　斯蒂格列茨供给曲线图变式（1）

风险状况，因此在金融市场中，放贷者可以以更低的利率水平提供相同的贷款量，如图 10.9 曲线 L_S' 所示。

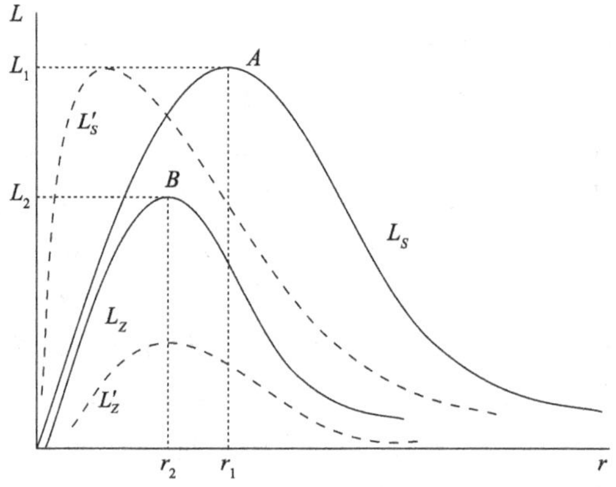

图 10.9　斯蒂格列茨供给曲线图变式（2）

三是银行对农户贷款用途的事后监督困难。农户没有正规的财务报表和完整的经营记录，缺乏相关的财产和经济信息，造成信贷使用监测困难，容易出现道德风险问题。由于农村金融市场严重的信息不对称，金融机构无法判定农户偿债风险的能力，对农户的不作为或将贷款投资于风险较高的项目的行为无法进行后续的约束，制约了金融机构对农户的放贷行为。因此，传统正规金融机构在相同放贷量的情况下，会要求更高的利率以弥补事后监督的成本，如图 10.10 曲线 L_Z' 所示。但互联网金融通过农业上下游的供应链及电商平台的合作，有效地限制贷款用途，控制农户的道德风险，即在相同的利率水平下，会使贷款供给量进一步提高，如图 10.10 曲线 L_S' 所示。

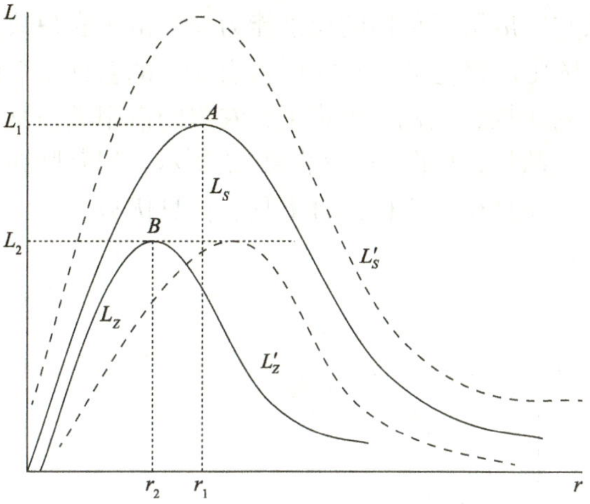

图 10.10 斯蒂格列茨供给曲线图变式（3）

四是银行惩罚农户策略性违约的成本高。Petrick（2004）指出，在农村地区农户履约意识低，加之对农户的信息甄选和鉴别的成本较高，农村正规金融机构面对农户违约的问题十分复杂。大体可以分为两类：由于自然环境等客观条件造成的非自愿违约和农户主观意愿引起的自愿违约。无论面对自愿违约或非自愿违约，如果银行通过司法程序起诉农户会引发道义谴责；如果以农户自有资产（土地、房屋、劳动力及农机等）进行抵押，农村地区并没有形成这样一个抵押品市场，金融机构处理这些商品的执行成本太高（周立和林荣华，2005）。为了防范违约风险，在相同的供给量水平下，农村传统正规金融机构会进一步提高放款利率，如图 10.11 曲线 L_Z' 所示。但互联网金融能有效地控制资金的使用，如旺农贷的贷款资金先由大型农业企业将收购款偿还蚂蚁金服，剩余收益归农户所有，因此农户可以以更低的市场利率获得同样的贷款，如图 10.11 曲线 L_S' 所示，即相同的贷款对应更低的利率水平。

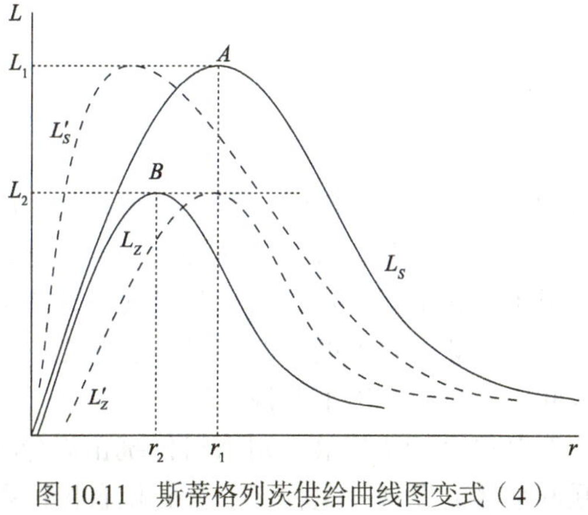

图 10.11 斯蒂格列茨供给曲线图变式（4）

五是银行对农户家庭资产负债的识别能力差。由于农户缺乏长期信用记录，农户信用观念差（杨兆廷和连漪，2006），没有正规的会计系统记录农户家庭的收支及营运情况，农村正规金融机构很难了解农户的信用类型及还贷能力，银行不敢放贷，严格控制贷款量，如图 10.12 曲线 L_Z' 所示。但互联网金融以互联网及大数据为基础，相对于正规金融机构而言更具有信息优势，会使市场供给量增加，如图 10.12 曲线 L_S' 所示。

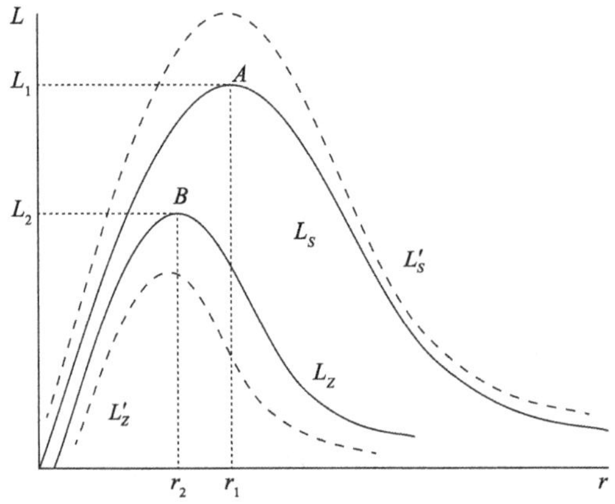

图 10.12 斯蒂格列茨供给曲线图变式（5）

综合上述五个方面供给曲线的变化，在信息不对称条件下，农村正规金融机构信贷供给减少，表现为相同的利率水平下严格控制信贷供给，或者是在相同的贷款量下要求更高的利率水平；在互联网金融的作用下，市场信贷供给不断增加，在相同的利率水平下体现为更高的供给，或是在相同的信贷供给下要求更低的利率。在互联网金融“鲶鱼效应”的作用下，农村金融市场不断完善，农村正规金融经济绩效有所弱化。

三、研究假说

农村正规金融机构由于自身的局限性，存在抵押品要求严格、农户贷款项目风险事前识别难、贷款用户事后监督难、违约惩罚成本高及农户家庭资产负债识别能力差等问题，造成了农村地区严重的信贷配给现象，严重制约着农村正规金融经济绩效。但随着农村互联网金融的不断完善，为弱化农户融资约束，提供了一定的解决渠道。因此，本节提出以下假说。

假说 10-1：新兴互联网金融的发展，对农村传统正规金融促进农村经济发展有替代作用，即互联网金融的发展一定程度上会弱化农村正规金融的经济绩效。

国外已有研究表明，完善的金融市场的表现之一为农户的消费与当期的收入相关性降低，农户不再因为本期收入的暂时性减少而降低消费，因为完善的金融市场可以方便地提供所需贷款，即消费的流动性约束较弱。但就中国而言，农户往往不会贷款消费，更倾向贷款投资。若假说10-1成立，即互联网金融对农村正规金融经济绩效有替代作用，那么互联金融的发展在一定程度上会弱化农户的外部融资约束，换言之，若农户需要投资，则可以通过互联网金融更加方便地获得贷款，即农户投资对自身储蓄的依赖性减弱，因此提出假说10-2。

假说10-2：互联网金融的发展，对农村正规金融经济绩效有一定的替代作用，在一定程度上会弱化农户融资约束。随着农村新兴互联网金融的发展，农户投资对自身储蓄的依赖性减弱。

本章小结

本章分为三节。首先，以我国农村经济发展水平较高、城乡差距较小的浙江省为例，分析了我国农村信贷配给的基本现状，包括农村正规金融机构的存贷款情况和农户层面的微观调研数据。总体而言，农村正规金融机构的存贷款差逐年扩大，表明金融机构存在资金闲置或外流问题，不利于农村地区的经济发展；问卷调研和田野调查验证了农户存在的融资难问题，只有四成农户在面临资金短缺时会向正规金融机构提出贷款申请，而最终能申请到全额贷款的不到全体调查农户的20%。农户存在资金短缺，农村正规金融机构有资金闲置，表明存在较为严重的信贷配给现象。其次，本章总结分析了以“三农”服务商、电商平台、P2P网贷为代表的我国农村互联网金融的不同发展模式。其中，以村村乐为代表的“三农”服务商主要通过线下村干部及多年“三农”服务的经验和数据积累为农户提供生产经营及日常消费型贷款；以阿里巴巴和京东为代表的电商平台通过自有网购平台和支付平台数据，或者通过与大型农业企业合作，为农户提供生产经营类贷款；P2P网贷模式则通过与农村小额贷款机构合作或者“同城O2O”模式实现线上资金和线下项目的匹配，为农户提供贷款。最后，本章从正规金融市场信贷配给条件下的供需曲线角度入手，对互联网金融与农村正规金融的关系进行了理论上的梳理，并提出两个研究假说以在下一章中进行实证检验。

参 考 文 献

巴曙松，谌鹏. 2012. 互动与融合：互联网金融时代的竞争新格局[J]. 中国农村金融，24：15-17.

楚尔鸣. 2007. 抵押担保与农户信贷市场行为分析[J]. 经济与管理研究，7：43-47.

高汉. 2014. 互联网金融的发展及其法制监管[J]. 中州学刊，2：57-61.

李扬. 2014. 完善金融的资源配置功能——十八届三中全会中的金融改革议题[J]. 经济研究，49（1）：8-11

梁爽，张海洋，平新乔，等. 2014. 财富、社会资本与农户的融资能力[J]. 金融研究，4：83-97.

谢平. 2014. 互联网金融：融合与变革[J]. 博鳌观察，2：48-50.

谢平，邹传伟. 2012. 互联网金融模式研究[J]. 金融研究，12：11-22.

杨兆廷，连漪. 2006. 农村小额贷款问题探析[J]. 农村金融研究，2：43-44.

周立，林荣华. 2005. 新一轮农村利率改革成效与经济解释——闽东地区调查与垄断市场分析[J]. 财贸经济，5：7-13.

朱喜，李子奈. 2006. 改革以来我国农村信贷的效率分析[J]. 管理世界，7：68-76.

Boucher S，Carter M，Guirkinger C. 2008. Risk rationing and wealth effects in credit markets：theory and implications for agricultural development[J]. American Journal of Agricultural Economics，（2）：409-423.

Evans D，Jovanovic B. 1989. An estimated model of entrepreneurial choice under liquidity constraints[J]. Jounal of Political Economy，97：808-827.

Petricle M. 2004. A micro econometric analysis of credit rationing in the Polish Farm Sector [J]. European Review of Agriculture Economics，31（1）：77-101.

Stiglitz J，Weiss A. 1981. Credit rationing in markets with imperfect information[J]. The American Economic Review，73：383-410.

第十一章　互联网金融对农村正规金融绩效影响的经验证据

第十章的理论分析表明，相对于传统的农村正规金融，互联网金融在解决信息不对称方面具有更强的优势，而严重的信息不对称是农村金融市场的典型特征。利用解决信息不对称问题的新技术，互联网金融对弱化农村金融市场的信贷配给具有作用。这一作用机制的宏观表现是，农村金融资源的利用效率会因此提高。与此同时，互联网金融对于传统农村正规金融机构也具有竞争效应，竞争效应会促使传统农村正规金融机构寻求新的技术，从而提高农村正规金融机构的绩效。本章拟一一解决这些问题。

第一节　互联网金融与农村正规金融经济绩效：实证检验与若干解释

互联网金融在农村的发展对于农村金融机构有双重的含义。一方面，互联网金融利用解决信息不对称问题的成本优势，压缩传统农村金融机构的市场空间，并通过恶化传统农村金融机构的借款人类型结构效应，而降低传统农村金融机构的贷款配置效率。另一方面，互联网金融发展也通过竞争对传统农村金融机构形成解决信息不对称问题的技术内生效应，从而提高传统农村金融机构解决信息不对称问题的能力，并提高传统农村金融机构配置金融资源的效率。本节通过实证来检验这两种相反效应所形成的最终效应究竟如何。

一、模型设定

为了验证农村互联网金融是否提高了农村正规金融机构资源配置效率并弱化了正规金融机构的作用，本节构建如下计量模型：

$$Y = \alpha + \beta_1 \text{fin} + \beta_2 \text{int} + \beta_3 \text{fin} \times \text{int} + \beta_4 \text{dulc} + \beta_5 \text{rgdp} + \mu \tag{11.1}$$

其中，Y 为被解释变量，表示农村正规金融绩效。本节选择研究农村互联网金融发展对农村正规金融绩效的影响，而不是研究农村互联网金融发展对农村地区金融绩效的影响，主要是因为农村地区非正规融资数据难以获取，难以进行实证检验。解释变量 fin、int 分别表示农村正规金融发展水平和农村新兴互联网金融发展水平。dulc 和 rgdp 是控制变量，分别是政府支农支出和人均 GDP 变量。μ 为随机扰动项。特别地，农村正规金融机构和农村互联网金融的交叉项为关注变量，交叉项表示互联网金融通过影响正规金融机构发展而影响其经济绩效。如果假说 10-1 成立，那么交叉项的系数 β_3 将显著小于零。

二、变量定义、数据来源与估计方法

（一）变量定义

1. 被解释变量

农村正规金融绩效变量（Y）。如果微观上农村正规金融机构能更好地配置金融资源，就认为在宏观上提高了农村经济绩效，因此，在农村金融绩效难以量化的情况下本节用农村经济绩效作为代理变量。如何衡量农村经济绩效？赵洪丹和朱显平（2015）选择用第一产业增加值与商品零售价格指数的比值即农村实际增加值来表示农村经济发展绩效。类似地，田剑英和黄春旭（2013）采用农业 GDP 和农村人均纯收入表示农村经济发展绩效，不过，第一产业增加值和农业 GDP 都不能完全衡量农村经济的发展状况。丁志国等（2012）用农业总产值和乡镇企业增加值之和与农村平均人口数的比值来衡量农村经济发展绩效较为合理，但在一定程度上受制于数据的可获得性。本章采用唐建和彭珏（2009）的方法，选择农村人均收入（$Y1$），农村平均固定资产投资（$Y2$）和城乡人均收入比（$Y3$）三个变量，从不同角度来衡量农村发展绩效。

2. 解释变量

农村正规金融机构发展水平变量（fin）。麦氏和戈氏指标，是衡量金融发展水平的两种常用指标。其中，麦氏指标用广义货币供应量（M2）占 GDP 的比重来衡量金融发展水平，不过，该指标因为涵盖范围有限受到了众多的质疑（王毅，2002；李广众和陈平，2002）。与之不同，戈氏指标利用货币存量、各类贷款和有价证券之和占国民生产总值的比重来衡量金融发展水平，在应用上更为广泛（谢平，1992；易纲，1996）。李广众和陈平（2002），史永东等（2003）和姚耀军（2004）在考虑中国农村实际情况后，在戈氏指标的基础上设计了反映农村金融发展水平的指标，其计算是用农村存贷款余额比上农村地区生产总值。不过，农村存贷款总量并不能很好地诠释农村经济发展绩效，因为农村各项存款的增加很可能导致农村资金的大量闲置甚至导致农村资金外流，反而抑制了农村经济的发展。因此，同时考虑数据的可获得性，本章采用农村正规金融机构各项贷款表示农村正规金融机构发展水平，其中农村正规金融机构贷款为农信社和农村商业银行贷款的合计数。

农村互联网金融发展水平变量（int）。互联网金融发展历史并不算长，关于互联网金融的研究也大多停留于定性分析，定量层面的实证分析鲜有。对于该指标的选择或构建，目前尚未形成比较主流的观点。寿璐弘等（2016）用第三方支付交易量表示互联网金融发展水平，沈悦和郭品（2015）用“文本挖掘法”构建互联网金融指数，鲁钊阳和廖杉杉（2016）用 P2P 网络借贷的数据表示互联网金融发展水平。相比而言，对农村互联网金融发展水平的定量研究就更少，而且数据的获取难度也更大，因此，本节与以上研究不同，采用虚拟变量来表示农村互联网金融发展水平。在虚拟变量设定上，虽然 2013 年被公认为是互联网金融元年，但早在 20 世纪 90 年代，随着互联网技术的不断普及，互联网金融已经应运而生，尤其在 2008 年金融危机之后，互联网金融更是以井喷式的趋势不断发展，因此将 2008 年前农村互联网金融这一虚拟变量定义为 0，2008 年及以后定义为 1。

3. 控制变量

政府支农支出变量（dulc）。该变量旨在衡量政府对农业的补偿力度，用于控制财政支农支出对农村经济发展绩效的影响。殷善福和黎东升（2011）用农业人均财政支出衡量政府支农支出，张宏翔（2012）则用农业财政支出占全国财政支出的比重来表示农业财政支出的强度，结合现有研究及数据的可获得性，本章用历年农林水支出与农村居民消费价格指数（1985 年为 100）的比值来衡量政府支农力度。

人均国内生产总值变量（rgdp）。该变量是衡量经济发展水平的指标，用于控制全国经济发展对农村经济发展绩效的带动作用，用全国人均 GDP 与农村居民消费价格指数的比值表示。

综上，对模型中主要变量做如下定义，具体见表 11.1。

表11.1　研究变量一览表

变量名称	代码	变量含义及说明
农村正规金融绩效	*Y*1	农村居民人均纯收入/农村居民消费价格指数
	*Y*2	农村人均固定资产投资取对数；其中农村人均固定资产投资=全部农户固定资产投资/农户总数
	*Y*3	农村人均纯收入/城镇居民人均可支配收入
农村正规金融机构发展水平	fin	农村正规金融机构各项贷款/农村居民消费价格指数；其中农村正规金融机构各项贷款为历年农信社和农村商业银行各项贷款合计数
农村互联网金融发展水平	int	采用虚拟变量表示，其中 2008 年以前取 0，2008 年及以后取 1
政府支农支出	dulc	农林水支出/农村居民消费价格指数
人均国内生产总值	rgdp	全国人均 GDP/农村居民消费价格指数

（二）数据来源与估计方法

本节的数据主要来自历年《中国统计年鉴》、《中国金融年鉴》、《浙江金融年鉴》及《中国固定资产统计》。

在估计方法上，本节主要采用最小二乘法和分位数回归法进行估计。最小二乘回归是考察解释变量平均水平对被解释变量平均水平影响程度的一种回归方法，考虑到农村地区的特殊性及农户间的巨大差异性，仅仅观察解释变量对农户平均经济绩效的影响不全面。因此，又采用了分位数回归的方法估计农村互联网金融与农村正规金融机构对农村经济发展的影响。

三、估计结果

分别以农户人均纯收入、农村人均固定资产投资及城乡收入差距衡量农村经济发展绩效，构建三个实证模型，并分别利用全国、浙江、湖南和甘肃农村地区的样本数据进行实证检验。在结果估计表中，依次加入控制变量并使用最小二乘法进行估计的结果放在表的前三列，利用 0.25、0.5、0.75 三个不同分位点进行分位数回归的结果放在最后三列。

（一）以农户人均纯收入衡量农村经济发展绩效的实证结果分析

从表 11.2 看，首先，以农户人均纯收入衡量农村经济发展绩效，回归方程的 R^2 均在 0.9 以上且 F 统计量均为 0，说明方程拟合效果较好。其次，就本章的研究主题而言，有三点值得注意：第一，农村正规金融机构发展水平（fin）的系数显著为正，说明农村正规金融机构对农村经济有促进作用；第二，互联网金融（int）系数显著为正，但该系数小于农村正规金融机构（fin）的系数，说明农村互联金融对农村经济发展有促进作用，但影响弱于农村正规金融机构；第三，交叉项（fin × int）的系数为负，说明农村互联网金融对农村正规金融机构有替代作用，其发展弱化了农村正规金融经济绩效，具有“鲶鱼效应”。

表11.2　农户人均纯收入（*Y*1）的实证结果（全国）

变量	（1）	（2）	（3）	（4）	（5）	（6）
	最小二乘回归			分位数回归		
				0.25	0.50	0.75
fin	9.535 5*** （0.622 2）	8.123 0*** （1.339 1）	7.225 6*** （1.602 4）	4.802 6 （6.025 3）	3.836 0 （5.253 8）	7.850 3** （2.921 3）
int	3.283 8*** （0.526 9）	2.829 3*** （0.646 7）	2.104 4** （0.931 8）	0.443 2 （4.601 5）	−0.722 8 （3.780 6）	1.838 7 （1.438 6）
fin × int	−2.963 1*** （0.676 7）	−3.038 5*** （0.672 5）	−2.233 17** （1.039 3）	−0.761 2 （0.052 3）	1.249 0 （0.042 4）	−1.990 4 （1.724 0）
dulc		0.001 1 （0.094 6）	0.000 7 （0.101 3）	−0.000 4 （0.285 3）	−0.000 8 （0.216 1）	0.000 5 （0.129 5）
rgdp			0.021 5 （0.021 1）	0.090 9 （0.141 3）	0.097 2 （0.117 7）	0.011 5 （0.031 0）
C	3.797 2 （0.266 3）	3.818 9*** （0.264 1）	3.744 8*** （0.273 6）	2.617 2** （0.956 4）	3.714 8*** （0.866 0）	4.275 0*** （0.496 5）
样本量	23	23	23	23	23	23
P 值（*F* 统计量）	0.000 0	0.000 0	0.000 0	0.000 0	0.000 0	0.000 0
R^2	0.994 5	0.994 9	0.995 2	0.956 4	0.933 8	0.496 5

***、**分别表示在 1%、5%的显著性水平上显著

注：括号内为标准差

从表 11.3 看，首先，以农户人均纯收入衡量农村经济发展绩效，回归方程的 R^2 和 F 统计量显示方程拟合效果较好，而且大部分检验变量通过了 1%的显著性检验，表明回归结果可信度较高。其次，就本章的研究主题而言，有两点值得注意：第一，互联网金融（int）和农村正规金融（fin）的系数均显著为正，这与预期相符，表明互联网金融与农村正规金融机构均能促进农村经济发展；第二，交

叉项（fin × int）系数显著为负，说明互联网金融弱化了农村正规金融机构对农村经济发展的促进作用，即农村互联网金融弱化了农村正规金融经济绩效，表明二者之间具有替代关系。此外，有两点需要特别说明：第一，控制变量政府财政支农支出（dulc）的系数为负，与预期不符，这可能是由于浙江地区政府财政支农支出被非农化所造成的，不过该估计未能通过显著性检验，不具有参考价值；第二，对比基于全国数据的实证结果而言，浙江省新兴农村互联网金融对农村正规金融的替代作用更明显，即浙江省农村互联网金融对传统正规金融经济绩效的弱化效果更为明显。结合现实看，可能是因为浙江地区的农村互联网金融发展历史早、发展水平较高，因而对传统农村正规金融的替代作用就更明显。这进一步说明了互联网金融越发达，对农村正规金融的替代作用可能越大。

表11.3　农户人均纯收入（*Y*1）的实证结果（浙江）

变量	（1）	（2）	（3）	（4）	（5）	（6）
	最小二乘回归			分位数回归		
				0.25	0.50	0.75
fin	4.177 0***	4.710 2***	1.956 7*	1.437 7	2.876 8***	3.081 1***
	（0.436 0）	（0.672 0）	（0.875 3）	（3.166 0）	（0.992 6）	（0.885 9）
int	0.810 0***	0.658 5**	0.378 1*	0.507 1	0.534 1***	0.580 9***
	（0.191 2）	（0.240 0）	（0.185 7）	（1.956 6）	（0.162 2）	（0.145 3）
fin × int	−2.874 2***	−2.301 2***	−1.884 8***	−0.285 1	−1.856 3***	−2.051 9***
	（0.500 6）	（0.741 9）	（0.544 7）	（2.318 9）	（0.486 3）	（0.566 1）
dulc		−0.001 5	−0.000 2	−0.002 3	−0.000 2	−0.000 2
		（0.001 4）	（0.001 1）	（0.005 7）	（0.000 9）	（0.000 8）
rgdp			0.000 9***	0.001 3*	0.000 3	0.000 2
			（0.000 2）	（0.000 7）	（0.000 4）	（0.000 4）
C	7.830 2***	7.809 4***	7.181 1***	6.811 1***	7.789 1***	7.813 4***
	（0.067 9）	（0.070 6）	（0.158 4）	（0.486 0）	（0.361 6）	（0.323 8）
样本量	23	23	23	23	23	23
P 值（*F* 统计量）	0.000 0	0.000 0	0.000 0	0.000 0	0.000 0	0.000 0
R^2	0.958 0	0.960 3	0.980 5	0.854 7	0.887 6	0.909 9

***、**、*分别表示在 1%、5%、10%的显著性水平上显著

注：括号内为标准差

从表 11.4 看，首先，以农户人均纯收入衡量农村经济发展绩效，回归方程的 R^2 和 F 统计量显示方程拟合效果较好，而且大部分变量通过了显著性检验。其次，就本章的研究主题而言，有两点值得注意：第一，互联网金融（int）和农村正规金融（fin）的系数均显著为正，这与预期相符，表明互联网金融与农村正规金融机构均能促进农村经济发展；第二，交叉项（fin × int）系数显著为负，说明互联网金融弱化了农村正规金融机构对农村经济发展的促进作用，即农村互联网金融

弱化了农村正规金融经济绩效，表明二者之间具有替代关系。此外，需要特别指出的是，相比于全国和浙江数据的回归结果而言，湖南省传统正规金融机构对农户人均收入的相关度更高，互联网金融对传统正规金融机构的弱化效果更低，这是因为湖南省的基础建设落后于浙江省，农村地区互联网覆盖面不如浙江省的覆盖面广，抑制了互联网金融在当地的有效发展。

表11.4　农户人均纯收入（*Y*1）的实证结果（湖南）

变量	（1）	（2）	（3）	（4）	（5）	（6）
	最小二乘回归			分位数回归		
				0.25	0.50	0.75
fin	16.648 4*** （8.119 4）	19.650 3*** （5.184 9）	11.012 3 （6.571 6）	13.174 9 （14.220 1）	14.251 0 （7.038 9）	15.636 8 （5.181 8）
int	8.332 9*** （2.883 4）	4.507 3** （1.912 9）	4.652 6** （1.783 0）	6.756 7** （2.619 2）	3.080 6* （1.570 3）	2.692 0** （1.138 4）
fin × int	−3.828 0** （1.757 1）	−2.963 6** （1.100 0）	−3.184 9*** （1.030 7）	−4.515 2 （1.600 7）	−2.054 7** （0.941 5）	−1.808 0** （0.684 3）
dulc		0.006 8*** （0.122 1）	0.004 8*** （0.153 5）	0.005 7** （0.202 3）	0.005 6*** （0.123 3）	0.005 7*** （0.091 1）
rgdp			0.015 9* （0.008 2）	0.007 7 （0.011 9）	0.013 5* （0.007 6）	0.012 6** （0.005 9）
C	2.750 8*** （0.875 9）	3.119 3*** （0.546 9）	3.383 9*** （0.527 3）	2.126 6 （1.386 9）	4.558 6*** （0.635 7）	4.638 8*** （0.461 7）
样本量	23	23	23	23	23	23
P 值（*F* 统计量）	0.000 0	0.000 0	0.000 0	0.000 0	0.000 0	0.000 0
R^2	0.855 0	0.947 2	0.956 8	0.773 1	0.845 8	0.904 1

***、**、*分别表示在 1%、5%、10%的显著性水平上显著

注：括号内为标准差

从表 11.5 看，以农户人均纯收入衡量农村经济发展绩效，相比较全国、浙江省和湖南省的回归结果而言，甘肃省的实证拟合效果一般，部分数据通过了显著性检验，但主要关注变量的回归结果与全国、浙江省和湖南省的回归结果一致。就交叉项（inf × int）的系数而言，甘肃省农村互联网金融对农村正规金融促进农村经济发展有替代作用，但弱化效果非常有限，这与甘肃省农村地区互联网金融发展较为落后有关。对比全国、浙江省、湖南省和甘肃省的数据发现，互联网金融均对农村正规金融促进农村经济发展有替代作用，即互联网金融均弱化了农村正规金融经济绩效，弱化效果与当地互联网金融发展水平密切相关，浙江省的弱化效果远高于全国平均水平，湖南省与全国水平相当，甘肃省则低于全国水平。

表11.5　农户人均纯收入（*Y*1）的实证结果（甘肃）

变量	（1）	（2）	（3）	（4）	（5）	（6）
	最小二乘回归			分位数回归		
				0.25	0.50	0.75
fin	3.707 0*** （0.374 2）	3.705 1*** （0.445 0）	4.056 9*** （1.261 0）	4.303 2 （3.522 1）	2.772 3 （2.004 7）	4.156 5* （2.336 0）
int	0.041 7 （0.322 9）	0.041 2 （0.335 9）	0.234 1 （0.730 8）	0.304 6 （1.476 8）	0.617 3 （1.318 5）	0.398 5 （1.489 6）
fin × int	−0.150 9 （0.420 3）	−0.153 2 （0.508 7）	−0.342 7* （0.820 7）	−0.347 0 （2.440 9）	−0.185 1 （1.537 1）	−0.298 9* （1.780 2）
dulc		0.000 1 （0.016 4）	0.000 7 （0.016 9）	−0.015 4 （0.060 8）	0.021 4 （0.041 8）	−0.005 8 （0.046 4）
rgdp			−0.015 5 （0.051 7）	−0.004 1 （0.173 1）	0.034 0 （0.086 3）	−0.054 7 （0.093 1）
C	2.364 5*** （0.139 8）	2.364 6*** （0.144 5）	2.428 3*** （0.259 4）	2.083 3*** （0.704 1）	2.257 1*** （0.516 2）	3.122 4*** （0.606 8）
样本量	23	23	23	23	23	23
P 值（*F* 统计量）	0.000 0	0.000 0	0.000 0	0.000 0	0.000 0	0.000 0
R^2	0.987 0	0.987 0	0.987 1	0.875 5	0.882 3	0.909 7

***、**、*分别表示在 1%、5%、10%的显著性水平上显著

注：括号内为标准差

（二）以农户人均固定资产投资（*Y*2）衡量农村经济发展绩效的实证结果分析

从表 11.6 看，以农户人均固定资产投资衡量农村经济发展绩效，回归方程的 R^2 和 F 统计量较好，表明方程拟合效果较好。而且，大部分变量通过了 1%显著性水平检验，个别变量在 5%和 10%的显著性水平下显著。不过，控制变量政府支农支出（dulc）系数为负，与预期不符，但检验结果没有通过显著性检验，结果不具有太大参考价值。主要关注变量中，农村正规金融机构发展水平（fin）系数显著为正，说明农村金融机构的发展能促进农户对固定资产的投资，有助于农户生产生活的顺利开展，并进一步促进农村经济发展。互联网金融（int）的系数在 1%的水平下显著为正，但远小于农村正规金融机构发展水平（fin）系数，说明互联网金融对农户固定资产投资有促进作用，但正向促进作用有限。此外，交叉项（fin × int）的系数显著为负，说明互联网金融弱化了农村正规金融对农户固定资产投资的促进作用，其原因是，相对农村正规金融机构而言，互联网金融通过大数据信息的积累和与大型农业企业的合作，降低了信息的不对称性并提高了违约成本，因而放松了农户的融资约束，在一定程度上弱化了正规金融机构对农村经济绩效的促进作用。

表11.6　农户人均固定资产投资（*Y*2）的实证结果（全国）

变量	(1)	(2)	(3)	(4)	(5)	(6)
	最小二乘回归			分位数回归		
				0.25	0.50	0.75
fin	86.971 7*** (1.086 2)	62.571 6** (2.384 2)	43.711 2* (2.415 3)	34.151 5 (2.547 3)	27.790 1 (2.199 9)	41.247 9 (3.231 7)
int	6.758 0*** (0.919 8)	5.972 8*** (1.128 6)	4.412 6*** (1.350 5)	4.175 3** (1.567 3)	3.849 6*** (1.255 4)	4.599 3** (1.912 3)
fin × int	−7.139 3*** (1.181 4)	−7.270 5*** (1.175 0)	−5.734 6*** (1.376 3)	−5.465 3*** (1.871 0)	−4.352 8*** (1.357 0)	−4.485 3*** (1.360 2)
dulc		0.019 4 (0.016 5)	−0.002 4 (0.019 4)	0.009 0 (0.018 0)	0.005 9 (0.017 5)	0.000 5 (0.030 5)
rgdp			0.223 5* (0.120 0)	0.173 3 (0.119 3)	0.154 2 (0.099 5)	0.117 6 (0.110 4)
C	2.207 4*** (0.046 5)	2.211 1*** (0.046 1)	2.216 3*** (0.043 3)	2.218 8*** (0.091 7)	2.330 5*** (0.057 9)	2.340 7*** (0.059 3)
样本量	23	23	23	23	23	23
P 值（*F* 统计量）	0.000 0	0.000 0	0.000 0	0.000 0	0.000 0	0.000 0
R^2	0.950 3	0.953 8	0.961 6	0.807 1	0.871 5	0.908 3

***、**、*分别表示在 1%、5%、10%的显著性水平上显著

注：括号内为标准差

从表 11.7 看，以农户人均固定资产投资衡量农村经济发展绩效，回归方程的 R^2 和 *F* 统计量较好，且大部分解释变量通过了 5%的显著性检验，表明回归结果可信度较高。整体上讲，浙江数据的实证结果与全国范围内的实证结果一致：农村正规金融机构（fin）和新兴互联网金融（int）的系数基本显著为正，说明两者均促进了农村经济发展，且交叉项（fin × int）系数为负，说明新兴互联网金融的发展，对农村传统正规金融促进农户对固定资产的投资有替代作用，即农村互联网金融发展在一定程度上弱化了农村正规金融经济绩效。不同的是，浙江省互联网金融对农村正规金融经济绩效的弱化效果明显更强于全国平均水平，这与现实相符。考虑到浙江农村地区互联网金融发展高于全国平均水平，实证结果进一步说明了互联网金融的发展完善了农村地区的金融体系，农户投资不再完全受约束于自身的存款和正规金融机构的贷款，互联网融资渠道的增加，弱化了农村正规金融经济绩效。

表11.7　农户人均固定资产投资（*Y*2）的实证结果（浙江）

变量	(1)	(2)	(3)	(4)	(5)	(6)
	最小二乘回归			分位数回归		
				0.25	0.50	0.75
fin	19.178 4*** (1.693 2)	21.025 0*** (2.525 7)	26.453 9*** (4.612 8)	24.646 3*** (6.331 9)	20.172 8*** (7.174 6)	23.166 1** (8.848 4)
int	1.756 5** (0.742 5)	1.231 8 (0.937 6)	3.781 1* (1.857 2)	2.280 2** (1.001)	1.470 9 (1.241 4)	0.900 4 (1.445 3)

续表

变量	(1)	(2)	(3)	(4)	(5)	(6)
	最小二乘回归			分位数回归		
				0.25	0.50	0.75
fin × int	−7.179 2*** (1.944 2)	−5.201 6* (2.898 8)	−5.945 4* (2.870 2)	−6.796 8** (2.780 4)	−4.716 3 (3.460 1)	−3.735 2 (4.706 4)
dulc		−0.005 0 (0.005 5)	−0.000 2 (0.001 1)	−0.003 6 (0.005 6)	−0.002 7 (0.007 0)	−0.008 7 (0.010 5)
rgdp			0.000 9*** (0.000 2)	−0.001 6 (0.001 6)	0.000 6 (0.001 8)	−0.000 3 (0.001 9)
C	1.013 9*** (0.263 5)	0.941 9*** (0.275 8)	7.181 1*** (0.158 4)	1.783 1 (1.103 5)	1.566 5 (1.292 9)	1.335 8 (1.232 3)
样本量	23	23	23	23	23	23
P 值（*F* 统计量）	0.000 0	0.000 0	0.000 0	0.000 0	0.000 0	0.000 0
R^2	0.983 8	0.984 5	0.980 5	0.867 6	0.897 7	0.909 1

***、**、*分别表示在 1%、5%、10%的显著性水平上显著

注：括号内为标准差

从表 11.8 看，以农户人均固定资产投资衡量农村经济发展绩效，基于湖南省数据的估计效果一般，回归方程的 R^2 及主要变量的显著性都有明显下降。不过，整体上讲基于湖南数据的实证结果与基于全国或浙江数据的实证结果基本一致：农村正规金融机构（fin）和新兴互联网金融（int）的系数基本显著为正，说明两者均促进了农村经济发展，且交叉项（fin × int）系数为负，说明新兴互联网金融的发展，对农村传统正规金融促进农户对固定资产的投资有替代作用，即农村互联网金融发展在一定程度上弱化了农村正规金融经济绩效。明显不同的是，湖南省新兴互联网金融对农户固定资产投资的促进作用略小于浙江省，这与预期相符。相比于浙江省而言，湖南省农村互联网金融发展水平略低，基础设施不够完善，阻碍了互联网金融在农村地区进一步下沉，致使湖南省互联网金融对农村正规金融经济绩效的影响较弱。

表11.8　农户人均固定资产投资（*Y*2）的实证结果（湖南）

变量	(1)	(2)	(3)	(4)	(5)	(6)
	最小二乘回归			分位数回归		
				0.25	0.50	0.75
fin	21.112 5** (3.977 3)	25.752 7** (3.398 2)	29.252 3 (4.309 0)	29.609 4 (9.143 0)	29.900 1 (4.410 9)	24.546 6 (4.794 8)
int	2.183 2 (1.412 5)	2.796 1 (1.253 8)	2.891 2 (1.169 2)	3.553 2 (1.693 1)	3.281 9 (0.984 5)	2.071 4 (0.974 5)
fin × int	−3.991 4 (0.860 7)	−3.678 0 (0.720 9)	−3.822 7 (0.675 8)	−4.267 6 (1.027 5)	−3.260 6 (0.579 8)	−3.100 5 (0.583 7)
dulc		0.002 4*** (0.080 1)	0.001 2 (0.100 6)	0.001 7 (0.136 8)	0.001 3 (0.080 9)	0.001 3 (0.076 3)
rgdp			0.010 4* (0.005 4)	0.007 2 (0.007 7)	0.009 1* (0.004 5)	0.009 0** (0.004 2)

续表

变量	(1)	(2)	(3)	(4)	(5)	(6)
	最小二乘回归			分位数回归		
				0.25	0.50	0.75
C	4.658 6*** (0.429 1)	4.792 2*** (0.358 4)	4.965 3*** (0.345 7)	4.112 2*** (0.923 0)	5.779 4*** (0.428 0)	6.030 3*** (0.484 0)
样本量	23	23	23	23	23	23
P值（F统计量）	0.000 0	0.000 0	0.000 0	0.000 0	0.000 0	0.000 0
R^2	0.758 1	0.842 4	0.870 8	0.665 0	0.725 1	0.824 3

***、**、*分别表示在 1%、5%、10%的显著性水平上显著

注：括号内为标准差

从表 11.9 看，以农户人均固定资产投资衡量农村经济发展绩效，基于甘肃省数据的拟合结果较好。主要表现在，关键解释变量通过了 1%的显著性水平检验，个别变量在 5%和 10%的显著性水平下显著，且 R^2 和 F 统计量也较好。此外，整体上讲，基于甘肃省数据的回归结果与基于全国、浙江省和湖南省数据的回归结果基本一致：农村正规金融机构（fin）和新兴互联网金融（int）均对农户投资有促进作用，并且所有方程中交叉项（fin × int）的系数均为负，说明互联金融在不同程度上对农村正规金融促进农户投资有替代作用。就替代程度而言，甘肃省农村互联网金融发展在弱化农村正规金融机构促进农户投资上的作用相对较小，这主要是受当地互联网金融发展相对落后所致。

表11.9　农户人均固定资产投资（*Y*2）的实证结果（甘肃）

变量	(1)	(2)	(3)	(4)	(5)	(6)
	最小二乘回归			分位数回归		
				0.25	0.50	0.75
fin	24.346 1*** (2.991 5)	26.178 4*** (3.451 9)	24.249 9** (3.795 2)	14.604 5 (1.868 9)	27.886 3** (1.287 8)	23.046 1** (1.011 4)
int	1.763 8*** (0.258 1)	1.806 8*** (0.260 6)	1.701 0*** (0.567 7)	1.201 1 (1.047 5)	2.109 6** (0.773 8)	1.761 2** (0.608 4)
fin × int	−2.107 2*** (0.336 0)	−1.887 0*** (0.394 7)	−1.783 0** (0.637 5)	−1.240 0 (1.340 6)	−2.232 1** (0.857 0)	−1.548 9** (0.661 2)
dulc		−0.013 4 (0.012 7)	−0.013 7 (0.013 2)	−0.015 2 (0.026 9)	−0.000 5 (0.017 2)	−0.006 8 (0.013 7)
rgdp			0.008 5 (0.040 13)	0.048 0 (0.087 0)	−0.025 4 (0.050 6)	−0.022 4 (0.039 1)
C	4.269 3*** (0.111 8)	4.256 6*** (0.112 1)	4.221 6*** (0.201 5)	3.958 5*** (0.416 5)	4.493 8*** (0.319 4)	4.764 9*** (0.274 0)
样本量	23	23	23	23	23	23
P值（F统计量）	0.000 0	0.000 0	0.000 0	0.000 0	0.000 0	0.000 0
R^2	0.937 6	0.941 2	0.941 3	0.772 4	0.816 7	0.846 4

***、**分别表示在 1%、5%的显著性水平上显著

注：括号内为标准差

（三）以城乡收入差距（*Y*3）衡量农村经济发展绩效的实证结果分析

从表 11.10 看，以城乡收入差距衡量农村经济发展绩效，相比基于农户人均纯收入和农户人均固定资产投资而言，出现了截然不同的估计结果。首先，农村正规金融机构发展水平（fin）系数显著为负，说明农村正规金融机构发展扩大了城乡收入差距，这与姚耀军（2004）等的研究结果一致。姚耀军（2004）认为，就长期而言，金融发展规模越大城乡收入差距越明显，统计上二者具有双向的 Granger 因果关系。这是由于中国农村地区和城镇地区金融发展不均衡造成的，正规金融机构在信贷配置中更倾向城镇。其次，互联网金融（int）的系数也显著为负，且该系数的绝对值略小于农村正规金融机构（fin）的系数，这说明互联网金融在农村地区的发展在一定程度上扩大了城乡收入差距。究其原因，这与互联网金融在城市和农村的发展规模和速度有关。相比于农村而言，互联网金融在城市的发展规模与速度远高于农村，从整个资金的配置角度来看，互联网金融的发展实际上使得城市的金融市场的投资选择更为多样化，提供了更高的收益；而从整个社会来看，农村大量闲置的资金通过互联网金融盘活促进农户投资与收入的同时，更多的金融资源配置给了城市，使得城市的发展远大于农村，进一步拉大城乡收入差距。互联网金融起到了从农村吸血的作用。

表11.10　城乡收入差距（*Y*3）的实证结果（全国）

变量	（1）	（2）	（3）	（4）	（5）	（6）
	最小二乘回归			分位数回归		
				0.25	0.50	0.75
fin	−1.593 5*** （0.228 6）	−1.769 0*** （0.510 7）	−2.175 9*** （0.528 8）	−1.395 2** （0.083 6）	−1.781 9** （0.767 9）	−2.228 3*** （0.777 3）
int	−0.124 5*** （0.019 4）	−0.130 1*** （0.024 7）	−0.163 8*** （0.029 6）	−0.111 5** （0.047 7）	−0.136 7*** （0.043 7）	−0.170 0*** （0.041 7）
fin × int	−1.815 5*** （0.249 7）	−1.806 1*** （0.256 6）	−1.137 4*** （0.301 3）	−1.511 1** （0.546 9）	−1.792 4*** （0.517 5）	−1.259 0*** （0.489 9）
dulc		0.001 4 （0.003 6）	−0.003 3 （0.004 2）	−0.001 3 （0.005 9）	−0.001 1 （0.005 2）	−0.001 2 （0.005 5）
rgdp			0.048 2 （0.026 3）	0.020 0 （0.519 1）	0.024 9 （0.033 3）	0.024 6 （0.035 1）
C	0.408 9*** （0.009 8）	0.409 2*** （0.010 1）	0.410 3*** （0.009 5）	0.379 1*** （0.021 3）	0.400 3*** （0.022 6）	0.233 2*** （0.022 1）
样本量	23	23	23	23	23	23
P 值（*F* 统计量）	0.000 0	0.000 0	0.000 0	0.000 0	0.000 0	0.000 0
R^2	0.780 6	0.782 4	0.818 4	0.632 3	0.654 0	0.706 0

***、**分别表示在 1%、5%的显著性水平上显著

注：括号内为标准差

从表 11.11 看城乡收入差距衡量的农村经济发展绩效，以浙江数据为样本，实证结果与基于全国数据的估计基本一致。首先，农村正规金融机构（fin）的系数为负，说明随着正规金融机构的发展城乡收入差距不断扩大，这与上文针对全国范围内的实证结果和姚耀军（2004）的研究结果一致；其次，互联网金融（int）的系数为负，且交叉项（fin × int）的系数显著为负，说明互联网金融加剧了正规金融机构对城乡收入差距的扩大作用。究其原因，一是随着互联网金融的发展，其在城镇地区的发展水平远高于农村地区，这与农村地区基础网络设施不完善及农户文化水平较低等因素有关，致使互联网金融在农村地区的利用率远小于城镇地区；二是农村互联网金融的发展加剧了资金从农村流向城市，进一步拉大了城乡收入差距。相比全国范围的实证结果而言，观察农村正规金融机构（fin）和交叉项（fin × int）的系数关系可以发现，浙江地区的互联网金融对城乡收入差距的扩大作用远大于全国，这与浙江地区互联网金融的发展水平高于全国平均水平有关。不管在全国还是浙江，虽然农村互联网金融发展推动了农村经济的发展，但互联网金融在城镇的发展水平均高于农村地区，更多的资源被配置到城市。因此，借助互联网金融之力，城镇的经济发展快于农村，所以互联网金融越发达的地区，城乡收入差距反而扩大了。

表11.11　城乡收入差距（*Y*3）的实证结果（浙江）

变量	（1）	（2）	（3）	（4）	（5）	（6）
	最小二乘回归			分位数回归		
				0.25	0.50	0.75
fin	−3.273 7*** （5.068 3）	−4.155 8* （2.029 3）	−4.911 3*** （1.432 0）	−3.279 9 （5.408 9）	−5.922 8 （4.727 6）	−5.568 5** （2.141 3）
int	−1.436 6*** （2.223 0）	−1.333 5*** （2.844 6）	−1.450 6*** （3.037 4）	−0.730 0 （8.140 0）	−0.964 4 （8.664 3）	−1.562 0*** （4.166 4）
fin × int	−4.614 0*** （5.826 0）	−3.484 3 （2.528 6）	−4.400 3*** （8.910 7）	−2.121 3 （2.655 1）	−3.122 5 （2.830 8）	−4.861 8*** （1.247 9）
dulc		0.010 0 （0.016 5）	0.0151 2 （0.017 2）	0.030 3 （0.067 9）	0.040 8 （0.067 6）	0.008 9 （0.023 8）
rgdp			0.003 8 （0.003 5）	−0.000 8 （0.009 7）	0.003 2 （0.008 4）	0.006 3 （0.005 9）
C	4.889 4*** （0.078 8）	4.903 5*** （0.083 6）	4.641 2*** （0.259 0）	4.763 5*** （0.550 6）	4.756 4*** （0.551 4）	4.611 9*** （0.454 0）
样本量	23	23	23	23	23	23
P 值（*F* 统计量）	0.000 0	0.000 0	0.000 0	0.000 7	0.000 0	0.000 0
R^2	0.774 1	0.778 5	0.792 5	0.505 5	0.600 5	0.591 2

***、**、*分别表示在 1%、5%、10%的显著性水平上显著

注：括号内为标准差

从表 11.12 看城乡收入差距衡量的农村经济发展绩效，以湖南省数据为样

本，虽然 R^2 较小表明方程拟合效果不如全国和浙江省，但回归系数情况基本与全国和浙江省一致，具有参考意义。首先，农村正规金融机构（fin）和互联网金融（int）的系数均为负，回归结果与基于全国、浙江省数据的估计基本一致。互联网金融与农村正规金融作为金融中介，在调动资金、配置金融资源的同时，均存在将农村闲置资金输送往城镇的问题。其次，交叉项（fin × int）的系数为负，说明互联网金融加剧了湖南省正规金融机构对城乡收入差距的扩大作用。不过，观察全国、浙江省和湖南省的估计结果可以发现，湖南省的互联网金融对正规金融扩大城乡收入差距的影响低于浙江，这与两地农村互联网金融发展水平相关。

表11.12　城乡收入差距（*Y*3）的实证结果（湖南）

变量	（1）	（2）	（3）	（4）	（5）	（6）
	最小二乘回归			分位数回归		
				0.25	0.50	0.75
fin	−4.682 0* （2.381 4）	−5.896 3** （2.222 3）	−8.644 6*** （2.953 9）	−2.697 5 （6.503 1）	−10.376 5** （4.822 3）	−11.206 0*** （2.726 0）
int	−0.311 9 （0.845 7）	−0.351 3 （0.821 1）	−0.305 1 （0.801 5）	−0.352 9 （1.257 5）	−0.762 6 （0.968 3）	−1.134 8* （0.599 9）
fin × int	−1.001 7 （0.515 3）	−2.500 4 （0.471 6）	−1.796 1* （0.463 3）	−2.845 9 （0.758 2）	−0.511 0 （0.598 3）	−0.706 4* （0.377 8）
dulc		0.011 88** （0.005 2）	0.055 2 （0.069 0）	0.097 9 （0.010 3）	0.098 5 （0.079 3）	0.101 0* （0.049 8）
rgdp			0.005 1 （0.003 7）	0.003 0 （0.005 8）	0.003 0 （0.004 8）	0.002 6 （0.003 2）
C	3.871 0*** （0.256 9）	3.934 9*** （0.234 5）	4.019 1*** （0.237 0）	3.256 2*** （0.627 8）	4.336 2*** （0.456 2）	4.564 4*** （0.264 6）
样本量	23	23	23	23	23	23
P 值（*F* 统计量）	0.000 0	0.000 0	0.000 0	0.000 0	0.000 0	0.000 0
R^2	0.266 0	0.429 2	0.486 1	0.268 6	0.445 8	0.594 6

***、**、*分别表示在 1%、5%、10%的显著性水平上显著

注：括号内为标准差

从表 11.13 看城乡收入差距衡量的农村经济发展绩效，以甘肃省数据为样本，虽然 R^2 较小表明方程拟合效果不佳，但是关键解释变量基本通过 1%的显著性检验，具有一定的参考价值。首先，农村正规金融机构（fin）和互联网金融（int）的系数估计结果与全国、浙江省和湖南省的符号一致均为负，进一步说明了金融中介作为资源重新配置的主体，把更多的资金配置给了城镇，扩大了城乡收入差距；其次，交叉项（fin × int）的系数显著为负，而且结合前文估计结果看，浙江省农村互联网金融对传统正规金融机构扩大城乡收入差距的作用最为明显，湖南省次之，甘肃省最弱，这与三省的互联网金融发展水平成正比。从实证看，互联

网金融发展越完善的地区，互联网金融对传统农村正规金融机构扩大城乡收入差距的促进效果越明显，加剧了资金从农村向城镇的转移。

表11.13　城乡收入差距（Y3）的实证结果（甘肃）

变量	(1)	(2)	(3)	(4)	(5)	(6)
	最小二乘回归			分位数回归		
				0.25	0.50	0.75
fin	−1.385 4*** (0.026 0)	−1.306 0*** (0.307 3)	−2.106 1** (0.848 0)	−0.983 0 (1.153 8)	−1.997 1 (1.272 7)	−2.602 1** (1.219 1)
int	−0.096 2*** (0.224 6)	−0.094 3*** (0.232 0)	−0.138 2** (0.491 5)	−0.074 6 (0.665 6)	−0.127 5* (0.676 4)	−0.158 4** (0.576 0)
fin × int	−0.167 2*** (0.292 4)	−0.176 8*** (0.341 4)	−0.219 9*** (0.551 9)	−0.122 3 (0.080 5)	−0.194 0** (0.850 7)	−0.241 7*** (0.635 9)
dulc		−0.000 6 (0.011 3)	−0.000 7 (0.011 4)	0.000 1 (0.012 9)	0.000 2 (0.011 3)	0.000 2 (0.000 9)
rgdp			0.003 5 (0.034 7)	0.005 4 (0.042 8)	0.002 7 (0.039 4)	0.003 3 (0.004 7)
C	0.322 7*** (0.097 3)	0.322 2*** (0.099 8)	0.307 7*** (0.017 4)	0.287 2*** (0.021 2)	0.310 8*** (0.030 4)	0.338 7*** (0.025 3)
样本量	23	23	23	23	23	23
*P*值（*F*统计量）	0.000 2	0.000 5	0.000 1	0.006	0.000 5	0.000 0
R^2	0.645 7	0.650 8	0.670 7	0.524 8	0.515 5	0.562 4

***、**、*分别表示在1%、5%、10%的显著性水平上显著

注：括号内为标准差

（四）小结

纵观基于全国、浙江省、湖南省和甘肃省数据的估计结果，首先，新兴互联网金融的发展一定程度上弱化了农村正规金融机构对农村经济发展绩效的影响，即互联网金融有弱化传统正规金融经济绩效的作用，但弱化效果有限。其次，互联网金融对城乡收入差距的影响与预期不符，实证显示互联网金融对正规金融机构扩大城乡收入差距有促进作用，这是由于互联网金融把更多的金融资源配置给了城市，城市的发展远大于农村。最后，对比全国、浙江省、湖南省和甘肃省的估计结果可以发现，在农户人均收入和投资方面，互联网金融对浙江农村地区的促进作用最为明显，在城乡收入差距方面，互联网金融的“吸血”作用也最为明显，湖南省次之，甘肃省最弱，这与三省的互联网金融发展水平呈正相关关系。

第二节　互联网金融与农户融资约束：实证检验与若干解释

一、模型设定

为了验证农村互联网金融是否能弱化农户融资约束，缓解农户融资难的困境，本节构建如下计量模型：

$$\ln \text{inv} = \alpha + \beta_1 \ln \text{dep} + \beta_2 \text{int} + \beta_3 \text{int} \times \ln \text{dep} + \beta_4 \text{agp} + \beta_5 r + \mu \quad (11.2)$$

其中，lninv 为被解释变量，本节采用农户人均固定资产投资额的对数值作为被解释变量；解释变量 lndep、int 分别表示农户人均储蓄的对数值与农村新兴互联网金融发展水平；agp 和 r 是控制变量，分别表示近三年农产品价格指数和长期利率水平；μ 为随机扰动项。其中农户人均储蓄的对数和农村互联网金融的交叉项为重点关注项，它反映了互联网金融通过影响农户人均储蓄而对农户投资的间接影响。如果农村互联网金融能够弱化农户融资约束，那么农户投资对自身储蓄的依赖性会降低，在估计结果中将表现为交叉项的系数 β_3 显著为负。

二、变量定义、数据来源与估计方法

（一）变量定义

1. 被解释变量

农户人均投资额的对数值（lninv）。郭敏和屈艳芳（2002）在研究农户投资行为时，用家庭经营费用支出和购买生产性固定资产支出表示农户人均生产费用现金支出，其中前者表示短期投资，而后者则表示长期投资。类似地，王建洪等（2009）采用历年农户人均生产性固定资产存量表示农户投资。此外，还有学者认为农户投资不仅仅局限于现金的投入，还应把农村地区农户扩大再生产期间投入的人力、物力和财力计入农户投资当中（辛翔飞和秦富，2005）。参考以上指标选择方法，同时考虑数据的可得性与研究主题，本节选用农户固定资产投资作为衡量农户投资水平的指标，用农户固定资产投资与农户总数的比值反映农户户均投资水平，并在实证模型中将其取对数。

2. 主要解释变量

农户人均储蓄的对数值（lndep）。对于如何评估农户的储蓄情况，一般有两个角度，一是考察农户的储蓄率，二是考察储蓄的绝对水平。例如，易行健等(2012）用“1-（伙食费+其他消费）/纯收入”来衡量农户的储蓄率，董志勇等（2011）用储蓄额与储蓄额和消费额的加总比值表示储蓄率，徐天祥和余晓琳（2015）则采用个人可支配收入减去消费性支出后的资产表示农户储蓄水平。结合考虑数据的可得性与研究主题，本节关注储蓄绝对水平对农户投资的影响，选择用农户储蓄与农户户数的比值反映户均绝对储蓄水平，并在实证模型中将其取对数。

农村互联网金融发展水平（int）。与上文一致，本节采用虚拟变量法来刻画农村互联网金融发展水平。在虚拟变量设定上，虽然2013年被公认为是互联网金融元年，但早在20世纪90年代，随着互联网技术的不断普及，互联网金融已经应运而生，尤其在2008年金融危机之后，互联网金融更是以井喷式的趋势不断发展，因此本节将2008年前农村互联网金融这一虚拟变量定义为0，2008年及以后定义为1。

3. 控制变量

近三年农产品平均价格水平（agp）。评估农产品价格水平的方法有很多，如王孝松和谢申祥（2012）采用国内食品价格指数和玉米、小麦、大米、大豆等主要具有代表性的粮食价格表示农产品平均价；付莲莲等（2014）在研究国际原油价格对国内农产品价格影响的实证中用食品零售价格指数来表示国内农产品价格。同时考虑数据的可得性与对农产品价格水平的处理，本节简单地采用农村居民消费价格指数（1985=100）衡量农产品价格水平。

中长期利率水平（r）。货币市场利率、存贷款利率及国债利率是刻画利率水平的常用选择。考虑到投资水平主要受贷款利率影响，本节选择用贷款利率衡量利率水平。在期限选择上，本节采用一般做法，最终选用三年期贷款利率代表中长期利率水平。

综上，对模型中主要变量做如下定义，具体见表11.14。

表11.14　研究变量一览表

变量名称	代码	变量含义及说明
农户人均投资额	lninv	农户固定资产投资与全国农户总数的比值取对数
农户人均储蓄	lndep	农户储蓄与全国农户总数的比值取对数

续表

变量名称	代码	变量含义及说明
农村互联网金融发展水平	int	2008 年前农村互联网金融这一虚拟变量定义为 0，2008 年及以后定义为 1
近三年农产品平均价格	agp	农村居民消费价格指数表示，其中以 1985 年为 100
中长期利率水平	r	三年期贷款利率

（二）数据来源与估计方法

本节的数据主要来自历年《中国统计年鉴》《中国金融年鉴》《中国固定资产统计年鉴》《浙江金融年鉴》，以及 Wind 数据库。

在估计方法上，本节主要采用最小二乘法和分位数回归法进行变量估计。最小二乘回归是考察解释变量平均水平对被解释变量平均水平影响程度的一种回归方法，考虑到农村地区的特殊性及农户间的巨大差异性，仅使用最小二乘法会不够全面。因此，本节又采用了分位数回归的方法估计农村互联网金融发展对农户融资约束的影响。

三、估计结果

农户投资对自身储蓄的依赖性可以反映其融资约束程度。如果投资对自身储蓄的依赖度比较高，则说明农户面临比较高的融资约束，其逻辑是：因为农户难以通过融资进行投资，自身储蓄的变动对投资水平变动的影响就比较大。反之，如果农户投资对自身储蓄的依赖度比较小，则说明农户面临的融资约束较低，这时农户可以方便地通过融资渠道筹资进行投资。为了验证农村互联网金融对农户融资约束的影响，本节利用计量模型（11.2），分别使用全国、浙江、湖南和甘肃的数据进行检验，实证结果如表 11.15～表 11.18 所示。

表11.15 影响农户融资约束的实证结果（全国）

变量	（1）	（2）	（3）	（4）	（5）	（6）	（7）
	最小二乘回归				分位数回归		
					0.25	0.5	0.75
lndep	5.836 7*** （0.369 8）	5.497 5*** （0.451 1）	6.113 8*** （0.478 2）	6.834 6*** （0.516 8）	6.829 3*** （0.619 2）	6.372 0*** （0.810 3）	6.632 2*** （0.532 9）
int	0.204 1** （0.087 3）	0.258 1** （0.095 9）	0.196 9** （0.089 5）	1.941 8** （0.720 7）	2.199 0** （1.021 2）	1.919 0 （1.332 8）	2.498 0 （2.653 8）

续表

变量	(1)	(2)	(3)	(4)	(5)	(6)	(7)
	最小二乘回归				分位数回归		
					0.25	0.5	0.75
agp		−0.006 0 (0.004 7)	−0.001 5** (0.005 6)	−0.015 7*** (0.005 0)	−0.021 8 (0.012 9)	−0.012 4** (0.004 8)	−0.013 1*** (0.004 3)
r			−0.041 1** (0.017 1)	−0.055 2*** (0.016 3)	−0.054 7** (0.021 1)	0.045 7** (0.018 8)	−0.045 0*** (0.014 2)
int × lndep				−1.998 6** (0.820 5)	−2.308 2* (1.127 5)	−1.889 5 (1.484 4)	−2.554 3*** (2.779 1)
C	1.572 0*** (0.272 6)	2.446 9*** (0.737 2)	2.619 1*** (0.663 2)	2.048 6*** (0.632 5)	2.645 5* (1.413 2)	2.110 1** (0.780 6)	6.632 2*** (0.532 9)
样本量	23	23	23	23	23	23	23
P值（F统计量）	0.000 0	0.000 0	0.000 0	0.000 0	0.000 0	0.000 0	0.000 0
R^2	0.981 6	0.983 1	0.987 1	0.990 5	0.910 9	0.925 0	0.926 9

***、**、*分别表示在1%、5%、10%的显著性水平上显著

注：括号内为标准差

表11.16　影响农户融资约束的实证结果（浙江）

变量	(1)	(2)	(3)	(4)	(5)	(6)	(7)
	最小二乘回归				分位数回归		
					0.25	0.5	0.75
lndep	6.870 0*** (0.338 7)	6.466 7*** (0.449 2)	6.469 3*** (0.453 1)	6.273 0*** (1.165 7)	9.442 3*** (1.087 8)	5.822 9*** (1.123 4)	7.849 5*** (1.573 5)
int	3.137 0* (6.251 7)	4.082 3* (6.174 1)	3.186 0 (6.315 1)	4.335 4* (8.821 7)	6.647 8 (10.001 0)	3.124 4* (10.481 9)	2.959 3 (12.006 6)
agp		−0.074 1 (0.555 6)	−0.051 0 (0.062 5)	−0.016 7 (0.060 8)	−0.002 8 (0.057 8)	−0.013 8 (0.057 5)	0.038 0 (0.055 1)
r			−0.620 3 (0.741 5)	−0.376 8 (0.757 8)	−0.488 6* (0.832 1)	−0.872 4 (0.842 4)	−0.081 2 (1.250 6)
int × lndep				−2.757 7** (1.082 1)	−2.876 8** (1.026 8)	−2.340 3 (1.050 8)	−1.689 4 (1.451 3)
C	9.211 8* (2.137 8)	8.998 5 (2.782 5)	7.043 4 (2.409 0)	3.374 5 (3.679 5)	5.647 7 (9.812 3)	10.168 4 (4.463 8)	−5.963 6 (8.272 6)
样本量	23	23	23	23	23	23	23
P值（F统计量）	0.000 0	0.000 0	0.000 0	0.000 0	0.000 0	0.000 0	0.000 0
R^2	0.988 0	0.989 0	0.989 4	0.992 4	0.911 0	0.930 9	0.935 3

***、**、*分别表示在1%、5%、10%的显著性水平上显著

注：括号内为标准差

表11.17　影响农户融资约束的实证结果（湖南）

变量	（1）	（2）	（3）	（4）	（5）	（6）	（7）
	最小二乘回归				分位数回归		
					0.25	0.5	0.75
lndep	12.009 5*** （0.127 6）	8.739 0*** （0.193 2）	6.749 2*** （0.199 6）	7.980 5*** （0.179 3）	7.554 9** （3.040 2）	8.422 1*** （2.779 6）	8.506 4** （4.465 2）
int	1.425 3** （3.193 1）	1.233 1 （3.199 4）	1.348 4* （3.190 3）	1.514 5** （3.830 1）	1.790 5 （4.214 2）	3.756 6 （3.348 5）	0.676 7* （3.385 9）
agp		0.001 5** （0.000 7）	0.001 5** （0.000 6）	0.002 5*** （0.000 7）	0.000 9 （0.001 7）	0.001 9 （0.001 8）	0.003 2 （0.002 5）
r			−0.054 5** （0.025 3）	−0.017 9 （0.026 0）	−0.021 0 （0.051 0）	−0.016 2 （0.043 9）	0.001 1 （0.047 9）
int × lndep				−2.478 4** （0.284 2）	−1.438 7 （0.695 8）	−3.206 0 （3.262 8）	−1.024 7* （5.342 6）
C	−0.007 7 （0.746 0）	1.309 3 （0.923 9）	2.884 4** （1.118 0）	1.479 1 （1.107 0）	2.157 0 （2.049 6）	1.438 0 （1.635 0）	0.876 1 （1.960 8）
样本量	23	23	23	23	23	23	23
P 值（F 统计量）	0.000 0	0.000 0	0.000 0	0.000 0	0.000 0	0.000 0	0.000 0
R^2	0.949 0	0.958 8	0.967 3	0.976 8	0.861 7	0.864 4	0.897 3

***、**、*分别表示在 1%、5%、10%的显著性水平上显著

注：括号内为标准差

表11.18　影响农户融资约束的实证结果（甘肃）

变量	（1）	（2）	（3）	（4）	（5）	（6）	（7）
	最小二乘回归				分位数回归		
					0.25	0.5	0.75
lndep	16.819 9*** （0.474 4）	14.916 1*** （0.942 6）	12.878 6*** （0.847 1）	13.961 4*** （0.667 3）	14.238 7*** （1.210 4）	14.441 3*** （1.345 6）	13.838 5*** （1.150 4）
int	3.520 7** （0.140 5）	2.330 6** （0.128 2）	2.043 4 （0.116 6）	2.131 2*** （0.530 6）	2.383 0** （0.701 2）	2.388 6*** （0.741 8）	2.043 8*** （0.560 9）
agp		0.002 4** （0.001 1）	0.003 2*** （0.008 0）	0.002 8*** （0.000 6）	0.002 5** （0.001 0）	0.002 7** （0.001 0）	0.003 1*** （0.000 8）
r			−0.054 3*** （0.013 0）	−0.039 8*** （0.010 1）	−0.004 0** （0.017 8）	−0.036 6* （0.954 7）	−0.043 2** （0.015 8）
int × lndep				−2.632 5*** （0.634 0）	−2.860 6*** （0.874 9）	−3.014 0*** （0.954 7）	−2.588 5*** （0.748 8）
C	0.689 0** （0.305 2）	0.946 0*** （0.299 8）	2.392 6*** （0.411 3）	1.692 5*** （0.342 6）	1.613 6** （0.598 3）	1.409 3* （0.712 8）	1.754 9*** （0.600 7）
样本量	23	23	23	23	23	23	23
P 值（F 统计量）	0.000 0	0.000 0	0.000 0	0.000 0	0.000 0	0.000 0	0.000 0

续表

变量	(1)	(2)	(3)	(4)	(5)	(6)	(7)
	最小二乘回归				分位数回归		
					0.25	0.5	0.75
R^2	0.974 0	0.979 5	0.989 6	0.994 8	0.942 5	0.935 2	0.927 5

***、**、*分别表示在1%、5%、10%的显著性水平上显著

注：括号内为标准差

从表11.15看，以全国数据为实证样本，检验农村互联网金融发展对农户融资约束的影响，回归方程的R^2均在0.9左右且F统计量均为0，表明模型拟合效果比较好。此外，大部分变量通过了1%显著性水平检验，个别变量在5%显著性水平下显著，说明估计结果比较可靠。就本节关注的问题而言，首先，户均储蓄对数值（lndep）和农村互联网金融（int）的系数均显著为正，说明储蓄增加和互联网金融发展对农户固定资产投资有促进作用。其次，交叉项（int×lndep）的系数显著为负，说明农村互联网金融的发展能够降低农户投资对自身储蓄的依赖性，支持了农村互联网金融可以降低农户融资约束的假说。在农村地区，农户受农村正规金融机构信贷配给的问题十分严重，这主要是因为农村金融市场上存在严重的信息不对称和道德风险问题，这导致了只有少数农户可以从正规金融机构筹措资金进行融资。不过，随着农村互联网金融的快速发展，完善了农村金融市场，拓宽了农户融资渠道。通过农村互联网金融，农户能够更便捷的申请贷款，在一定程度上缓解了农户融资难问题，起到了降低农户融资约束的作用。

从表11.16看，以浙江数据为实证样本，检验农村互联网金融发展对农户融资约束的影响，虽然控制变量未通过显著性检验，但回归方程的R^2与F统计量较好，关键解释变量也基本通过了显著性检验，说明整体上看模型拟合效果比较好。就本节关注的问题而言，基于浙江数据的估计结果与基于全国数据的估计结果基本一致。首先，户均储蓄对数值（lndep）和农村互联网金融（int）的系数均显著为正，说明储蓄增加和互联网金融发展对农户固定资产投资有促进作用。其次，交叉项（int×lndep）的系数显著为负，说明农村互联网金融的发展能够降低农户投资对自身储蓄的依赖性，支持了农村互联网金融可以降低农户融资约束的假说。不过，对比交叉项系数的估计结果可以发现，浙江农村互联网金融对弱化农户融资约束的效果较全国更强。究其原因，这与浙江农村新兴互联网金融发展水平高于全国平均水平密切相关。浙江地处沿海地区，经济发展与基础设施建设水平高于全国，农村地区的网络基础较好，有利于互联网金融的推广。因而，农村互联网金融发展在弱化农户融资约束方面的作用也更明显。

从表11.17看，以湖南数据为实证样本，检验农村互联网金融发展对农户融

资约束的影响，回归方程的 R^2 在 0.9 左右，关键解释变量基本通过了显著性检验，估计结果具有参考意义。就本节关注的问题而言，基于湖南数据的估计结果与基于全国、浙江数据的估计结果基本一致。首先，户均储蓄对数值（lndep）和农村互联网金融（int）的系数均显著为正，说明储蓄增加和互联网金融发展对农户固定资产投资有促进作用。不过，其系数大小远小于基于浙江数据的估计结果，说明湖南农村互联网金融的发展对促进农户投资的作用小于浙江。其次，交叉项（int × lndep）的系数显著为负，说明农村互联网金融的发展能够降低农户投资对自身储蓄的依赖性，支持了农村互联网金融可以降低农户融资约束的假说。不过，对比交叉项系数的估计结果可以发现，相比于浙江，湖南农村互联网金融对传统金融影响农户投资的替代性相对较低，这主要和当地农村基础设施相对落后、互联网金融发展缓慢相关。

从表 11.18 看，以甘肃数据为实证样本，检验农村互联网金融发展对农户融资约束的影响，回归方程的 R^2 和 F 统计量都较好，并且所有解释变量都通过了显著性检验，表明模型拟合效果较好。就本节关注的问题而言，基于甘肃数据的估计结果与基于全国、浙江及湖南数据的估计结果基本一致。首先，户均储蓄对数值（lndep）和农村互联网金融（int）的系数均显著为正，说明储蓄增加和互联网金融发展对农户固定资产投资有促进作用。特别的，从二者系数的倍数关系看，甘肃地区农户储蓄增加对提高农户投资的作用更明显，即甘肃农户投资对农户自身储蓄的依赖度更高。其次，交叉项（int × lndep）的系数显著为负，说明农村互联网金融的发展能够降低农户投资对自身储蓄的依赖性，支持了农村互联网金融可以降低农户融资约束的假说。需要指出的是，互联网金融发展对降低甘肃地区农户约束的效果更弱，主要是因为甘肃农村地区基础设施不完善，互联网金融发展相对落后。

本章小结

本章利用全国、浙江、湖南和甘肃的数据实证检验农村互联网金融发展对农户融资约束的影响。结果表明，农村互联网金融的发展可以降低农户投资对自身储蓄的依赖，弱化农户的融资约束，能在一定程度上缓解农户融资难的问题。此外，实证结果还显示，农村互联网金融发展水平越高，其弱化农户融资约束的效果就越明显。就本章的研究样本而言，按照互联网金融弱化农村融资约束的程度由高到低进行排序，排序结果为浙江、湖南、甘肃。由于信息不对称及道德风险问题，农村金融市场上存在着非常严重的信贷配给，致使我国农户普遍面临贷款难、融资难的困境。不过，农村互联网金融的发展，丰富了农户融资渠道，完善了农村金融体系，可以显著弱化农户融资约束，在一定程度上解决农户贷款难、融资难的问题。

参考文献

丁志国，徐德财，赵晶. 2012. 农村金融有效促进了我国农村经济发展吗[J]. 农业经济问题，9：50-57，111.

董志勇，韩旭，黄迈. 2011. 家庭结构、生产活动与农户储蓄行为[J]. 经济科学，6：103-116.

付莲莲，邓群钊，翁异静. 2014. 国际原油价格波动对国内农产品价格的传导作用量化分析——基于通径分析[J]. 资源科学，7：1418-1424.

郭敏，屈艳芳. 2002. 农户投资行为实证研究[J]. 经济研究，6：86-92，96.

李广众，陈平. 2002. 金融中介发展与经济增长：多变量 VAR 系统研究[J]. 管理世界，3：52-59.

鲁钊阳，廖杉杉. 2016. P2P 网络借贷对农产品电商发展的影响研究[J]. 财贸经济，3：95-108.

沈悦，郭品. 2015. 互联网金融、技术溢出与商业银行全要素生产率[J]. 金融研究，3：160-175.

史永东，武志，甄红线. 2003. 我国金融发展与经济增长关系的实证分析[J]. 预测，4：1-6.

寿璐弘，徐以飞，战明华. 2016. 互联网金融的发展究竟是否放松了中小企业的融资约束？[J]. 浙江金融，1：18-23.

唐建，彭珏. 2009. 城市带动农村发展绩效评价——以重庆市为例[J]. 农业技术经济，6：50-61.

田剑英，黄春旭. 2013. 民间资本金融深化与农村经济发展的实证研究——基于浙江省小额贷款公司的试点[J]. 管理世界，8：167-168.

王建洪，冉光和，孟坤. 2009. 农户收入结构对农户投资的影响问题研究[J]. 农业技术经济，1：92-97.

王孝松，谢申祥. 2012. 国际农产品价格如何影响了中国农产品价格?[J]. 经济研究，47（3）：141-153.

王毅. 2002. 用金融存量指标对中国金融深化进程的衡量[J]. 金融研究，1：82-92.

谢平. 1992. 中国金融资产结构分析[J]. 经济研究，11：30-37.

辛翔飞，秦富. 2005. 影响农户投资行为因素的实证分析[J]. 农业经济问题，10：34-37.

徐天祥，余晓琳. 2015. 农户储蓄行为影响因素文献综述[J]. 中国市场，17：201-202.

姚耀军. 2004. 中国农村金融发展与经济增长关系的实证分析[J]. 经济科学，5：24-31.

易纲. 1996. 中国金融结构分析及政策含义[J]. 经济研究，12：8.

易行健，张波，杨汝岱，等. 2012. 家庭社会网络与农户储蓄行为：基于中国农村的实证研究[J]. 管理世界，5：43-51，187.

殷善福，黎东升. 2011. 农业财政支出对农民消费效应：挤进或挤出——基于 VEC－PDL 模型的实证分析[J]. 农业技术经济，12：17-23.
张宏翔. 2012. 基于我国农业财政支出的效益再评估——探析优化其管理的政策建议[J]. 财政研究，11：39-43.
赵洪丹，朱显平. 2015. 农村金融规模、农村金融效率与农村经济增长——来自吉林省的证据[J]. 经济经纬，3：28-34.

第十二章　影响农村金融市场结构变迁的决定因素识别：二元转型或政府干预？

以利率市场化改革为代表的制度冲击、以互联网技术渗透为代表的技术冲击及以政府财政支持或金融补贴为代表的政府干预，构成了我国农村金融发展过程中遭受的主要外生性冲击。在本章之前，本书用大量篇幅分析了利率市场化与互联网技术渗透对农村金融的影响。结果表明：利率市场化与互联网技术渗透等外生性冲击，显著影响了我国农村金融市场结构的变迁，而且，其对农村金融市场的影响效果与对信息不对称程度等农村金融市场的不完全特征是敏感的。因此，在思考农村金融发展问题时，从宏观上讲，应首先厘清这么一个问题：我国农村金融市场结构变迁是内生于二元经济结构转型的，还是主要受以政府干预为代表的外生调控推动？为了回答这个问题，本章首先对相关研究进行梳理综述，然后给出分析的理论框架，接着通过构建计量模型进行实证检验，最后给出主要研究结论。

第一节　农村金融市场结构变迁的基本事实

虽然当前农村金融发展的紧迫问题在于从微观上通过制度与组织创新设计，增加资金供给来解决农业与农村面临的严重融资约束问题，但是，从经济二元转型和政府干预的宏观视角来识别不同途径解决问题的效果，仍具有基本的重要性：一方面，通过贸易品与要素间的经济互动，城乡之间经济组织形式和运行机制的二元化向现代一元化市场机制的转型，是发展中国家农村金融发展长期面临的一个最重要的基本背景，而这一过程所引起的微观经济主体资产负债表变化和生产经营组织形式变化，以及整体经济环境变化，必然极大地影响农村金融市场的不完全程度，从而影响农业与农村面临的融资约束状况；另一方面，尽管严重的市场摩擦决定了政府对农村金融市场的干预是必要与必需的，但历史与现实均表明，农村金融市场仍存在广泛的政府干预过度，许多政府干预的政策对于解决农业与农村面临的融资约束并无助益（Deininger，2003），显然，由于政府干预的有效性取决于政府能在多大程度上弥补市场失灵并提供更有效的激励设计，而二元转型过程则会不断地动态改变农村金融市场的不完全性，因此，如何从二者耦合的视角来观察农村金融发展的问题，是从宏观上理解农村金融发展规律和政策设计边界的重要切入点，这一点也被美国和法国等农村金融组织发展较成功的国家历史经验所证实。

改革开放以来，经过一系列重大的体制变革和组织机构建设，中国建立了政策性、商业化、合作化且多层次和多样化的农村金融机构，较完善的普惠型农村金融体系初具规模。为了增加对农村的资金供给，政府也创新了包括结构性货币政策、财政补贴和政府介入担保等多样化的政策支持工具，并取得了较好的效果。但是时至今日，农村仍面临严重的融资约束是不争的事实，那么产生这一痼疾的根源究竟何在？事实上，农村金融发展是一个长期动态的过程，政策制定与实施必须充分考虑农村金融市场不完全性的动态特征，而由于这一动态特征与二元转型过程密切相关，故有必要将农村金融发展问题置于二元转型的过程之中来予以考虑，并由此确定农村金融发展问题哪些方面可由二元转型过程来内生解决，哪些则必须通过外生的政府干预来解决。政府干预必须立足于解决市场不完全问题，而当前的农村金融政策选项似乎对此考虑相对较少，过度专注于从政府外生干预视角增加供给来解决问题，这可能是造成农村金融约束问题解决效果不够理想的重要原因所在。

农村金融要解决的三大关键问题是：谁是农村金融的供给者？谁是农村金融市场的需求者？农村金融市场的特质是什么？有效可持续的农村金融体系应当符合这三者关系的内在逻辑。按照组织经济学理论，农村金融中介是对农村金融市场不完全性加以弥补的组织激励设计，如果农村金融市场是阿罗—德布鲁型的完全市场，那么农村金融中介是没有必要存在的，农村金融市场不完全性的特质，决定了农村金融中介组织的演进形式。但是，无论是农村金融中介组织还是农村金融市场不完全性特征，都受农村金融需求主体变化的影响。随着技术变迁、制度和生产组织形式的改进，农村金融的需求主体在不断演进，这一演进过程改变了农村金融需求主体的资产负债状况及其抵押品提供能力，因而对农村金融市场的不完全性会产生影响，而其金融需求特征也会发生变化。因此，“农村金融需求主体变化——农村金融市场不完全性特征——农村金融中介组织机构设计”的逻辑链条，是分析农村金融体系演进可持续性的关键逻辑，这一逻辑决定了农村金融中介组织发展应当是一个动态的变化过程。

按照上述分析框架，我们可以回顾一下中国农村金融体系的演进轨迹是否与理论相一致。总的来看，中国农村金融体系的演进或改革，大致可分为两个阶段：一是存量农村金融机构调整与增量引进的时期；二是强调功能导向构建普惠金融体系的时期。前一时期是农业银行和农信社调整与改革时期，以及村镇银行、小贷公司和邮储银行等新型农村金融组织构建时期。在这一时期，关于农村金融中介的发展方向相当长时期内一直存在着争议（谢平，2001；姚耀军，2005），但改革的方向最终仍趋向了以商业化金融为主体（汪小亚，2013）。可见，在相当长时期内，关于我国农村金融的发展还局限于农村金融中介组织应采取哪一种具体形式的问题上，但对这些组织形式功能特征及功能发挥的深层次经济环境条件要求的深入剖析却还不够。

虽然众多学者在谁应当是农村金融的提供者（何广文，2004；马九杰和吴本健，2014；温涛等，2016；吴本健等，2018）、农村金融机构的行为特征（马九杰和吴本健，2012；刘西川等，2007）和农村金融市场环境特质（张龙耀等，2015；罗剑朝等，2015）等方面进行了深入的研究，但是，这些研究大多数聚焦短期视角。在这种情况下，农村金融市场环境特质可看作是不变的常数，因此关于谁是农村金融市场的供给者，只要集中于在特定信息不对称环境下，能够使借贷交易成本最小化的组织激励设计寻求即可。然而，从长期的视角来看，农村金融中介组织设计应当是农村金融市场信息不对称特质的函数，而由于政府干预与二元转型，是解决农村金融市场信息不对称特质问题的两个路径，故农村金融市场信息不对称特质又是政府干预和二元转型的函数，于是，从农村金融的资金提供者到农村金融的微观需求主体就形成了如图 12.1 中的逻辑链条。

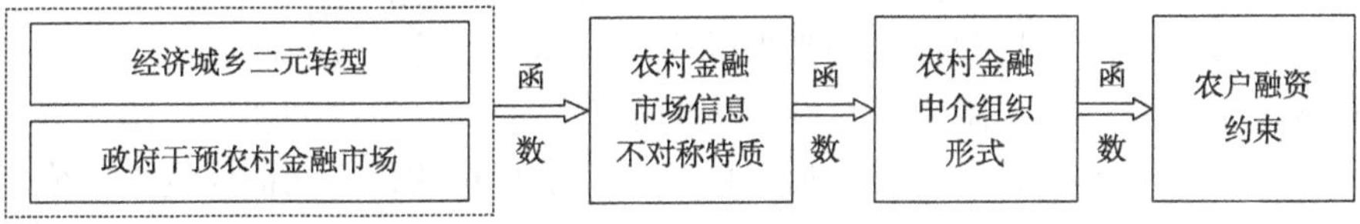

图 12.1　农村金融结构链条

由图 12.1，我们可以形成一个长期视角的研究逻辑：长期看，可以将农户融资约束看作是经济城乡二元转型和政府对农村金融市场干预的函数，二者的变化是农村金融发展的长期决定因素。通过对二者影响农户融资约束的相对作用的识别，可以厘清谁是长期农村金融发展最重要的决定因素。这一问题对于我们了解农村金融市场的运行规律及农村金融政策实践有着重要意义。例如，如果二元转型是决定性因素，那么，政府在不同阶段的干预就必须与此相结合，随机性的政策选择就不具有科学前瞻性与可持续性，从而导致政府失灵，并可能扭曲资源的长期最优配置，缓解农村金融短缺或许可主要通过推进城乡二元转型内生来解决。

第二节　农村金融市场发展规律分析：传统模型与理论拓展

一、基准模型

（一）经济环境假定

从市场整体角度研究农村金融市场面临的首要困难，农村金融市场是分割的、存在严重信息不对称且农户是严重异质的，因而大部分关于农村金融市场的研究是针对农村金融交易的微观基础——借贷合约进行的（McKinnon，1973；Hoff et al.，1993；Meyer et al.，1997）。但是，农户类型的异质性及市场的分割性，同样使得借贷合约结构具有很强的异质性，因此通过合约的简单加总无法从宏观市场整体层面来研究农村金融市场。另外，由于合约结构主要与解决农村金融市场不完全问题的激励机制设计有关，而这种激励设计具有对状态类型很强的敏感性，故借贷合约结构也难以反映农村金融的整体发展水平。鉴此，借鉴 Stiglitz 和 Weiss（1981）的理论框架，这里采用同时考虑异质性农户与市场信息不对称两种市场特征，运用比较静态总量供需曲线法考察农村金融市场的发展。

假定农村金融市场包括两种类型的农户群体：一种是高风险的农户，另一种是低风险的农户。高风险农户具有较少的抵押品或具有较高的违约风险，低风险农户则相反。但是，这种农户类型群体的划分是相对的，不同群体内部的农户风险特征仍是异质的。也就是说，无论高风险农户还是低风险农户群体，内部仍然存在不同类型的高风险与低风险农户。假定正规金融机构是农村金融市场贷款的唯一供给者。由于金融市场存在严重的信息不对称问题，故类似于 Bose（1998），正规金融机构在贷款决策时，面临利率水平与借款人风险结构类型变化两种相反的效应，正规金融机构根据两种效应的边际大小进行最优决策。由于违约执行成本、违约概率与风险偏好不同，不同农户所面临的贷款供给与需求曲线是不同的。不考虑农村金融市场正规与非正规金融的二元性、金融机构信息发现搭便车和农户参与约束等问题。

（二）供需曲线及其均衡

图 12.2 给出了假定市场条件下农村金融供需曲线及其均衡特征。L^{SH} 和 L^{SL} 分别表示金融机构对高风险农户与低风险农户的贷款供给曲线。L^D 表示贷款需求曲线，r_m 表示供需相等的利率水平，r^*表示金融机构从利润最大化出发的实际利率水平，Z 表示信贷缺口。由于无论金融机构面对的是低风险农户还是高风险农户，都存在无法完全区分借款者风险类型的信息不对称问题，故无论是哪一种农户，内部农户的风险异质性决定了随着金融机构贷款利率的提高，低风险农户将根据边际成本与边际收益的对比而逐渐退出贷款序列，从而总的贷款违约风险在不断提高。也就是说，与完全竞争市场的贷款决策仅取决于利率价格水平不同，此时金融机构是在两种效应的边际对比中进行决策：一是贷款利率提高带来的边际收益增加；二是贷款利率提高导致的违约概率增大带来的边际收益损失。当二者相等时，金融机构的贷款收益达到最大化，此后，随着利率水平的提高，金融机构的收益逐渐减小，即金融机构的贷款收益水平随着利率提高而呈倒“U”形变化轨迹。

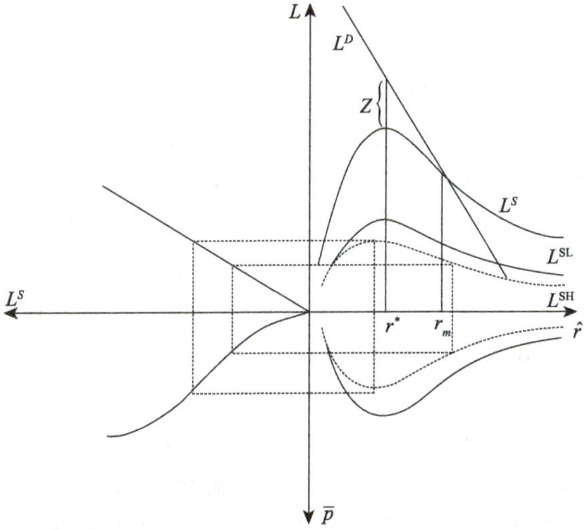

图 12.2　信贷配给条件下的农村金融市场供需均衡

对于两种风险类型不同的农户，金融机构的贷款供给曲线 L^{SH} 和 L^{SL} 是存在显著区别的。导致二者不同的原因在于，虽然总体来看，两种类型农户群体在抵押能力与信用担保能力等方面存在显著的区别，但是，组成两类农户群体的农户内部风险类型仍是异质的。不过，由于随着贷款利率水平的提高，高风险农户借款人类型结构效应边际风险增大更为迅速，故高风险农户贷款供给曲线的转折点出现得更早，且同样利率水平下，金融机构的贷款供给量更低，即 L^{SL} 在 L^{SH} 上方且极值点延后。应当说明的是，两种类型农户的贷款需求曲线也是不同的。这是因为，项目风险不同，在同样的利率水平下，两种类型农户的预期风险收益水平也不同，农户的边际成本与边际收益相等的最优边际决策行为决定了，高风险农户会更早退出贷款需求群体集合。但为了简洁，图 12.2 给出的只是所有农户的总量需求曲线，当所有农户群体中低风险农户减少时，总量需求曲线将向右上方移动。由图 12.2 可知，由于存在信息不对称问题，农村金融市场存在需求缺口或信贷配给，而且这种状态是一种均衡状态。当农户群体中农户类型发生变化时，金融机构的风险收益水平就会发生变化，贷款边际决策也会随之变化，均衡信贷配给的数量与均衡贷款利率，都将发生变化。

二、农村金融市场均衡

（一）二元转型对农村金融市场的冲击

城市与农村在发展水平和生产组织形式上的二元分割是发展中国家的典型特征，而通过城乡要素与产品的互动交流实现二元转型，则被认为是发展中国家走向现代化的必由之路与经济现代化的标志。标准的二元转型理论（Lewis，1954、1958）主要涉及两个维度的城乡互动：农村劳动力及城乡产品，在市场经济条件下，后者通常可用工农产品相对价格来表示。但是，从农村金融市场完全性的角度来看，城乡二元转型还会带来另外两个重要影响：一是传统农村社区资本被破坏，农村关系型融资信用体系被削弱（Ray，1998）。二是农业经营组织形式的变化。在中国，这一变化的突出表现是各种新型农业经营组织形式的出现，并改变了农村微观经济主体的类型及其信用担保体系。因此，这里我们从四个维度来考虑二元转型对农村金融市场的影响：一是农村劳动力的变化；二是工农产品相对价格的变化；三是农村社区资本的变化；四是农业新的经营组织形式的出现与发展。

从贷款供给的角度来看，这四个方面的变化主要影响的是农村金融机构贷款边际决策中的风险：一是城乡劳动力变化对贷款风险的影响呈倒“U”形变化过程。这是因为，在转型的初始阶段，具有创新精神的低风险农民往往首先选择转移到城市，农村贷款群体结构的风险升高。但是，随着转型的推进，农村老龄化程度会加剧，而这些农户通常更加厌恶风险，农村贷款风险随之降低。二是工农产品相对价格发生了有利于农村的转变，将降低贷款风险。这一过程的实现机制主要是，农产品相对价格的提升增加了农村的利润水平，从而改善了农户的资产负债情况，提高了其抵押品提供能力。三是农村社区资本的破坏对农村金融风险的影响也呈倒“U”形。由于信息严重不对称，故建立在社区资本基础上的关系型融资是农村融资的一种重要形式。二元转型的过程首先破坏了农村社区的传统关系，从而破坏了传统农村信用体系，增加了农村贷款的风险。但是，随着二元转型的推进，新的农村社区关系体系会被重构并渐趋稳定，从而有效降低农村贷款的风险。四是新型农业经营组织形式的发展，降低了农村贷款的风险。与传统小农相比，家庭农场、农业专业合作社和“公司+农户”等新的农村微观经济主体的资产负债表情况与担保体系要优越得多，因而会有效降低农村的贷款风险。综上，城乡二元转型的推进总体上降低了农村贷款的风险，并使农村贷款供给曲线的转折点延迟（图 12.3）。

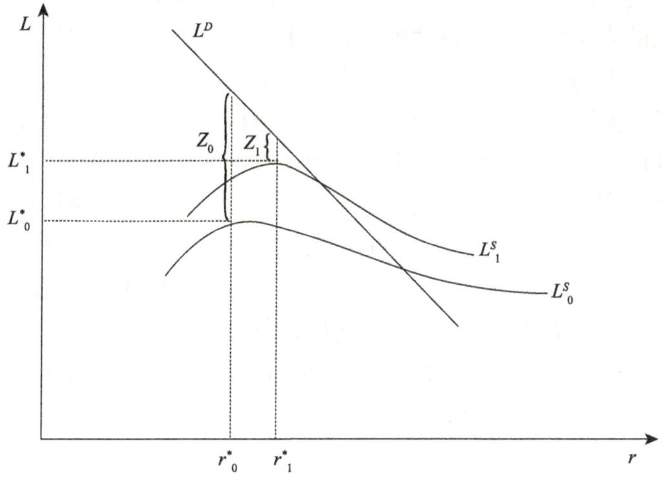

图 12.3　二元转型冲击下的比较静态分析图

由此，我们有如下的假说：

假说 12-1：城乡二元转型对农村贷款风险的影响将通过城乡劳动力转移、工农产品相对贸易条件变化、农村社区资本变化和新型农业经营组织的兴起等四种机制来实现，这四种机制对农村金融贷款风险的影响效应不同，但总的来说，二元转型的推进将降低农村金融的贷款风险，从而在其他条件不变的情况下，增加农村金融市场的贷款供给，弱化农户投资与消费的融资约束。

（二）政府干预对农村金融市场的冲击

无论是发达国家还是发展中国家，都存在着政府对农村金融市场的广泛干预，但干预的效果具有对政策类型的很强的敏感性（Conning and Udry，2007）。许多研究表明，通过完善法律体系以弱化借贷合约执行的不完备性、加强对金融机构的监管和为贷款提供担保，往往有助于农村金融的发展，但是限制利率水平和直接对农村金融机构的补贴福利，却往往因政治或担保能力等原因而仅被部分地区或部分富裕农户所捕获（Rajan and Zingales，2003）。中国对农村金融的补贴或支持主要包括财政与金融两大类型。其中，财政政策主要是减免农村金融机构利息收入的营业税和利润所得的公司所得税；货币政策主要有实行差别准备金率、再贷款支持和发行中央银行票据置换农信社等机构的不良资产等措施（中国农村金融服务报告）。

政府财政补贴与货币支持政策主要影响的是农村金融机构的贷款供给行为，所产生的效应主要有如下几个方面：一是财政政策补贴降低了农村金融机构的贷款风险。财政补贴可以对农村金融贷款风险进行部分覆盖，金融机构在贷款边际决策过程中可以承受更高的风险选择，从而延迟贷款供给曲线的转折点。二是货币支持政策增加了贷款的供给量，但对贷款供给曲线本身不产生影响。根据金融市场不完全情况下，由商品市场、货币市场和信贷市场所构成的 IS-LM-CC 新凯恩斯主义一般均衡理论，货币支持政策主要是增加了农村金融机构的可贷资金数量，但不会造成贷款供给曲线的移动。三是财政补贴与金融支持对农户贷款群体类型选择的影响，取决于是否实行利率抑制。如果利率是完全市场化的，那么金融机构在贷款边际决策时不会考虑补贴或支持的影响，因而不会改变借款人的结构类型。但是，如果利率是受控的，由于低风险的农户类型可以提高金融机构的预期收益水平，故更多的贷款将倾向低风险的农户。总之，财政补贴政策与金融支持政策会使得农村金融机构的贷款供给曲线转折点延迟，且在实行利率控制的条件下，低风险农户的贷款需求会更多地得到满足（图 12.4）。

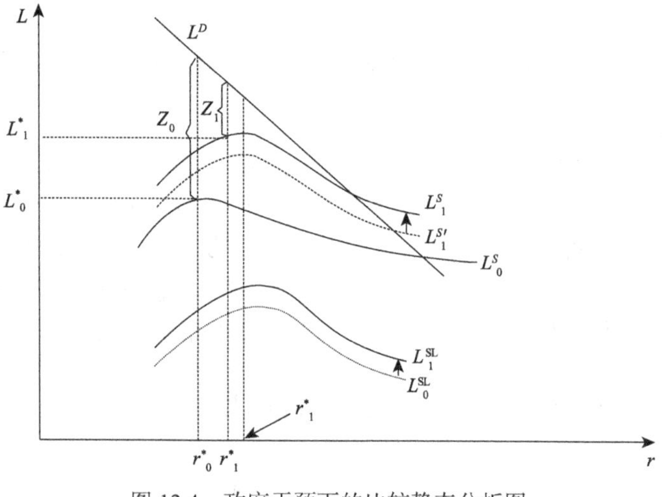

图 12.4　政府干预下的比较静态分析图

据此，我们有假说 12-2：

假说 12-2：政府干预的效果具有较强的政策类型敏感性。补贴性财政政策可以降低农村金融机构的贷款风险，延迟农村金融供给曲线的转折，增加农村金融市场的均衡供给水平，减小农村金融的供需缺口。但是，在利率抑制的情况下，增加的均衡贷款供给量主要被低风险农户所获得。

第三节　农村金融市场结构变迁的决定因素识别：方法与数据

一、计量模型设定

按照 Schultz（1964）、Fei 和 Ranis 的理性小农观点，农户的经济行为与一般微观经济学中的微观经济主体的经济理性行为并无二致，因此在存在信贷配给均衡的经济中，农户无论是投资还是消费，均面临着融资约束。于是，从微观的角度评判农村金融发展绩效的方法是检验农村金融发展是否放松了农户的投资与消费外部融资约束。这一检验方法的思想来自市场完全条件下的 MM 融资结构理论：如果市场是完全的，那么微观经济主体的投资与消费决策与其自身拥有的金融资源无关，只要投资或消费项目符合最优理性决策要求，微观经济主体即可通过无限制且成本相等的内外融资渠道获得足够的资金支持。但是，在市场不完全的条件下，由于存在监督和代理等交易成本，外部融资与内部融资就存在边际成本的差异，故微观经济主体拥有的自有资金就对其投资或消费有着显著的影响，而如果随着金融发展水平的提高，外部融资约束放松，那么微观经济主体对其自有资金的依赖性会降低。据此，我们在假定代表性农户行为的加总不会产生宏观表现与微观基础不一致的“加总谬误”问题基础上，设计如下的非截面时变面板基准模型来检验前面的假说：

$$\frac{I_{it}(C_{it})}{\text{inc}_{it}} = \alpha_i + \beta_1 \frac{S_{it}}{\text{inc}_{it}} + \beta_2 R_t + \gamma^T Z_{it} + \varepsilon_{it} \tag{12.1}$$

$$\frac{I_{it}(C_{it})}{\text{inc}_{it}} = \alpha_i' + \beta_1' \frac{S_{it}}{\text{inc}_{it}} + \beta_2' R_t + \beta_3' \text{due}_i \times \frac{S_{it}}{\text{inc}_{it}} + \gamma'^T Z_{it} + \varepsilon_{it}' \tag{12.2}$$

$$\frac{I_{it}(C_{it})}{\text{inc}_{it}} = \alpha_i'' + \beta_1'' \frac{S_{it}}{\text{inc}_{it}} + \beta_2'' R_t + \beta_3'' \text{gov}_t \times \frac{S_{it}}{\text{inc}_{it}} + \gamma'' Z_{it} + \varepsilon_{it}'' \tag{12.3}$$

$$\frac{I_{it}(C_{it})}{\text{inc}_{it}} = \alpha_i''' + \beta_1''' \frac{S_{it}}{\text{inc}_{it}} + \beta_2''' R_t + \beta_3''' \text{due}_{it} \times \frac{S_{it}}{\text{inc}_{it}} + \beta_4''' \text{gov}_t \times \frac{S_{it}}{\text{inc}_{it}} + \gamma'''^T Z_{it} + \varepsilon_{it}''' \quad (12.4)$$

$$\frac{I_{it}(C_{it})}{\text{inc}_{it}} = \alpha_i'''' + \beta_1'''' \frac{S_{it}}{\text{inc}_{it}} + \beta_2'''' R_t + \beta_3'''' \text{due}_{it} \times \frac{S_{it}}{\text{inc}_{it}} + \beta_4'''' \text{gov}_t \times \frac{S_{it}}{\text{inc}_{it}} + \beta_5'''' \text{due}_{it} \times \text{gov}_t \times \frac{S_{it}}{\text{inc}_{it}} + \gamma''''^T Z_{it} + \varepsilon_{it}'''' \quad (12.5)$$

其中，下标 i 和 t 分别表示地区类型与时期，各变量含义：$I_{it}(C_{it})$ 表示农户的投资或消费；S_{it} 表示农户储蓄水平；R_t 表示利率水平；due_{it} 表示二元转型水平；gov_t 表示政府干预程度；inc_{it} 表示农户的收入，用于控制农户富裕程度的影响；Z_{it} 表示其他需要控制的变量；ε_{it} 表示随机扰动项。如果假说 12-1 是成立的，那么应当有 β_1、$\beta_1'>0$、$\beta_3'<0$ 且 $\beta_1'<\beta_1$；若假说 12-2 成立，那么应当有 β_1、$\beta_1''>0$、$\beta_3''<0$ 且 $\beta_1''<\beta_1$。进一步的，通过比较式（12.4）中 β_3''' 和 β_4''' 绝对值的大小，可以判断二元转型与政府干预谁对放松农户融资约束的绩效更优。此外，若 β_5'''' 显著为负，则可说明政府干预对二元转型有较为明显的促进效果。

二、变量定义

农户投资或消费：满足投资与消费需求是农户选择融资的两个主要动力，正是鉴于这种密切联系，通过评估农户投资或消费对自由资金的依赖性可以从侧面反映农户面临的外部融资约束程度。其中，各省农户历年人均消费数据可在统计年鉴上直接获取，将其乘以农村户均人口数后可作为农村户均消费水平指标。而针对农户总投资数据从官方渠道难以获取的问题，选用官方公布的农户户均固定资产投资作为农户投资的代理指标。

农户储蓄：自有资金指标是设计计量模型评估农户外部融资约束程度的关键解释变量。理论上，现金和金融资产是农户自有资金的主要表现形式，但鉴于农户户均现金持有量是难以测度评估的，这里将农户金融资产的最主要形式农户储蓄作为自有资金的代理变量。该指标是利用统计年鉴上的农户储蓄除以农村户数求得，即农户户均储蓄=农户储蓄/农村户数。

利率水平：货币市场利率和信贷利率都是正规金融市场利率水平的反映，不过，农户的融资决策主要受信贷利率（存贷利率）影响，因此，这里用信贷利率代表利率水平。特别地，存贷利率有 6 个月以内利率、6 月～1 年利率、1 年～3 年利率等不同期限，考虑到不同期限利率对农户投资或消费的影响，这里将 1 年～3 年期贷款基准利率作为衡量利率水平的指标。

二元转型：二元转型过程可以简单概括为城乡之间生产要素和产品的交流互动过程，从刘易斯等学者的研究看，农村劳动力的跨部门流动是二元转型的演进基础，因此，用非农部门劳动力占比反映二元转型程度是理想的。然而，受劳动力跨区域流动规模庞大影响，不同省份地区对非农部门劳动力占比的统计存在较大误差。因此，借鉴许月丽等学者的研究观点同时结合用 GDP 替代国民生产总值衡量经济增长的思想，本章将“非农产值/总产值”作为刻画二元转型程度的指标。

政府干预程度：旨在降低农户面临的融资约束支持农业农村发展，政府对农村金融市场采取了广泛的干预措施，其中最为典型的当属财政补贴和金融支持政策。因此，这里用财政补贴和金融支持力度衡量政府干预程度。不过，鉴于各省并未提供对农村财政补贴和金融支持的官方数据，这里在假设国家对各省进行无差异支持的基础上，以国家对农村财政补贴除以农村户数结合历年金融补贴政策作为衡量政府干预程度的指标。

农户纯收入：在农户收入基础上扣除经营费用支出、缴纳税款等费用后得到的农户纯收入，是农户投资、消费和储蓄的主要来源。因此，在衡量外部融资约束、政府干预及储蓄等非收入因素对投资、消费等变量的影响时，应当将投资、消费和储蓄变量对农户纯收入取平均值以消除收入因素对所关注问题的影响。具体地，这里用国家统计局公布的“农村人均纯收入”指标作为农户纯收入的代理变量，当然，这并不会给计量模型造成实质上的不良影响。

总体经济发展水平：在发展经济学理论中，人均 GDP 常被视为衡量一个国家或地区总体经济发展水平的有效指标。有鉴于此，这里选择人均 GDP 作为总体经济发展水平的代理变量，具体数据来自统计年鉴。综上，本节相关变量定义概括如下表 12.1 所示。

表12.1　变量定义

变量名称	定义
农户投资（I）	农户固定资产投资/农村户数
农户消费（C）	农户人均消费
农户储蓄（S）	农村储蓄/农村户数
利率水平（R）	1 年～3 年期贷款基准利率
二元转型（due）	非农产值/总产值
政府干预程度（gov）	农村财政补贴/农村户数
农户纯收入（inc）	农村人均纯收入
总体经济发展水平（pgdp）	人均 GDP

三、数据

表 12.2 给出了所涉主要变量的描述性统计结果，如表 12.2 所示，在所有变量中利率水平和二元转型两个变量的相对标准差最小，即这两个样本数据变化比较集中且波动变化幅度较小，说明总的来看，我国城乡二元转型速度是平滑的，且对农村正规利率水平的调整也是渐进的。相对而言，农户收入、消费和储蓄等的数据波动幅度较大。由于所用数据为各地区的面板数据，这说明从时间和空间维度来看，我国各地的农户收入差距在横纵向上都可能存在较大的差异，这既反映了地区差距较大的现实，也反映了农村经济发展较为迅速的特点。另外，政府干预程度变量的标准差也相对较大，这说明虽然我国各个行政区域的行政体制架构是基本相同的，但是在具体的施政过程中，各地政府对经济的干预程度仍存在较大的差异。从各变量偏度与峰度值来看，几乎所有变量都是右偏的，且峰度值也基本都大于 0，说明样本数据相对集中于某一个区间段，且相对于均值，集中于右边的占比更高。变量偏度与峰度的这一特征说明，各个变量都不在严格意义上服从正态分布，因此估计结果只在大样本条件下渐近意义上才是相对准确的。

表12.2　主要变量的描述性统计

变量	均值	标准差	最大值	最小值	偏度	峰度
农户投资（I）	0.231 8	0.139 6	1.113 2	0.016 1	9.058 1	1.866 3
农户消费（C）	0.365 7	0.204 2	1.197 2	0.113 8	5.730 8	1.543 5
农户储蓄（S）	1.834 5	1.689 1	12.750 4	0.148 2	11.970 5	2.519 3
利率水平（R）	0.064 3	0.006 5	0.075 6	0.054 0	1.834 9	0.101 2
二元转型（due）	0.875 3	0.065 8	0.996 8	0.653 2	3.599 5	−0.405 2
政府干预程度（gov）	0.182 7	0.142 3	0.446 7	0.044 9	2.040 6	0.677 1
农户纯收入（inc）	0.491 5	0.285 5	1.780 4	0.149 0	1.605 8	6.096 5
总体经济发展水平（pgdp）	2.433 3	1.761 4	9.317 2	0.325 7	1.465 9	5.020 2

注：投资、储蓄及政府干预程度（财政支农）的单位均为万元/户，经济发展水平、纯收入及消费的单位为万元/人

本章的研究样本为 2000～2016 年中国 30 个省区市的年度数据，数据来源于《新中国六十年统计资料汇编》、《中国农村统计年鉴》、《中国人口和就业统计年鉴》和《中国财政年鉴》、国家统计局官网、中国人民银行官网及部分省区市的统计年鉴和年度统计公报。由于部分省份如西藏等数据缺失严重，故最终共有 30 个省区市进入总样本。此外部分省区市的农村纯收入存在数据缺失的问题，而我们关注的被解释变量与重要解释变量均与之相关，因此我们通过指数平滑的方法将该变量的缺失数据进行补全。

四、估计方法

式（12.1）至式（12.4）的估计过程中面临如下问题：一是由面板模型数据生成过程特征决定的随机扰动项序列相关性和异方差性并存的问题；二是逐步回归过程中遗漏变量的估计偏误问题。对于前者，由于在大样本情况下，即便存在序列相关性和异方差性，参数估计结果也是一致的，故随机扰动项和异方差所带来的主要问题是参数标准误估计上的有偏性。对此，我们利用既考虑到序列相关又考虑到异方差问题的怀特异方差稳健估计量（White robust covariances）来获得一致的标准误估计量。对于后者，由于我们逐步回归的目的不是为了模型本身的结构分析，而是通过对比遗漏与不遗漏重要变量前后的参数估计变化，是否符合理论预期来判断假说是否成立，因此参数估计的准确性本身不是我们的主要关注问题。

第四节　实证结果与若干解释

一、假说 12-1 的证明

（一）二元转型对农户融资约束的弱化作用

表 12.3 给出了当被解释变量为投资与个人收入之比时，假说 12-1、12-2 的实证结果。由表 12.3 可以得出以下结论。

表12.3　二元转型对农户投资融资约束的影响

变量	被解释变量 I/inc：模型（12.1）	被解释变量 I/inc：模型（12.2）	被解释变量 I/inc：模型（12.3）	被解释变量 I/inc：模型（12.4）	被解释变量 I/inc：模型（12.5）
C	0.315 2* （0.171 2）	0.167 9** （0.081 2）	0.214 3* （0.123 8）	0.186 4* （0.096 8）	0.135 1 （0.094 3）
S/inc	0.153 4*** （0.035 4）	0.105 6*** （0.031 9）	0.113 1*** （0.031 2）	0.084 1** （0.041 3）	0.094 8** （0.046 2）
R	−0.348 4** （0.168 9）	−0.294 3** （0.138 6）	−0.310 9* （0.164 9）	−0.249 1** （0.124 1）	−0.261 8** （0.128 3）
due×（S/inc）		−0.536 8** （0.264 3）		−0.431 0** （0.210 8）	−0.402 8** （0.195 3）
gov×（S/inc）			−0.223 1* （0.108 3）	−0.315 6* （0.171 3）	−0.283 7* （0.152 8）

续表

变量	被解释变量 I/inc：模型（12.1）	被解释变量 I/inc：模型（12.2）	被解释变量 I/inc：模型（12.3）	被解释变量 I/inc：模型（12.4）	被解释变量 I/inc：模型（12.5）
due × gov ×（S/inc）					−0.815 6* （0.435 9）
agr	−0.134 8 （0.104 3）	−0.113 2 （0.089 4）	−0.156 7 （0.134 5）	−0.213 4 （0.194 2）	−0.281 3 （0.251 9）
pinc	0.231 5** （0.113 7）	0.179 5* （0.093 4）	0.194 5** （0.094 7）	0.210 9* （0.113 9）	0.228 1* （0.123 8）
ADR	0.41	0.44	0.43	0.45	0.45
Dw	1.89	1.85	1.84	1.81	1.80

***、**、*分别表示在 1%、5%、10%的显著性水平上显著

注：agr 和 pinc 为代表农业发展水平和农户人均收入的控制变量，ADR 和 Dw 分别为模型的调整 R^2 和杜宾-沃特森统计检验量；括号内为标准差

第一，二元转型的推进确实能够有效降低农村金融的贷款风险，进而弱化农户的融资约束，这一结论支持了假说 12-1 的成立。模型（12.1）、模型（12.2）的逐步回归结果表明，在不控制与控制反映二元转型对农户储蓄边际效应的交叉项式 due×（S/inc）的情况下，储蓄变量（S/inc）的系数估计值均显著为正，且分别为 0.153 4 和 0.105 6，说明农户投资确实与其自身储蓄水平高度正相关，这与农户通常面临较严重的外部融资约束的基本判断相一致（何广文，2004；马九杰等，2004；温涛等，2016）。但是，模型 2 中 due×（S/inc）的系数为−0.536 8 且是显著的，说明随着二元转型的推进，农户所面临的融资约束在边际上被显著地降低。按照二元经济理论，二元转型过程存在诸如农村劳动力边际产出提高、城乡产品与要素交换出现了利用农村的转变等程式化的事实，显然，这些转变都有利于微观层面上农户融资约束的放松。但是，二元转型过程远不只是促使要素配置、产出效率提高与交换的公平，而且还会促使更适合农户融资需求的金融中介组织的成长和要素制度变迁，后者同样可以有效放松农户的融资约束。

第二，政府财政补贴为农村贷款风险提供了担保，弱化了农户的融资约束，这一经验结论支持了假说 12-2 的判断。如表 12.3 所示，模型（12.3）中变量 gov×（S/inc）的系数为−0.223 1 且显著，这说明政府补贴的增加可以有效改变农户投资对自有储蓄资金的边际依赖，弱化其面临的投资融资约束。多年来，我国政府对农村金融的补贴主要分为三种类型：一是直接对农村金融机构实行定向费用补贴；二是对农村金融机构实行差别化的结构性货币政策；三是政府以“政银担”和“政银保”等方式介入农村金融的各种担保组织建设。由于政府对农村金融的支持通常是各种方式联动的，故变量 gov 可以大致反映政府对农村金融补贴总的变动趋势。可见，总的来看农村金融补贴显著地弱化了农户面临的融资约束。这说明面对存在严重信息不对称和高交易成本的农村金融市场，市场失灵问题是严重的，政府介入对弥补市场

失灵和促进农村金融发展至关重要，这一点也被世界各国的普遍经验所证实。

第三，相对于政府补贴或干预，二元转型对于弱化农户融资约束的效果更为明显。如表 12.3 所示，在同时控制政府干预和二元转型对农户储蓄影响的条件下，模型（12.4）中 due×（*S*/inc）和 gov×（*S*/inc）的系数分别为−0.431 0 和−0.315 6 且均显著，说明虽然政府干预与二元转型对农户的融资约束都有显著的弱化作用，但在同样影响幅度条件下，二元转型对于农户融资约束放松的效果约比政府干预高 37%。这表明如果拉长我们的视野，那么解决农户融资约束的关键动力或许内生蕴藏在经济二元转型的过程中。本质上，二元转型过程不仅是一个构建均衡的城乡要素与产品价格机制的过程，而且也是一个需求诱致条件下的农村金融组织和金融服务模式创新的过程。此外，模型（12.5）中 due×gov×（*S*/inc）的系数为−0.815 6 且显著，这一结果表明二元转型对于政府政策的作用效果有所影响，并且从总体角度来看二元转型有助于政府干预的实施效果。

第四，表 12.4 给出了被解释变量为消费与个人收入之比时，假说 12-1、12-2 的实证结果。由表 12.4 可看出，当被解释变量变为消费与个人收入之比时，各变量的系数及显著性水平与表 12.3 中的结果基本相同，从而进一步证明了假说的结论。这一结果确保了实证结果对被解释变量选择的稳健性，并且支持了消费的流动性约束理论。

表12.4　二元转型对农户消费融资约束的影响

变量	被解释变量 *C*/inc：模型（12.1）	被解释变量 *C*/inc：模型（12.2）	被解释变量 *C*/inc：模型（12.3）	被解释变量 *C*/inc：模型（12.4）	被解释变量 *C*/inc：模型（12.5）
C	0.409 7** （0.221 3）	0.291 3* （0.153 1）	0.365 2** （0.174 3）	0.394 1 （0.296 4）	0.243 8* （0.134 2）
S/inc	0.199 4*** （0.046 2）	0.121 5*** （0.039 5）	0.147 3*** （0.039 1）	0.103 4*** （0.030 5）	0.118 3** （0.053 8）
R	−0.452 9** （0.219 5）	−0.395 1** （0.195 7）	−0.401 3** （0.195 3）	−0.361 9* （0.195 3）	−0.413 7* （0.224 1）
due×（*S*/inc）		−0.695 3** （0.346 5）		−0.491 3** （0.236 8）	−0.451 8** （0.226 1）
gov×（*S*/inc）			−0.561 7** （0.264 9）	−0.376 1** （0.181 2）	−0.351 3* （0.194 4）
due×gov×（*S*/inc）					−0.943 1* （0.493 9）
agr	0.175 3 （0.143 8）	0.236 5 （0.193 7）	0.194 3 （0.175 6）	0.354 4 （0.316 8）	0.294 3 （0.264 9）
pinc	0.284 1** （0.141 2）	0.239 5** （0.116 8）	0.261 3** （0.124 9）	0.195 3* （0.108 3）	0.213 7* （0.124 3）
ADR	0.51	0.52	0.52	0.54	0.54
Dw	1.86	1.83	1.83	1.80	1.79

***、**、*分别表示在 1%、5%、10%的显著性水平上显著

注：agr 和 pinc 为代表农业发展水平和农户人均收入的控制变量，ADR 和 Dw 分别为模型的调整 R^2 和杜宾-沃特森统计检验量；括号内为标准差

（二）进一步的机理验证

根据假说 12-1，二元转型弱化农户投资或消费融资约束是通过城乡劳动力转移、工农产品相对价格变化、农村社区资本变化和新型农业经营组织的兴起等四种途径实现的，为了进一步识别二元转型弱化农户融资约束的具体机理，我们在式（12.2）的基础之上进一步构造如下拓展的计量模型：

$$
\begin{aligned}
\frac{I_{it}(C_{it})}{\text{inc}_{it}} = {} & \alpha_{1i} + \beta_{11}\frac{S_{it}}{\text{inc}_{it}} + \beta_{12}R_t + \beta_{13}\text{due}_t \times \frac{S_{it}}{\text{inc}_{it}} + \gamma_{11}\text{duep}_t \times \frac{S_{it}}{\text{inc}_{it}} + \gamma_{12}\text{duel}_t \times \frac{S_{it}}{\text{inc}_{it}} \\
& + \gamma_{13}\text{dues} \times \frac{S_{it}}{\text{inc}_{it}} \times 1\left(\text{duel} \times \frac{S_{it}}{\text{inc}_{it}} < m\right) + \gamma_{14}\text{dues} \times \frac{S_{it}}{\text{inc}_{it}} \times 1\left(\text{duel} \times \frac{S_{it}}{\text{inc}_{it}} \geqslant m\right) \\
& + \gamma_{15}\text{dueo}_t \times \frac{S_{it}}{\text{inc}_{it}} + \beta_{14}Z_{it} + \varepsilon_{it}
\end{aligned} \tag{12.6}
$$

其中，duep 表示工农产品相对价格，用农产品价格指数与工业品价格指数之比来表示；duel 表示农村劳动力转移情况，用农村劳动力占总劳动力的比重来表示；dues 表示农村社区社会资本变化情况，根据 Ray（1998）的研究，这一指标与农村劳动力的转移程度呈“U”形的非线性关系，这意味着农村劳动力的转移对于农村社区资本的变化具有门限节点效应，因此我们用 duel 示值函数作为门限变量来表示农村社会资本的变化，即 dues ×（S/inc）× 1（duel ×（S/inc），m），其中，m 是临界值；dueo 表示农村新兴农业经营组织发展程度，根据郭庆海（2013）的研究，作为新兴农业经营主体的农民合作社直至 2007 年才获得其应有的法律地位并开始迅速发展，郭红东等（2011）的研究中也提到自 2007 年 7 月 1 日《中华人民共和国农民专业合作社法》正式实施以来，农民专业合作社在中国各地蓬勃兴起，合作社数量快速增长，无独有偶，徐旭初（2012）的研究中再次证实了自《农民专业合作社法》实施之后，虽然存在某些杂乱现象，但农民专业合作社发展势头强劲，覆盖范围持续扩大，合作水平不断提升，有鉴于此，我们将新兴农业经营组织发展分为 2000～2007 年和 2008～2016 年两个阶段，当 dueo = 0 时，表示第一阶段，当 dueo = 1 时，表示第二阶段。如果四种机制是显著的，那么应当有：$\gamma_{11} < 0, \gamma_{12} < 0, \gamma_{13} < 0, \gamma_{14} > 0, \gamma_{15} < 0$ 。也就是说，随着社会总的分配向有利于农业部门倾斜、农村劳动力向城市转移的比重增加及新兴农业经营组织的发展，农户对自身储蓄的依赖性降低，投资与消费所受融资约束被弱化。但对于社会资本而言，当传统社区未被破坏及新的现代数字式信息建立时，农户风险被有效分散，融资约束被弱化，但在转型的中间时期，借贷者之间的信息不对称程度反会加剧，从而强化了农户的融资约束。表 12.5 给出了相关的实证结果。

表12.5　假说12-1的进一步验证

变量	被解释变量：*I*	被解释变量：*I*	被解释变量：*C*	被解释变量：*C*
C	0.113 4** (0.053 1)	0.095 3* (0.049 7)	0.147 4* (0.079 0)	0.113 2* (0.610 2)
S/inc	0.084 6*** (0.023 4)	0.091 3*** (0.024 8)	0.108 0*** (0.030 1)	0.121 3*** (0.035 9)
R	−0.294 6* (0.163 4)	−0.264 3** (0.131 2)	−0.382 9** (0.212 4)	−0.403 8* (0.213 9)
due×（*S*/inc）	−0.312 6** (0.153 8)	−0.281 3** (0.133 2)	−0.463 2** (0.226 8)	−0.389 2** (0.179 8)
duep×（*S*/inc）	−0.486 2** (0.237 6)	−0.491 3** (0.243 0)	−0.632 0** (0.308 8)	−0.603 4** (0.291 8)
duel×（*S*/inc）	−0.163 9** (0.071 3)	−0.173 2** (0.084 3)	−0.213 7** (0.098 9)	−0.196 4* (0.101 2)
dues×（*S*/inc）	0.134 5 (0.114 3)		0.117 4 (0.103 1)	
dues×（*S*/inc）×1（duel×（*S*/inc）<*m*）		−0.129 5* (0.071 3)		−0.196 3** (0.087 3)
dues×（*S*/inc）×1（duel×（*S*/inc）≥*m*）		0.143 9** (0.069 8)		0.181 3* (0.100 3)
dueo×（*S*/inc）	−0.411 6** (0.204 3)	−0.394 6** (0.194 3)	−0.535 0** (0.264 3)	−0.493 1** (0.241 8)
agr	−0.094 5 (0.084 3)	−0.153 4 (0.139 8)	0.122 3 (0.103 4)	0.183 5 (0.163 9)
pinc	0.203 4** (0.091 4)	0.246 1** (0.119 5)	0.264 4** (0.118 8)	0.315 6** (0.154 3)
Reset（*P* 值）	0.02		0.01	
ADR	0.49	0.48	0.56	0.57
Dw	1.81	1.82	1.81	1.80

***、**、*分别表示在 1%、5%、10%的显著性水平上显著

注：agr 和 pinc 为代表农业发展水平和农户人均收入的控制变量，Reset（*P* 值）为模型的一个统计指标的缩写（即 Ramsey Reset 检验的 *P* 值），ADR 和 Dw 分别为模型的调整 R^2 和杜宾-沃特森统计检验量；括号内为标准差

由表 12.5 可得以下结论：第一，当被解释变量是投资或者消费占比时，duep×（*S*/inc）的系数均为负且显著，表明二元转型过程中，城乡贸易条件向农村的转化，确实是弱化农户融资约束的一个重要途径。duep×（*S*/inc）的系数显著为负，说明农工产品相对价格的提高，显著弱化了农户投资或消费对其自身储蓄的依赖性。产生这一结果背后的可能微观机理是，在农户生产技术或偏好不变的情况下，农业产品相对价格的提高，放松了农户的预算约束线或融资约束线，从而提高了农户在城乡利润分配中的地位，增加了农户的实际收入，增强了其抵押能力及由此引起的外部资金获取能力。

第二，duel×（*S*/inc）的系数为负且显著，说明劳动力的城乡转移是弱化农

户融资约束的重要因素。在标准的二元经济模型中（Lewis，1954），经济初始状态的农村拥有大量的边际产出为 0 的剩余劳动力，转型增长开始后，工业部门的技术变革与资本积累使其具有了吸收更多剩余劳动力的能力，通过跨部门的劳动力市场，农业剩余劳动力不断地由农业部门向工业部门转移，但这些转移劳动力的所得并不回流到农村，而是用于新的产业工人的消费，因而理论上，劳动力转移没有弱化农户融资约束的功能。但是中国的情况与此不同，中国的城乡劳动力转移很多都是以“离土不离乡”的形式在城市部门从事非农工作，但相当部分收入回流农村，以贴补农村家人的消费、投资与生产，所以，农业劳动力城乡转移是弱化农户融资约束的重要因素。

第三，门限回归分析表明，存在二元转型通过冲击农村社会资本而影响农户融资约束的非线性关系。根据 Ray（1998）的研究，随着二元转型的推进，农村社区社会资本与农村劳动力的转移呈“U”形的非线性关系，这意味着农村劳动力的转移对于农村社区资本的变化可能具有门限节点效应。据此，我们对 dues ×（*S*/inc）这一变量进行了门限回归，结果显示存在门限值 *m* 使得变量 dues ×（*S*/inc）的系数发生了变化，两个时段内该变量的系数分别为负和正且显著。也就是说，在农村劳动力转移程度较低的第一个时段，农户融资约束显著弱化，但在农村劳动力转移程度较高的第二个时段，农户的融资约束被显著强化。表明二元转型确实会破坏传统农村对借款违约非正式约束的制度安排，这也验证了关系型融资只适合于组织专用型人力资本构成的社会组织的理论（青木昌彦，2001），当这些人力资本有了替代性选择机会时，组织内非正式制度安排的违约监督机制就会被弱化。

第四，dueo ×（*S*/inc）的系数显著为负，说明农村新兴农业经营组织的发展有效弱化了农户的融资约束。组织化是小农户融入现代大市场和采用现代新技术的必由之路，这已为世界许多国家的发展经验所证实。中国的新型农业经营组织包括专业大户、龙头企业+农户和农业专业合作社等。农业经营组织形式的创新，既是小农户以组织的形式抵御市场风险和解决市场失灵问题的需要，也是二元转型过程中农村要素比较优势发生变迁所诱致的组织制度变迁。从借贷市场信息结构来看，新型农业经营组织的发展，通过增加农户的未来利润流和担保能力，以及借贷市场信息不对称的揭示方式，减小了农户所受融资约束的程度，我们的实证证实了这一理论预期。

二、假说 12-2 的证明

根据假说 12-2，政府干预的效果具有较强的政策类型敏感性。归结来看，我国政府对农村金融的支持政策主要有三类：一是财政上对农村金融机构的各种税收优惠、利息补贴和涉农贷款奖励等；二是实行有利于农村的差别化结构性货币政策；三是介入担保。为了识别与比较三种不同类型政策的效应，我们在式（12.3）基础之上进一步构造如下拓展的计量模型：

$$\frac{I_{it}(C_{it})}{\text{inc}_{it}} = \alpha'_{1i} + \beta'_{11}\frac{S_{it}}{\text{inc}_{it}} + \beta'_{12}R_t + \beta'_{13}\text{gov}_t \times \frac{S_{it}}{\text{inc}_{it}} + \gamma'_{11}\text{govd}_t \times \frac{S_{it}}{\text{inc}_{it}} + \gamma'_{12}\text{govm}_t \times \frac{S_{it}}{\text{inc}_{it}} + \gamma'_{13}\text{govg}_t \times \frac{S_{it}}{\text{inc}_{it}} + \beta'_{14}Z_{it} + \varepsilon'_{it} \tag{12.7}$$

其中，govd 为对农村金融机构的各种财政支持政策，用利息补贴来表示；govm 为有利于农村金融机构的差别化结构性货币政策。一般来说，差别化的货币政策主要有两类，一类是在 2013 年贷款利率完全放开前，扩大农村金融机构的贷款利率波动区间；另一类是实行差别化的准备金率政策。因此，我们将 govm 设定为如下的虚拟变量：当第 t 年实行差别性货币政策时，令 govm = 1，其余时间为 0；govg 为政府介入担保的政策。从中央层面看，国家鼓励涉农担保组织构建政策正式出台是 2015 年的《中共中央国务院关于加大改革创新力度加快农业现代化建设的若干意见》，此前国务院办公厅和农业农村部虽也出台了相关文件，但也是从 2014 年开始。因此，涉农担保贷款也可以用虚拟变量形式表示如下：当时期为 2014 年以后时，govg = 1，否则为 0。如果像假说 12-2 所预期的，政府干预的政策效果确实具有较强的政策类型敏感性，且担保形式支持是最有效的，那么应当有：γ'_{11}、γ'_{12}、γ'_{13} 的系数大小与显著性水平均不完全一致，并且 γ'_{13} 的绝对值最大且最显著。

表 12.6 给出了进一步验证假说 12-2 的实证结果。由表 12.6，对比同时控制三种政府补贴变量与单独某个政府补贴变量的回归结果可以看出，两种情形下政府补贴变量的系数估计值变化不大，但单独回归情况下政府变量的系数显著性有所降低，说明三种政府补贴之间的相关度并不高，但遗漏变量会引起系数标准误的增大。也就是说，从政策实施的角度来看，三种不同的政策类型替代性不强，需要同时实施。由于单独与联合回归的结果差异不大，因此下面我们将以前两列的联合回归结果作为分析的依据。总的来看，无论被解释变量是投资占比还是消费占比，政府干预的效果都具有较强的政策类型敏感性，即不同政策下的政府干预所起到的效果不同，这支持了假说 12-2 的结论。

表12.6　假说12-2的计量检验结果

变量	被解释变量 I/inc	被解释变量 I/inc	被解释变量 I/inc	被解释变量 I/inc
C	0.113 9** （0.055 8）	0.085 4* （0.046 4）	0.094 3 （0.054 3）	0.084 3* （0.047 1）
S/inc	0.153 7*** （0.041 2）	0.166 9*** （0.044 8）	0.160 3** （0.071 6）	0.156 7*** （0.051 3）

续表

变量	被解释变量 *I*/inc	被解释变量 *I*/inc	被解释变量 *I*/inc	被解释变量 *I*/inc
R	−0.270 9* （0.144 9）	−0.249 1* （0.134 2）	−0.251 6* （0.134 6）	−0.259 4** （0.124 5）
gov ×（*S*/inc）	−0.084 3** （0.041 2）	−0.105 8* （0.056 3）	−0.091 6* （0.049 7）	−0.103 9* （0.052 6）
govd ×（*S*/inc）	−0.034 3** （0.015 3）	−0.041 6* （0.023 1）		
govm ×（*S*/inc）	−0.108 5* （0.059 3）		−0.117 6* （0.059 7）	
govg ×（*S*/inc）	−0.112 3** （0.031 8）			−0.143 7** （0.069 5）
agr	−0.246 7 （0.204 3）	−0.294 6 （0.243 8）	−0.284 3 （0.264 9）	−0.234 0 （0.201 6）
pinc	0.174 0** （0.086 7）	0.163 4** （0.080 2）	0.153 9* （0.084 3）	0.149 1 （0.083 7）
ADR	0.46	0.45	0.43	0.44
Dw	1.79	1.81	1.82	1.81
变量	被解释变量 *C*/inc	被解释变量 *C*/inc	被解释变量 *C*/inc	被解释变量 *C*/inc
C	0.284 9* （0.161 8）	0.215 6* （0.123 5）	0.193 7* （0.118 6）	0.226 4 （0.167 8）
S/inc	0.143 1*** （0.036 2）	0.153 8*** （0.046 8）	0.165 8** （0.082 3）	0.143 6** （0.069 1）
R	−0.280 9* （0.154 9）	−0.243 1* （0.135 7）	−0.236 8* （0.134 8）	−0.251 6* （0.137 9）
gov ×（*S*/inc）	−0.218 4** （0.102 9）	−0.235 9** （0.106 4）	−0.253 7* （0.135 8）	−0.226 7* （0.126 1）
govd ×（*S*/inc）	−0.083 4* （0.048 3）	−0.105 6* （0.055 6）		
govm ×（*S*/inc）	−0.147 3** （0.064 6）		−0.156 1* （0.081 2）	
govg ×（*S*/inc）	−0.151 7** （0.054 8）			−0.183 4** （0.091 3）
agr	−0.241 7 （0.210 5）	−0.365 1 （0.312 9）	−0.301 6 （0.286 4）	−0.296 1 （0.254 7）
pinc	0.144 1** （0.071 7）	0.168 7** （0.081 2）	0.173 1* （0.091 3）	0.184 3* （0.103 4）
ADR	0.48	0.45	0.45	0.47
Dw	1.78	1.81	1.81	1.82

***、**、*分别表示在 1%、5%、10%的显著性水平上显著

注：agr 和 pinc 为代表农业发展水平和农户人均收入的控制变量，ADR 和 Dw 分别为模型的调整 R^2 和杜宾-沃特森统计检验量；括号内为标准差

第一，govd ×（*S*/inc）的系数绝对值与另外两种类型政策的系数相比明显较

小且显著性水平较低，说明对金融机构进行直接补贴的政策，在弱化农户融资约束方面的作用效果较弱。政府对农村金融市场的干预有着悠久的历史并表现为多种多样的形式，但是，国内外的众多研究表明，政府对农村金融机构的直接补贴或对利率水平限制所增加的消费者剩余，通常被富裕农户所攫取，大多数弱势农户的融资约束并未因此而得以放松（Burgess and Pande，2005；李锐和朱喜，2007；Cole，2009；黄祖辉等，2009）。对产生这一现象的一种理论上的解释是，由于农村金融机构的利润最大化行为取决于利率提高带来的边际收益增加，与利率提高带来的借款人类型结构效应变化所产生的边际损失，而后者又取决于农村借贷市场的信息结构。于是，由于政府的直接补贴并没有提供有效的激励以促使农村金融机构去改变原有的信息结构，故这一干预形式对农户融资约束的放松效果相对较小就是可以理解的了。

第二，govm×（*S*/inc）的系数绝对值比 govd×（*S*/inc）的大且是显著的，表明结构性货币政策有助于金融机构增加对农户的信贷供给。从美国、法国和日本等发达国家农村金融实践来看，构建政策性金融、合作金融和商业金融的多层次农村金融体系，是各国共同的农村金融体系发展路径，但这些国家或欧盟的货币政策目标都比较单一，通常是通胀与就业率或仅是通胀，而未将城乡均衡发展问题作为货币政策目标函数的一个变量。中国的情况有所不同，由于有效的农村金融体系仍在不断的动态构建与完善过程中，故仅靠现有的农村金融体系，难以解决城乡融资难易度差距不断扩大的问题。为此，近些年来，中国人民银行一直通过实行放宽利率浮动区间、定向降准和放宽农村金融机构的资产抵押条件等结构性货币政策，支持农村金融机构向农村增加更多的资金供给。本书的实证结果表明，这一政策取得了比较显著的效果。理论上，这种结构性货币政策具有较好效果的原因在于，中国城乡金融市场的金融摩擦程度有着相当大的差异。金融部门在向农村放贷时，面临较高的监督成本、证实成本与合约执行成本，因而在面临货币政策冲击时，城乡部门承受的信贷减少程度是有明显不同的，金融机构更愿意向资产负债表更明晰及可提供更多抵押品的城市部门提供资金。这一实证结果还表明，在存在城乡很大差距的情况下，将城乡差距这一结构性的变量纳入货币当局的目标函数是必要的，发展中国家的货币政策目标函数必须考虑自身的特殊变量，而不能仅依据标准理论或发达国家的操作规则。

第三，govg×（*S*/inc）的系数绝对值与其他政策相比变量是最大的，并且其显著性水平最高，说明介入担保政策能够最有效地弱化农户融资约束。根据中央文件的指导精神，政府介入担保体系的正式构建，始于 2015 年 7 月财政部、农业农村部和银监会联合出台的《关于财政支持建立农业信贷担保体系的指导意见》，文件规定力争用 3 年时间建立健全具有中国特色、覆盖全国的农业信贷担保体系框架。实证结果表明，虽然政府介入的农业担保体系仍在初创时期，而且担保对象主要是适度规模经营的新型农业经营主体，但是已取得了较好的效果，这说明对于解决农业和农村融资难问题来说，市场失灵问题是严重的，政府介入担保是一种弥补市场失灵的有效形式，这一点也被美国等国家的成功经验所证实。但是，当前农村担保机构的构建还主要集中在省级层面，市县级层面还存在较大缺失。在总结经验的基础之上，可以考虑将体系建设下延到基层县，并扩大对农户的担保范围。

本章小结

本章共分为四节。首先，本章概述了农村金融市场结构变迁的基本情况，尽管中国通过建立政策性、商业性和合作化多层次多样化的农村金融机构，普惠型农村金融体系初具规模，但农村仍面临相对严重的融资约束。其次，本章从农村金融交易的微观基础出发，同时考虑农户异质性与市场信息不对称两种特征，运用比较静态总量供需曲线法分析农村金融市场的发展，在此基础上将城乡二元转型和政府干预纳入考虑，对分析范式进行扩展以讨论农村金融市场所发生的变化，并提出了两个理论假说。最后，阐述了验证理论假说所使用的计量模型、样本数据和估计方法，并在第四节中对数据实证的结果进行解释。本章的研究结果表明：二元转型的推进确实能够有效降低农村金融的贷款风险，政府财政补贴也为农村贷款风险提供了担保或风险溢价补贴，两者均弱化了农户的融资约束；相对于政府补贴或干预，二元转型对于弱化农户融资约束的效果更为明显。

参考文献

德布拉吉·瑞. 2002. 发展经济学[M]. 陶然译. 北京：北京大学出版社.

费景汉，古斯塔夫·拉尼斯. 2004. 增长和发展：演进的观点[M]. 洪银兴译. 北京：商务印书馆.

郭红东，陈敏，韩树春. 2011. 农民专业合作社正规信贷可得性及其影响因素分析[J]. 中国农村经济，7：25-33.

郭庆海. 2013. 新型农业经营主体功能定位及成长的制度供给[J]. 中国农村经济，4：4-11.

何广文. 2004. 中国农村金融转型与金融机构多元化[J]. 中国农村观察，2：12-20.

黄祖辉，刘西川，程恩江. 2009. 贫困地区农户正规信贷市场低参与程度的经验解释[J]. 经济研究，4：116-128.

李锐，朱喜. 2007. 农户金融抑制及其福利损失的计量分析[J]. 经济研究，2：146-155.
刘西川，黄祖辉，程恩江. 2007. 小额信贷的目标上移：现实描述与理论解释[J]. 中国农村经济，8：23-34.
罗剑朝，庸晖，庞玺成. 2015. 农地抵押融资运行模式国际比较及其启示[J]. 中国农村经济，3：84-96.
马九杰，郭宇辉，朱勇. 2004. 县域中小企业贷款违约行为与信用风险实证分析[J]. 管理世界，5：58-66，87.
马九杰，吴本健. 2012. 利率浮动政策、差别定价策略与金融机构对农户的信贷配给[J]. 金融研究，4：155-168.
马九杰，吴本健. 2014. 互联网金融创新对农村金融普惠的作用：经验、前景与挑战[J]. 农村金融研究，8：5-11.
青木昌彦. 2001. 比较制度分析[M]. 周黎安译. 上海：上海远东出版社.
汪小亚. 2013. 农村金融制度创新重点[J]. 中国金融，19：79-81.
温涛，王煜宇. 2005. 政府主导的农业信贷、财政支农模式的经济效应——基于中国 1952～2002 年的经验验证[J]. 中国农村经济，10：18-27.
温涛，朱炯，王小华. 2016. 中国农贷的“精英俘获”机制：贫困县与非贫困县的分层比较[J]. 经济研究，2：111-125.
吴本健，罗兴，马九杰. 2018. 农业价值链融资的演进： 贸易信贷与银行信贷的替代、互补与互动[J]. 农业经济问题，2：78-86.
谢平. 2001. 中国农村信用合作社体制改革的争论[J]. 金融研究，1：1-13.
徐旭初. 2012. 农民专业合作社发展辨析：一个基于国内文献的讨论[J]. 中国农村观察，5：2-12，94.
姚耀军. 2005. 中国农村金融研究的进展[J]. 浙江社会科学，7：177-183.
张龙耀，王梦珺，刘俊杰. 2015. 农民土地承包经营权抵押融资改革分析[J]. 农业经济问题，2：70-78，111.
Bose P. 1998. Formal-informal sector interaction in rural credit markets[J]. Journal of Development Economics，2：265-280.
Burgess R，Pande R. 2005. Do rural banks matter? evidence from the indian social banking experiment[J]. The American Economic Review，3：780-795.
Cole S. 2009. Fixing market failures or fixing elections? agricultural credit in India[J]. American Economic Journal：Applied Economics，1：219-250.
Conning J，Udry C. 2007. Rural financial markets in developing countries[J]. Handbook of Agricultural Economics，3：2857-2908.
Deininger K. 2003. Land Policies for Growth and Poverty Reduction[M]. Washington D.C.：World Bank and Oxford University Press.
Hoff K，Braverman A，Stiglitz J E. 1993. The Economics of Rural Organization：Theory，Practice，and Policy[M]. Oxford：Oxford University Press for the World Bank.
John C H，Rains G. 1997. Growth and development from an evolutionary perspective[J]. Comparative Economic Studies，50：713-716.
Kazianga H，Udry C. 2006. Consumption smoothing? livestock，insurance and drought in rural

Burkina Faso [J]. Journal of Development Economics，79（2）：413-446.

Lewis W A. 1954. Economic development with unlimited supplies of labor[J]. The Manchester School of Economic and Social Studies，22：139-191.

Lewis W A. 1958. Unlimited Labor：Further Notes[J]. The Manchester School of Economic and Social Studies，26：1-32.

McKinnon R. 1973. Money and Capital in Economic Development[M]. Washington D.C.：Brookings Institution Press.

Meyer R L，Nagarajan G，Hushak L J. 1997. Segmentation in the Philippine informal credit markets：A multinomial logit analysis[D]. International Association of Agricultural Economists Occalional Paper NO. 7.

Rajan R，Zingales L. 2003. Saving capitalism from the capitalists：unleashing the power of financial markets to create wealth and spread opportunity[J]. Journal of Politics，67：937-939.

Ray D. 1998. Development Economics[M]. New Jersey：Princeton University Press.

Schultz T W. 1964. Transforming Traditional Agriculture[M]. New Haven：Yale University Press.

Stiglitz J，Weiss A. 1981. Credit rationing in markets with imperfect information[J]. American Economic Review，71：393-410.

第十三章　基本结论与政策建议

利率市场化改革作为重要的外生制度性冲击，互联网技术渗透作为重要的技术性冲击，对农村金融市场发展与结构变迁产生了全方位的影响。为了深刻把握农村金融市场结构变迁的规律，明晰农村金融市场结构变迁的路径选择，本书聚焦利率市场化和互联网金融发展影响农村金融市场结构变迁这一主题，以理论分析与实证研究相结合的方法，对上述问题做出了系统阐述。为了便于阐述和理解利率市场化与互联网金融发展对农村金融市场结构的影响，本书将这一问题按照递进逻辑进行了拆分研究。最后，在此将本书拆分研究的核心问题予以概括，并给出相应的研究结论与政策建议。

一、利率市场化如何影响了农村正规金融与非正规金融关系？

正规金融与非正规金融并存的二元性是我国农村金融市场的典型特征，二者相对关系的动态变化揭示了农村金融市场结构变迁的规律。虽然影响农村正规与非正规金融关系的因素有很多，诸如法律政策及认知因素等，但是利率市场化改革作为重大的外生制度性冲击对农村正规金融与非正规金融关系的影响是重要且不能忽视的，因为这对于我们理解把握农村金融市场结构变迁规律具有非常重要的意义。据此，本书从信息不对称和激励制度创新设计内生演变的微观经济环境假设出发，在第三、第四章系统阐述了利率市场化影响农村正规金融与非正规金融关系的理论框架，并进行了实证研究，得到了以下一些有意义的结论。

第一，利率市场化改革对农村正规与非正规金融的影响是通过三种效应叠加，而非传统两种效应叠加来实现的。在信息不对称的条件下，传统分析农村金融市场利率变化冲击的理论认为，正规金融市场的利率变动会产生直接的价格变动名义收益效应与借款人类型比例在正规与非正规金融之间变动的借款人类型结构效应。但是，本书构建的理论框架认为，除了上述两种效应以外，利率市场化还会促使农村正规金融机构进行解决信息不对称与降低监督成本问题的新的激励机制设计，从而开发出解决信息不对称和监督问题的新技术，这被称作技术内生效应。正规金融机构的决策是在利率变动的名义收益效应、借款人类型结构效应和技术内生效应三者之间的权衡。其中，名义收益效应与技术内生效应为正，而借款人类型结构效应为负，三者力量的平衡决定了正规金融的均衡供给水平。

第二，利率市场化改革确实能致使正规金融对非正规金融的替代，但是这一替代过程表现为倒“U”形变化的三个阶段。在初始阶段，名义收益效应与技术内生效应占主导，正规金融对非正规金融的边际替代效应递增，正规金融加速对非正规金融的替代；在中间阶段，虽然名义收益效应与技术内生效应仍占主导，但是借款人类型结构效应在增强，前者对后者的替代边际效应递减，正规金融对非正规金融的替代在减速；在最后阶段，名义收益效应与技术内生效应所带来的收益无法覆盖借款人类型结构效应恶化所带来的损失，正规金融机构不再对非正规金融机构形成有效替代，正规与非正规金融的资金供给在一个新的水平上达到均衡。

第三，信息不对称程度是比利率是否市场化更能影响农村金融市场的因素，利率市场化改革只有切实有助于改变农村金融市场信息不对称的问题，才会对正规与非正规金融的关系产生实质影响。实证结果表明，在利率市场化改革的过程中，正规金融能否对非正规金融形成有效替代，主要影响因素不是利率市场化改革导致的名义收益效应，而是与信息不对称密切相关的技术内生效应与借款人类型结构效应。其中，技术内生效应更是处于主导的位置。这表明，利率市场化过程中，影响正规金融对非正规金融替代性的关键因素不在于利率价格变动本身，而是取决于利率市场化改革能在多大程度上解决农村金融市场的信息不对称问题。

基于以上研究结论，本书有如下政策建议：

对于包括普惠金融等在内的农村金融改革的政策制度设计而言，政策有效与可持续性的关键在于设计一系列的解决农村严重信息不对称问题的激励机制，而其前提是清晰地界定政府、农村社区与市场的功能，过度强调任何一方面的作用，都会造成农村金融资源配置的进一步扭曲。不宜过度夸大农村利率市场化改革的效果，价格是否完全市场化本身不是最重要的因素，如果价格体系的改革不能有效促使农村正规金融机构构建解决信息不对称问题的新的机制，那么改革的效果就是有限的。

二、利率市场化是否影响了农村地区正规金融机构的“利率限制铁律”？

实践经验与理论研究均表明，利率限制政策下的机构贷款常常流向富裕农户而非弱势农户，即利率抑制政策强化了农村金融机构对富裕农户的偏好（von Pischke et al.，1983；Adams et al.，1984）。这一现象是如此普遍，以至人们将其称为“利率限制铁律”（Gonzalez-Vega，1984）。“利率限制铁律”的存在，既阻碍了普惠金融体系的构建，又降低了资金在农村地区的配置效率，限制了农村地区的发展。结合本书的研究主题看，作为重要外生制度冲击的利率市场化改革，在全面影响农村金融市场结构的同时，是否起到了弱化农村地区“利率限制铁律”的作用呢?

财富与禀赋等在农户中的非均匀分布及农村金融市场严重信息不对称问题的存在，致使农村金融改革对农户福利的影响结果对农户类型或层次是敏感的，本书的实证结果显示，农村金融利率市场化改革也不例外。为此，本书在第五章系统分析“利率限制铁律”的基础上，构建了分析利率市场化影响“利率限制铁律”的分析框架，并提出了相关假说。并在第六章利用田野调查数据，对农村利率市场化改革是否改变了“利率限制铁律”进行了实证研究。主要研究结论如下。

第一，利率市场化改革对大农户信贷获取容易程度的影响呈“U”形变化趋势，正规金融机构对农户类型识别的敏感度降低，以及小农户从金融机构内生信息不对称技术处理能力提高中获益更多。

第二，利率市场化改革显著提高了农村正规金融机构的内生不对称信息技术处理能力，而且这一效应的存在，比较明显地延迟了正规金融机构对大农户风险偏好的时间。

第三，随着利率市场化的推进，名义收益效应和技术内生效应对农村正规借贷供给的正向影响边际减弱，而借款人类型结构对正规借贷供给的负向效应则持续增强。

在利率市场化改革中，名义收益效应、借款人类型结构效应和技术内生效应三者的相对关系是动态的，其共同效应的叠加使得利率市场化改革确实能显著影响农村“利率限制铁律”，而且这一作用效果是动态和阶段性的。从本书基于现有数据的实证看，农村利率市场化改革确实起到了弱化“利率限制铁律”的作用。

基于农村利率市场化改革能够有效弱化“利率限制铁律”问题，提高信息不对称条件下农村金融资源配置效率的结论，本书有如下政策建议。

第一，加快完善、推进农村利率市场化改革，促进农村金融改革服务乡村振兴。利率市场化改革能够在一定程度上打破“利率限制铁律”的经验结果表明，应进一步完善与推进农村利率市场化改革，并以此来增强小农户的贷款获取能力。

第二，强化农村金融市场竞争，降低农村金融市场信息不对称程度。由于农村正规金融机构贷款决策是三种效应叠加，且三种效应在农村利率市场化不同阶段效应相对大小不一的机制发生过程表明，利率市场化改革的效应具有动态阶段性特征，利率市场化的效果相当大程度上取决于，利率市场化是否能有效促进农村正规金融机构解决信息不对称技术能力的提高。这又与农村金融市场的竞争程度密切相关，因而这意味着强化农村金融市场的竞争是重要的。

三、利率市场化如何影响了农村非正规金融?

通过名义收益效应、借款人类型结构效应和技术内生效应，利率市场化改革显著影响了农村正规金融和非正规金融的关系。为了更深刻地把握利率市场化对农村金融市场结构的影响，本书进一步研究了利率市场化对非正规金融的影响，尤其关注了利率市场化改革对农村非正规金融规模及农村非正规金融绩效的影响。从调研及相关研究看，受信息严重不对称、农户缺乏抵押品、农村信用评价体系不健全及农户财产金融化不足等因素影响，我国农村正规金融的信贷配给现象十分严重，农户融资时对非正规金融的依赖程度非常高。因此，以理论研究与实证研究相结合的方法系统研究利率市场化对农村非正规金融的影响，就成了本书重点关注的问题之一。

针对以上问题，本书首先构建了分析利率市场化影响农村非正规金融的理论框架，接着对农村非正规金融与利率市场化发展程度进行测算，然后进行实证研究，得到了以下一些有意义的结论。

第一，农村利率市场化的推进对农村非正规金融的发展存在一定的负向影响，但是该影响并不是很显著。其原因在于严重的信息不对称问题使农村的贷款供给曲线不同于完全市场经济条件下的供给曲线，而是有一个向后弯曲的特点。因此，如果在完全放开贷款利率前，农村市场的均衡利率水平已处于较高的位置，那么放开贷款利率的控制，并不会改变农村正规金融的供给，因此也就不会对农村非正规金融产生显著影响。

第二，在农村正规金融和非正规金融之间存在相互替代关系的情况下，农村利率市场化改革能在一定程度上弱化农村非正规金融对农户消费的流动性约束，不过，这个弱化作用并不是很明显。

第三，利率市场化对于弱化非正规金融对农户投资流动性约束具有比较明确的作用，说明农村利率市场化推进对农村非正规金融产生了一定的负向影响。不过，农村非正规金融在社会资本方面的优势使其在识别农户借款类型上具有比较优势，能够更好地解决农村金融市场上的严重信息不对称与金融摩擦等问题，因而目前仍具有无法替代的地位。所以，尽管农村利率市场化改革对农村非正规金融产生了一定的负向影响，但是该影响并不足以在短期内使得农村非正规金融在我国农村金融市场的地位有很大程度弱化。

第四，农村利率市场化改革引致的名义收益效应和技术内生效应使得农村正规金融能够获得更多的借款者，从而使农村非正规金融在农村总融资额中的比重减少，即存在对农村非正规金融的规模效应。此外，随着农村利率市场化的推进，农村非正规金融中贷款农户的类型会有所恶化，不过，恶化效应的影响并不是很明显。

第五，纵观影响农村非正规金融的诸多因素，农村经济的二元性是影响农村非正规金融的一个既基础又关键的因素，而且相对于农村利率市场化而言，农村经济二元转型对农村非正规金融产生的影响更大。此外，农村经济的二元转型还影响了农村利率市场化对农村非正规金融的边际效应。

基于以上研究结论，本书有如下政策建议。

第一，强调利率市场化与政府调控相结合。利率市场化所带来的利率放开短期内会提高农村正规金融借款人的比例，相反，从农村非正规金融借款的人的比例会下降。在后期，随着借款人类型恶化效应的不断加强，农村非正规金融获得了更多高风险的借款人，加剧了农村非正规金融面临的道德风险和逆向选择问题。因此，在推进利率市场化的同时，政府部门要调控和干预，控制利率浮动空间，促进农村金融有序、有效地发展，注意防范农村非正规金融市场风险。

第二，完善农村金融市场体系。本书研究发现，农村金融市场体系的完善程度对农村非正规金融的发展十分重要，并且会影响利率市场化的作用。因此，要加快步伐完善农村金融市场体系，通过建立健全农村征信体系、优化农村信息管理系统等，加强农村金融部门的沟通，推进借款人信息共享，尽可能避免信息不对称所导致的道德风险和逆向选择问题。

四、互联网金融是否有效影响了农村正规金融的经济绩效与农户融资约束?

相对于传统正规金融而言，互联网金融具有交易成本低、信息不对称程度低、源配置效率高、服务覆盖率广等特点，其发展对传统金融机构产生了一定的冲击。

尤其是在互联网金融元年（2013）之后，互联网金融迅速发展，以村村乐为代表的“三农”服务商，以阿里巴巴、京东为代表的电商平台，以及以翼龙贷、宜农贷为代表的P2P平台在农村发展迅速，这对传统农村正规金融及农村金融市场结构产生了十分重要的影响。针对互联网如何影响了农村正规金融绩效的问题，本书以全国、浙江、湖南和甘肃为典型样本，采取理论分析与实证检验相结合的方法，得到了以下一些有意义的结论。

第一，互联网金融对农村正规金融机构促进农村经济发展有替代作用，即农村互联网金融弱化了农村正规金融的经济绩效，不过弱化作用有限。综合基于全国、浙江、湖南和甘肃数据的实证结果可以发现，互联网金融的发展不管是对农户的收入还是对农户的投资都有促进作用，并且互联网金融的加入会弱化农村正规金融机构对农户收入和投资的促进作用，不过替代作用有限。这与农村地区互联网等基础设施尚不完善，互联网金融的覆盖面窄，以及互联网金融的发展规模受到限制等因素有关。此外，浙江农村地区的互联网金融对农村正规金融机构的替代作用最为明显，即互联网金融对农村正规金融经济绩效的弱化作用最为明显，湖南省次之，甘肃省最末，这与现实相符。其原因在于，我国农村地区互联网金融发展水平不一，浙江农村地区互联网金融发展显著高于全国平均水平，故浙江农村互联网金融对农村正规金融经济绩效的弱化作用最为明显。

第二，互联网金融的发展虽然完善了农村金融市场，并在一定程度上对农村正规金融机构形成了替代，但其对缩小城乡收入差距无益，反而扩大了城乡收入差距。究其原因，一是互联网金融在城市的发展速度快于农村地区，致使互联网金融把更多的金融资源配置给了城镇，以致互联网金融发展对城镇的促进作用远大于农村，拉大了城乡差距；二是互联网金融在盘活民间资本为农户提供贷款的同时，会把更多闲置的民间资本转移出农村，导致农村地区的资金外流，扩大了城乡收入差距。对比基于全国、浙江、湖南及甘肃数据的实证结果不难发现，这一现象在浙江地区最为严重，这主要是因为该效应与农村地区互联网金融发展水平密切相关。

第三，互联网金融在对农村正规金融形成替代的同时，也在一定程度上缓解了农户的融资约束。互联网金融发展之所以能够起到降低农户融资约束的作用，主要在于它丰富了农村地区的融资渠道，增加了农户的融资机会，缓解了农户面临的信贷配给问题，实现农户投资对自身储蓄的依赖性不断降低。对比基于全国、浙江、湖南及甘肃数据的实证结果可以发现，互联网金融的发展，缓和了由于信息不对称、道德风险等因素造成的农村正规金融机构信贷配给问题，这主要体现在农户投资对农户储蓄的依赖性减弱。农村互联网金融的发展，在一定程度上打破了农户向正规金融机构贷款时贷款难、融资难的困境。

基于以上研究结论，本书有如下政策建议。

第一，规范农村互联网金融发展，加强农村金融市场引导。一方面，规范互联网金融发展，加速构建多层次、广覆盖的农村金融体系，是降低农户融资成本，全面激活农村金融的重要举措。利用好互联网金融平台，完善金融服务体系，进一步释放农村内需，是促进农村经济发展的有效手段。另一方面，鼓励金融机构积极利用互联网金融平台的同时，要严厉打击非法集资、欺骗误导农户的组织和行为，积极推动农村金融立法。

第二，加快正规金融机构“互联网化”，推动农村正规金融发展。一方面，积极鼓励互联网金融入驻农村金融市场，引导农村正规金融机构适度竞争，发挥互联网金融的“鲶鱼效应”，激发农村正规金融机构潜力。另一方面，农村传统金融机构应加快“互联网化”，加大科技、人力、财力等资源的投入，学习借鉴新兴互联网金融的“大数据”“云计算”等技术，利用互联网技术改造升级传统正规金融业务。

第三，推进城乡经济共同发展，防范农村资金外流加剧。城镇地区互联网金融发展水平显著高于农村地区，致使互联网金融发展加剧了资金从农村外流到城镇的问题，扩大了城乡收入差距。针对以上问题，一是应协调城乡互联网金融共同发展，加强政策引导。要加强农村资金流向城市的监督管理，适时延长农村资金外流期限，适当增加农村资金外流审批步骤，严格控制农村闲置资金大量流向城市；二是为城镇资金流入农村开辟“绿色通道”，加速向农村地区注入资金，以实现通过农村互联网金融发展降低农户融资约束、改善农民生活和推动农村经济发展的目的；三是充分发挥农村互联网金融激活农村闲置资金的作用，通过激活农村闲置资金加速放松农户融资约束，以促进农户增收，缩小城乡收入差距。

五、二元转型和政府干预，哪个才是影响农村金融发展的决定性因素？

尽管政府干预是各国弥补农村金融市场严重不完全问题的重要手段，但历史与各国的农村金融实践均表明，政府过度干预会产生各种负面效果。同时，对中国这样的发展中国家而言，跨时代的二元转型是农村将长期面临的一个最重大的转型冲击，这一过程通过改变城乡的产品贸易条件、农村人口的数量与结构变化及社区资本变化，会对农村金融市场环境产生重大而深远的影响。因此，清晰判断政府干预与二元转型在农村金融发展中的相对作用，对于动态地正确安排农村金融制度与构建有效的农村金融体系具有重要性。本书以跨地区的面板样本数据对此问题进行了实证判别，得到了一些有意义的结论。

第一，政府干预与二元转型都是影响农户融资约束问题的重要因素，有效的农村金融体系构建必须实现农村金融制度变迁与二元转型的动态有效耦合。本书的实证结果表明，从农户融资约束的视角来看，无论是政府干预还是二元转型，都对农村金融发展具有显著的作用，二元转型的推进和政府的有效干预，均明显放松了农户所面临的融资约束问题。同时，政府干预的效果对于二元转型具有比较强的阶段敏感性，不同的二元转型阶段，同样的政府干预政策效果有着显著的差异。

第二，相对于政府干预，二元转型对于放松农户融资约束的作用更为重要。虽然二元转型与政府干预都有助于放松农户的融资约束，但是本书的实证结果表明，二元转型对于农户融资约束的放松有着更强的效应。这一结果说明，相对于外生性的政府干预，农村金融问题的解决更多地取决于内生的城乡二元转型过程。解释这一现象的逻辑是，既然农村金融市场的严重不完全问题产生于城乡二元分离，那么这一问题的最终解决也必然取决于城乡二元转型的完成，因此二元转型的进程主导了农户融资约束的解决。

第三，二元转型对放松农户融资约束的限制是通过不同的微观作用渠道实现的，这些不同的渠道各自所起的相对作用是不同的。本书的理论分析表明，二元转型过程对农户融资约束的放松，是通过城乡劳动力转移、工农产品贸易条件变化、农村社区资本变化和新型农业经营组织的兴起四种不同渠道实现的。实证结果显示，尽管这些不同的渠道对于放松农户融资约束均有正面的效应，但是不同渠道的相对作用与地位是不同的。其中，新型农业经营组织的发展对于放松农户融资约束的效果最好，而农村社会资本的变迁对于放松农户融资约束则呈现出非线性的特征。

第四，农户融资约束的放松对于政府干预的政策具有很强的敏感性。为了放松农业与农村面临的融资约束问题，政府对农村金融市场进行干预的主要类型包括对金融机构的直接财政补贴、实行差别化的货币政策和介入担保三种方式。本书的实证结果表明，尽管三种类型的政府干预均对放松农户融资约束具有一定的作用，但是相对而言，政府介入担保政策最为有效，而对金融机构的直接补贴则效果最弱。

基于以上研究结论，本书有如下政策建议。

第一，因为政府干预对农村金融影响效果对二元转型阶段是敏感的，故农村金融政府干预政策的制定，必须充分考虑经济所处的二元转型阶段，不同的二元转型阶段应当采取不同的政策干预措施。

第二，从政策实施的角度来看，政府在政策实施的过程中必须认识到，政府干预对于农户融资约束问题解决的作用是有限的，即便农村普惠金融的实施也必须考虑寻找商业可持续性模式，而非不计成本地对农村金融进行补贴。

第三，作为内生于二元转型过程的一种诱致性组织制度变迁，新型农业经营组织的发展是解决农户融资约束的最有效手段，因此如何通过有效的政策实施进一步推进新型农业经营组织的成长，应当是新时期农村发展政策的主要着力点。

第四，由于存在委托代理问题及农村金融市场结构具有一定的垄断性，故对金融机构的直接补贴通常不能保证金融机构将补贴用于风险溢价补偿。相对而言，由于政府介入担保确实能提高农村借贷主体的抵押能力，有助于解决农村金融市场面临的严重信息不对称问题。随着担保实践经验的总结，未来应当考虑进一步扩大政府介入担保的空间范围与对象范围。

参 考 文 献

Adams D W，Graham D H，Von Pischke J D. 1984. Undermining rural development with cheap credit[J]. political and Economic Development Series，5：1-7.

Gonzalez-Vega C. 1984. Credit-rationing behavior of agricultural lenders：The iron law of interest rate restrictions[J]. Undermining Rural Development with Cheap Credit. 10：78-113.

von Pischke J D，Donald G，Adams D W. 1983. Rural Financial Markets in Developing Countries：Their use & Abuse[M]. Baltimore：Johns Hopskin University Press.

附录：符号说明

为便于阅读中的查询，在本节中将全书使用较多的指标与符号做统一的设定与列明：

符号	含义
R_L	低风险农户项目收益
R_h	高风险农户项目收益
N_h	高风险农户数量
N_L	低风险农户数量
pr_f	正规金融机构的净收益
pr_{If}	非正规金融机构的净收益
N_{h1}	正规金融机构中高风险类型农户的数量
N_{L1}	正规金融机构中低风险类型农户的数量
N_{h2}	非正规金融机构中高风险类型农户的数量
N_{L2}	非正规金融机构中低风险类型农户的数量
R_1	正规金融机构的贷款利率
R_{21}	非正规金融机构给高风险农户提供借贷的贷款利率
R_{22}	非正规金融机构给低风险农户提供借贷的贷款利率
π_h	高风险农户的还款概率
π_L	低风险农户的还款概率
C_f	农户违约时正规金融机构的执行成本
borr	借款人类型结构效应
tech	技术内生效应
inco	农民收入
nfd	新兴互联网金融的发展水平

续表

符号	含义
C	贷款总成本
d	资金的平均机会成本
L	向给定借款者类型发放的贷款规模
H	贷款的处理成本
r^*	贷款利率上限
π	贷款者总利润
lib	利率市场化水平
typ	农户类型
stage	利率市场化阶段
credit	正规金融机构信贷供给
INF	农村非正规金融的融资总量
TLO	农村融资总量
RLIB	农村利率市场化的程度
fin	农村传统正规金融发展水平